AF607841

El español y la lingüística aplicada

El español y la lingüística aplicada

Robert J. Blake
Eve C. Zyzik
PREFACIO DE Lourdes Ortega

GEORGETOWN UNIVERSITY PRESS • WASHINGTON, DC

Library of Congress Cataloging-in-Publication Data

Blake, Robert J., 1951-
El español y la lingüística aplicada/Robert J. Blake, Eve C. Zyzik.
pages cm
Includes index.
ISBN 978-1-62616-289-1 (hardcover : alk. paper)—ISBN 978-1-62616-290-7 (pbk. : alk. paper)—ISBN 978-1-62616-291-4 (ebook)
1. Spanish language—Study and teaching—Foreign speakers. 2. Second language acquisition. I. Zyzik, Eve C. II. Title.
PC4066.B53 2016
468.2'4—dc23 2015022054

♾ This book is printed on acid-free paper meeting the requirements of the American National Standard for Permanence in Paper for Printed Library Materials.

18 17 16 9 8 7 6 5 4 3 2 First printing

Printed in the United States of America

Cover design by Debra Naylor, Inc.
Cover image courtesy of shutterstock.com

Dedicamos este libro a la memoria de los abuelos de Eve Zyzik,

MARIA Y STANISŁAW ZYZIK,

y a la memoria de los padres de Robert Blake,

FRANCES Y JOSEPH BLAKE.

ÍNDICE

CUADROS Y TABLAS

PREFACIO

LOURDES ORTEGA
GEORGETOWN UNIVERSITY

La lingüística aplicada está de enhorabuena, ya que con *El español y la lingüística aplicada* por fin tiene lo que no había tenido hasta ahora: un libro de texto dedicado a contenidos de español como lengua segunda o extranjera (Español L2 o ELE) y escrito en español. El propósito de los autores, Blake y Zyzik, es brindar conocimientos fundamentales que puedan guiar las decisiones en el aula de idiomas. Por ello han decidido organizar el libro alrededor de preguntas imperiosas que se plantean todos los que se dedican a la docencia de lenguas, y de ELE en particular.

Blake y Zyzik consideran que saber un idioma abarca la habilidad del hablante para desenvolverse en diferentes situaciones comunicativas (la proficiencia) y la capacidad de usar la lengua en audición, producción oral, lectura y escritura (las destrezas). Con respecto al diseño de instrucción óptima de lengua, los autores se pronuncian a favor de instrucción explícita pero organizada, muy precisa y muy breve. Los autores también abordan en su libro la importante incógnita de cómo se debe explicar el tipo de proficiencia o habilidad de uso de lengua que tienen los hablantes nativos, los principiantes, los casi nativos y los de herencia. Estos últimos son hispanohablantes bilingües que han aprendido una lengua (en este caso el español) desde la infancia y se han criado hablando esa lengua en el hogar, pero en el seno de una sociedad que tiene otra lengua mayoritaria (en el caso de Estados Unidos el inglés) y ofrece escaso apoyo para sostener la educación y el uso suficiente y diverso de la lengua materna minoritaria. Esta población de aprendices es realmente importante en muchos contextos de docencia actuales. Recuérdese, por ejemplo, que en Estados Unidos unos 37 millones de personas son hispanohablantes de herencia. Esta cifra puede ponerse en mejor perspectiva si se compara con el cálculo referente a otras poblaciones hispanohablantes. A un extremo, se calcula que existen 399 millones de hablantes nativos de español en el mundo (según el *Ethnologue*, http://www.ethnologue.com/statistics/size) y, al otro extremo, en 2013 había un poco más de 790 000 estudiantes tomando español en las universidades estadounidenses (según los últimos datos del MLA, http://www.mla.org/enrollments_surveys).

Gratificante, tanto para la docencia de ELE como para la investigación de Español L2, es constatar que en este libro Blake y Zyzik no solo utilizan sabiamente los conceptos provenientes de la corriente lingüística de Chomsky, sino que se inspiran firmemente en la nueva corriente lingüística del uso de la lengua ('usage-based grammar'), que es definida en el trabajo, entre otros, de Joan Bybee, Adele Goldberg, Ron Langacker y Michael Tomasello. La corriente chomskyana presenta respuestas a las cuestiones fundamentales sobre la adquisición de una segunda lengua que son de sesgo tradicional y formal. Aunque en su tiempo ilusionó a muchos por su acierto en desafiar la visión estructuralista de lengua como "hábito" y en ofrecer en su lugar principios gramaticales abstractos y elegantes, actualmente sus explicaciones genéticas y modulares son cuestionadas. A diferencia, la corriente del uso de la lengua explica el fenómeno de la gramática (en cualquier lengua) como consecuencia emergente de procesos cognitivos generales entre los que se destacan la memoria, la atención y la categorización. También recalca la centralidad de la semiótica, postulando que todas las formas de lengua siempre están vinculadas con significados, empezando por el vocablo, pasando por la oración, hasta el discurso. De ello se desprende que la diferencia entre lo gramatical y lo léxico se convierte en un asunto relativo en vez de categórico, como explican Blake y Zyzik. Asimismo, la lingüística del uso de la lengua hace hincapié en que es el uso interactivo dinámico in situ el que forja la gramática en sí misma. Finalmente, esta aproximación a la gramática conlleva una orientación ferozmente empírica hacia las realidades de uso que se describen a través de la lingüística de corpus. A esta orientación hacen honor Blake y Zyzik al cimentar sus recomendaciones sobre gramática pedagógica en datos derivados de colecciones grandes y representativas de las situaciones y los enunciados típicos que son producidos por hablantes del español como primera lengua (L1). En prácticamente cada capítulo, los lectores encontrarán toda clase de valiosa información que los autores han destilado cuidadosamente de recopilaciones existentes en español L1, tanto de discurso oral como de textos escritos. En suma, Blake y Zyzik dominan todos los postulados de lingüística del uso de la lengua y los aplican magistralmente y por primera vez al ámbito de Español L2 y ELE. Para los lectores que no estén familiarizados con esta nueva corriente lingüística, esta postura puede que les sorprenda inicialmente. Pero sin duda pronto la novedad se convertirá en apreciación por la oportunidad única que el tratamiento de este libro les brinda de reflexionar sobre su propia práctica pedagógica en el aula y desarrollar nuevas miras profesionales de grandísima utilidad.

Como consecuencia directa de la apuesta en la lingüística del uso de la lengua que hacen Blake y Zyzik, el libro presenta un número de ventajas que están ausentes de libros sobre ELE o sobre la adquisición de Español L2 publicados en inglés en el pasado. Una de ellas es el tratamiento profundo (en el Capítulo 3), extraordinariamente útil y único, del caudal léxico que los aprendices necesitan para funcionar en español a través de diferentes contextos y para diferentes objetivos, por ejemplo, para objetivos académicos. Otro toque innovador que los lectores no deben perderse es la distinción que hacen los autores, siguiendo una propuesta muy reciente de Jan Hulstijn, de dos tipos de proficiencia: la básica y la extendida (véase el Capítulo 1). Esta distinción promete generar investigación cuantiosa en años venideros y puede llegar a revolucionar futuras respuestas científicas a la pregunta de qué significa saber un idioma. Una tercera ventaja importantísima es la rica discusión de aspectos gramaticales del español (en los Capítulos 4, 5 y 6). Utilizando abundantes datos concretos, Blake y Zyzik engarzan un gran número de áreas que son harto conocidas por todos los docentes de ELE por crear dificultades de aprendizaje, y demuestran su interconexión y su relación estrecha con cuestiones de significado, no formales.

Por ejemplo, los autores detallan con gran destreza (en el Capítulo 4) que cuando oímos la frase típica en el aula *Yo me gusta los perros* (y variaciones también muy comunes como *Me gusta los perros, Yo gusto los perros, Me gusta perros*), esta invención ingeniosa no-nativa responde a una serie compleja de fenómenos que necesita ser considerada en todo diseño pedagógico de ELE: el sujeto nulo, el orden de palabras no canónico, la preposición *a*, el pronombre clítico, y el significado estímulo-experiencia-experimentador que es albergado por esta construcción con *gustar* (y otras construcciones similares en español, como *dar miedo, caer bien, hacer falta, parecer bien*). Los lectores se deleitarán también, espero, con los muchos nuevos datos y explicaciones de gramática que Blake y Zyzik les ofrecen. Por ejemplo, es interesantísimo descubrir (en el Capítulo 5) que el subjuntivo, un elemento tan central en la enseñanza tradicional del español, tiene tasas muy bajas de uso real entre nativos, usándose tan solo un 6% en el español oral de México y no mucho más frecuentemente en textos escritos: solo un 7,2%. Muy innovadora es también la propuesta de que una gran parte del uso del subjuntivo está motivada por la necesidad de indicar lo virtual, lo que no forma parte todavía de las experiencias del hablante. Ello es en contraste con el futuro y el condicional, que a menudo codifican un significado de lo aproximativo, de algo también relativamente desconocido pero muy posible o probable.

La visión que Blake y Zyzik ofrecen del aprendizaje de una L2 es amplia y muy contemporánea. Cuando un aprendiz (joven o adulto) emprende el aprendizaje de una nueva lengua, todo un nuevo sistema debe ser aprendido a través del uso en comunidad. Ello incluye la fonología (o pronunciación inteligible y fluida), la gramática (que incluye patrones de morfología y sintaxis), la pragmática (que abarca la semántica y los significados sociales a nivel no solo de palabra u oración sino también de discurso) y la sociolingüística (es decir, el uso apropiado de la lengua dentro del contexto de una comunidad dada y la familiarización receptiva, ya que no productiva, con las muchas variedades del español, que es el idioma nacional de 21 países y la lengua franca de muchos más). A estos cuatro contenidos, Blake y Zyzik también añaden el aprendizaje cultural y la transformación de la identidad que se produce cuando, a medida que va alcanzando niveles avanzados, el aprendiz crea para sí un tercer espacio cultural en el que su identidad bilingüe le permite la flexibilidad de afirmar y rechazar gradual y selectivamente aquellos aspectos de la cultura propia y de la nueva que juzgue apropiado, ensanchando así su entendimiento de su mundo personal y del mundo actual y globalizado en que vivimos.

Con esta visión tan amplia de lo que constituye aprender una L2, el mensaje que Blake y Zyzik brindan a los docentes es claro. En primer lugar, la enseñanza de lengua debe prestar atención no solo a estructuras, sino también, y muy especialmente, a significados. Y, en segundo lugar, no solo debe ofrecer a los estudiantes oportunidades de aprendizaje de los patrones de fonología, morfología y sintaxis, e incluso de los vocablos, sino que también debe abarcar la enseñanza de prácticas culturales y realidades sociolingüísticas. Es decir, los maestros de idiomas deberán sentirse bien preparados para incluir objetivos de aprendizaje de ELE que sean pragmáticos, sociolingüísticos y culturales, y no solo lingüísticos o gramaticales, en el sentido tradicional de estos términos. También tendrán que aventurarse a incorporar de manera activa en el aula de lenguas las nuevas tecnologías, y deberán saber animar y preparar a sus estudiantes para que aprovechen oportunidades que sin duda se les presentarán de estudiar español por inmersión en el extranjero. Cada uno de estos asuntos es tratado a fondo en sendos capítulos.

La importancia del español en el mundo es innegable. Los beneficios que rinde el fomento del multilingualismo y el multiculturalismo, a nivel tanto social como individual, son por fin reconocidos no solo por especialistas de segundas lenguas sino también por muchos sectores de la sociedad en general. La pujanza que el campo del ELE ha adquirido en el siglo XXI ha traído una oleada reciente de publicaciones sobre Español L2 desde los puntos de vista de adquisición y sociolingüística. Este libro de Blake y Zyzik es único. Pero es único no ya porque esté escrito en español—un hecho que en sí mismo representa una virtud enorme para la preparación profesional de maestros de ELE y de investigadores de Español L2—sino porque las preguntas han sido bien escogidas, enjundiosamente investigadas y claramente explicadas en cada capítulo. ¡La lingüística aplicada y todos los lectores estamos de enhorabuena!

Introducción

A toda persona le interesa preguntar sobre el uso de su propia lengua, y a muchos esta curiosidad les lleva a investigar la naturaleza de otras lenguas que se hablan en el mundo. El campo de la lingüística se ocupa de estudiar las propiedades y los mecanismos comunes a todas las lenguas habladas por el ser humano. Algunos lingüistas—especialmente los que siguen las ideas de Chomsky (2006)—postulan la existencia de algunos principios universales que comparten todas las lenguas y que quizás se hereden como parte de nuestra dotación genética. Otros lingüistas, más interesados en el uso de la lengua ('usage-based grammar'), opinan que los seres humanos construyen una gramática por los mismos procesos cognitivos que nos ayudan a interactuar con el mundo, es decir, una poderosa capacidad de crear asociaciones simbólicas entre las palabras y nuestro entorno, de manera que la lengua siempre está vinculada con el significado.

Dentro de ambas corrientes teóricas hay lingüistas aplicados que se preocupan mayormente de estudiar el proceso de adquirir una segunda lengua (L2). Estos lingüistas hacen mucho hincapié en las diferencias y las semejanzas entre la primera lengua (L1 o lengua materna) y la segunda lengua (L2) que se quiere aprender. En el campo de la lingüística aplicada, se busca entender tanto la estructura de la L1 como de la L2 y luego, el INTERLENGUAJE[1] que se produce a través del largo camino de la adquisición. Este libro va destinado a los que tienen interés en la lingüística aplicada y, más específicamente, a los que quieren entender la adquisición del ESPAÑOL COMO UNA LENGUA EXTRANJERA (ELE).

Parece ser un tema muy transparente, pero ¡las apariencias pueden engañar! Aprender una L2 conlleva interiorizar un nuevo sistema de fonología, de gramática, de semántica y del uso de la lengua dentro del contexto de la comunidad; éstos últimos dos subcampos se llaman PRAGMÁTICA y SOCIOLINGÜÍSTICA. Aprender una L2 implica una inversión de mucho tiempo, y no todos los aprendices llegan a dominar una L2 con FLUIDEZ.

La mayoría de los lingüistas concuerdan con Bley-Vroman (2009) en postular una diferencia fundamental entre los logros en adquirir la L1 y luego, el desarrollo tan variado en el proceso de añadir una L2. Es decir, no todos los alumnos de L2 llegan al mismo nivel de proficiencia que disfrutan los niños con su L1 sin pensarlo, sin prestar atención; o por lo menos, así parece. Sin embargo, Bley-Vroman, como cree en un módulo lingüístico innato en el cerebro, atribuye los problemas de adquisición de una L2 a un acceso solo parcial a ese módulo—lo que llaman la GRAMÁTICA UNIVERSAL—por parte del aprendiz de L2, mientras que otros echan la culpa a circunstancias más bien sociales. Para estos, el aprendiz adulto de L2 sigue usando los mismos procesos cognitivos de cualquier acto del APRENDIZAJE, pero no siempre tiene éxito, porque recibe poco *INPUT*, invierte menos tiempo en aprender la L2 que los niños con la L1, tiene quizás menos flexibilidad cognitiva por el efecto de la edad o sufre más interferencia procedente de la L1. ¿Qué tiene entonces que entender un instructor de ELE para poder enseñar esta lengua L2 de manera que los alumnos tengan más posibilidades de éxito? He aquí el tema principal de este libro, *El español y la lingüística aplicada*, que presentamos a través de una serie de preguntas clave para cada capítulo: ¿Qué significa saber un idioma? ¿Es suficiente el *input* para aprender una L2? ¿Cuántas palabras hay que saber para hablar bien el español? ¿Es el primer sustantivo siempre el sujeto de la oración? ¿Por qué tantas terminaciones verbales en español? ¿Qué variedad de español debemos enseñar en el aula? ¿Ayudan las nuevas tecnologías a aprender lenguas? ¿Por qué es importante irse al extranjero para estudiar una L2?

Para contestar estas preguntas, hará falta referirnos a ciertos conceptos básicos del campo general de la lingüística, tanto teórica como aplicada. El primero de ellos es la PROFICIENCIA, que se define como el grado de dominio que un hablante posee de una lengua, ya sea la lengua materna o una L2. En términos prácticos, la proficiencia puede verse como la habilidad del hablante para desenvolverse en diferentes situaciones comunicativas (por ejemplo, en una entrevista de trabajo o en una cena familiar). Comprende, por supuesto, las CUATRO DESTREZAS: la comprensión auditiva, la producción oral, la comprensión lectora y la escritura. Los NATIVISTAS—o sea, los que creen que los niños nacen con cierta información innata acerca del lenguaje, denominada gramática universal—definen la competencia en términos sintácticos en su mayor parte, aunque hace más de medio siglo Dell Hymes (1966) nos enseñó que debemos ampliar nuestra perspectiva hacia la COMPETENCIA COMUNICATIVA. Hablar una L2 no solo significa controlar todas las estructuras gramaticales sino también saber qué palabras, qué frases o qué COLOCACIONES de palabras se tienen que escoger dada una determinada situación sociocultural. Para descubrir estas sutilezas de la lengua, hay que examinar un CORPUS de uso, una colección grande y representativa de situaciones y enunciados producidos por los que hablan esa lengua como L1. Estudiar una L2 sin tomar en cuenta este aspecto del uso nos llevará muy lejos del concepto de la proficiencia. Es decir, se pretende en el estudio de ELE crear una *gramática de uso* que refleje la realidad de la lengua concebida con vocablos, estructuras, significados y prácticas culturales.

¿Suena fácil? Pues, se complica bastante cuando se contempla la diversidad de esta lengua española que se habla en veinte países del mundo (¡veintiuno si se incluye a Estados Unidos!). Cada sociedad de estos países sigue elaborando comunidades de práctica con una riqueza de significados culturales. A pesar de que hay una unidad sorprendente entre estas variedades que se hablan en el mundo hispano, existen, no obstante, ciertas diferencias regionales, tanto en la pronunciación como en la selección de las palabras (el LÉXICO) y en las frases más usadas (las *frases hechas*). En el Capítulo 6 presentamos una visión panorámica de la variación en el mundo hispanohablante. Nos detenemos, por ejemplo, en las prácticas comunes para el trato social correcto: *¿tú, usted, vos, vosotros* o *ustedes*? Es inevitable que la búsqueda de la proficiencia de ELE nos obligue a elaborar una gramática basada en el uso.

La diversidad del español no solo se aprecia en las diferencias entre comunidades de habla sino también en lo individual. Es decir, hay muchos diferentes perfiles de hispanohablantes. Para empezar, el concepto de *hablante nativo* no es nada fácil de definir y, como nos explica Hulstijn (2011), es erróneo asumir que todos los hablantes nativos tienen el mismo dominio de su lengua materna. Otro perfil del hablante nativo lo encontramos en el hablante bilingüe: el que adquiere el español de niño en el entorno familiar pero que se cría en una comunidad donde otra lengua predomina y goza de prestigio oficial. Estos hablantes, conocidos como *hablantes de herencia,* constituyen un grupo muy variado. A menudo, los hablantes de herencia que no han tenido la oportunidad de recibir una escolarización formal leen y escriben con cierta dificultad aunque hablen el español con fluidez (sobre todo tratándose de temas cotidianos). Y no nos olvidemos de los miles de hablantes no nativos que han logrado el bilingüismo por otra vía: muchos años de estudios formales y/o experiencias en el extranjero.

Regresando de nuevo al concepto de la proficiencia, sobre todo en su marco psicológico, es preciso reflexionar sobre las diferencias entre nuestro conocimiento explícito—lo que también se llama conocimiento METALINGÜÍSTICO o reglas gramaticales—frente a nuestro conocimiento implícito, la gramática interiorizada que todos tenemos sin poder explicarla. Ahora bien, para adquirir una L2, ¿hace falta nada más una inundación de *input* para poder interiorizar una nueva gramática? ¿Le ayuda al estudiante de L2 recibir ENSEÑANZA EXPLÍCITA, o solo importa tener a mano mucho *input* en forma de ENSEÑANZA IMPLÍCITA? De los muchos estudios que se han llevado a cabo (DeKeyser 2003; Norris y Ortega 2000), está claro que la instrucción explícita estimula al aprendiz de L2 a fijarse bien en las diferencias L1/L2 y poco a poco a modificar su interlenguaje, o sea, su gramática interna, para lograr una mayor proficiencia en L2. Pero, como nos advierte MacWhinney (1997), esta instrucción explícita debe ser muy bien organizada, muy precisa y muy breve. Es el desafío para este libro y para el maestro de ELE proveer una serie de guías para formular buenas prácticas de enseñanza explícita coordinada con mucho *input* auténtico. Estas son precisamente las metas del libro presente.

Para lograr esta finalidad, tenemos que ver unas estructuras muy particulares de la lengua española. Nos centramos en aquellas estructuras que son de difícil aprehensión para los aprendices y que han sido objeto de intenso estudio empírico. Hemos agrupado esas estructuras en cuatro capítulos (véanse los Capítulos 3, 4, 5 y 6). En el primero de ellos, explicamos el formidable reto léxico que supone hablar bien un idioma: ¿Cuántas palabras hay que saber? Asimismo, exploramos algunos clásicos problemas "gramaticales" del español que tienen una base léxica bastante obvia. Pongamos como ejemplos la distinción entre los VERBOS COPULATIVOS *ser* y *estar*, las preposiciones *por* y *para*, o incluso los llamados verbos reflexivos. Además, conviene recordar que un elevado porcentaje de errores que comenten los aprendices se debe a una falta de conocimiento de frases hechas (p. ej., *tardar tiempo en hacer algo*) y colocaciones (p. ej., *dar un paseo, lluvia torrencial*). Resulta claro que una división nítida entre lo gramatical y lo léxico carece de sentido en el campo de la lingüística aplicada.

En los siguientes capítulos (4, 5 y 6) vemos lo que se considera el patrón básico de constituyentes en oraciones simples (sujeto-verbo-objeto) y fenómenos relacionados, como el SUJETO NULO y los pronombres CLÍTICOS. No cabe duda que los aprendices, sobre todos los angloparlantes, tienen dificultades a la hora de interpretar oraciones que se alejen del patrón básico. En el Capítulo 5 destacamos dos facetas del sistema verbal en español, el tiempo y el ASPECTO, y explicamos las trabas que supone tal sistema para el no nativo. Consideramos también las oraciones complejas como punto de partida para entender las dificultades que implica la oposición subjuntivo-indicativo. En cada uno de estos tres capítulos recogemos los más recientes hallazgos empíricos, con el fin de ofrecer sugerencias para la enseñanza explícita de estos conceptos gramaticales.

En busca de ofrecer una guía para la enseñanza de ELE se tendrán que aprovechar también las nuevas tecnologías—o las TIC: TECNOLOGÍA, INFORMACIÓN Y COMUNICACIÓN (Capítulo 7)—que ahora invaden el entorno educativo de todo estudiante moderno (Blake 2013). Las TIC no constituyen un método en sí mismas, pero sí facilitan ciertas prácticas pedagógicas mediante aplicaciones de CALL (siglas de 'computer-assisted language learning'), o ELAO en español: ENSEÑANZA DE LENGUAS ASISTIDA POR EL ORDENADOR. Dichas prácticas animan al estudiante a empaparse en la lengua de manera que pueda dar un paso más adelante en su aprendizaje de L2. Las TIC ofrecen dos caminos que prometen rendir logros significativos para ELE:

los programas tutoriales y los foros sociales. Por un lado, los programas tutoriales mediante CALL o ELAO han sido utilizados ya durante bastante tiempo, pero ahora se están vivificando mucho con las últimas aplicaciones móviles. Es obvio que los dispositivos móviles son una parte valiosa del ambiente educativo de ahora y del futuro. Por otro lado, se ha visto una auténtica explosión en el uso de ELAO SOCIAL y de CMC: COMUNICACIÓN MEDIANTE LA COMPUTADORA; por ejemplo, los miles de personas que pasan horas chateando en Facebook, LiveMocha, Nulu o Busuu, solo por mencionar algunas de las redes sociales donde se aprenden lenguas extranjeras. Se examinará en el Capítulo 7 cómo estos foros sociales, con su acceso inmediato al mundo hispano, pueden ser incorporados al currículum de ELE (véase Guillén 2014) y cuáles son los beneficios que se pueden esperar de estos nuevos medios.

A pesar de la indiscutible atracción de CALL o ELAO para esta nueva generación digital estudiantil, un creciente número de estudiantes elige acercarse a la L2 y su cultura a través del estudio en el extranjero. Sin lugar a dudas, una estancia en el extranjero brinda valiosas oportunidades para interactuar con hablantes nativos y ser partícipe de experiencias culturales que no se dan en el aula. Pero, ¿significa esto que el alumno vaya a mejorar sus habilidades lingüísticas? La respuesta trae consigo mucha complejidad ya que el desarrollo lingüístico depende de muchos factores, tanto individuales (por ejemplo, la motivación y la preparación previa del alumno) como de la experiencia en sí (por ejemplo, la duración de la estancia). Ese es el tema del Capítulo 8, en el que intentamos desmentir la idea de que simplemente estar en el extranjero se traduce en beneficios lingüísticos. De hecho, los estudios demuestran que la proficiencia inicial del alumno (es decir, antes de partir al extranjero) juega un papel crucial en los logros obtenidos durante la estancia (Davidson 2007). Estos datos apuntan a la noción de un *nivel umbral* de proficiencia que el alumno ha de alcanzar antes de estudiar en el extranjero, para realmente sacar ventaja del contexto de inmersión (Lafford y Collentine 2006). Asimismo, hay que precisar que el contexto de inmersión es particularmente ventajoso para el desarrollo de la fluidez oral (Segalowitz y Freed 2004) y no tanto para la habilidad gramatical. Desde luego, la fluidez (entendida como la velocidad del habla y la falta de vacilaciones innecesarias) es solo un componente de saber hablar un idioma, algo que matizamos en el Capítulo 1.

Sin duda alguna estudiar una L2 en un contexto natural, en un país donde se habla esa lengua en todos los ámbitos sociales, promete bien para el aprendizaje de la pragmática, es decir, el uso apropiado de la lengua en situaciones reales. Cuando el estudiante tiene que hacer preguntas, dar órdenes, saludar, pedir, rechazar, aconsejar, disculparse o desenvolverse en situaciones sociales difíciles, habrá motivación de sobra para fijarse bien en las rutinas lingüísticas más apropiadas y convencionales según esa sociedad;

en pocas palabras, el alumno de L2 en el extranjero entra poco a poco en la comunidad de práctica. En el Capítulo 8, también se hará un resumen de estos ACTOS DE HABLA o fórmulas gramaticales más propicias para tener éxito en la vida real. En todo caso, animaremos al estudiante a examinar las premisas culturales de su L1 y a compararlas con la cultura L2 que se quiere entender. Pero puede que el alumno nunca se integre del todo en la nueva cultura. El proceso de aprendizaje, más bien, implica ir encontrando un lugar entre la L1 y la L2: un TERCER LUGAR que es producto de las dos lenguas y las dos culturas, como nos ha explicado Kramsch (1998; 2009a; 2009b).

En lo que sigue del libro, pretendemos contestar las preguntas que dan inicio a cada capítulo y profundizar más en los temas correspondientes con base en el campo de la lingüística aplicada y en las buenas prácticas de ELE. Después de leer cada capítulo, conviene contemplar las preguntas de discusión y compartir las ideas en grupo. Esperamos que *El español y la lingüística aplicada* refuerce la preparación de los maestros que están empezando en este oficio y también ayude a los profesionales con más experiencia a seguir desarrollándose como docentes.

Los autores quisieran agradecer el constante apoyo de Hope LeGro, editora de Georgetown University Press, cuyos consejos han guiado el libro desde el principio hasta la publicación, y las atinadas sugerencias de Juan Quintana, nuestro cuidadoso corrector de estilo. Asimismo, se les agradecen en grande sus ideas y sugerencias estilísticas a las siguientes personas, sin que tengan ninguna responsabilidad por la presentación final del texto: A. San Mateo (en cuanto al Capítulo 3 sobre el vocabulario); G. Guillén (en particular, por sus ideas sobre el ELAO social, Capítulo 7); D. Beard, R. Estes, B. Rodríguez y R. Manheimer.

Nota

1. Todos los términos escritos en LETRA VERSALITA se encuentran definidos en el Glosario al final del libro.

¿Qué significa saber un idioma?

1.1 Introducción

A menudo nuestros estudiantes de español como una lengua extranjera (ELE) nos preguntan cuánto tiempo les llevará hablar español con fluidez, un término impreciso que no nos ayuda mucho a formular una respuesta, como se verá a lo largo de este primer capítulo (véase también el Capítulo 8). Sería mejor preguntar cuánto tiempo hace falta para dominar ciertos aspectos de una segunda lengua (L2), sin implicar que se consiga la misma proficiencia que tiene una persona que la habla desde la infancia.

También se pregunta a menudo cuál es la mejor edad para comenzar a aprender una L2: o sea, ¿se podrá tener éxito a partir de los doce, de los veinte o de los cuarenta años? Todas estas cuestiones dependen de la definición que se le quiera dar al término COMPETENCIA LINGÜÍSTICA. A través de las últimas décadas los investigadores en el campo de la ADQUISICIÓN DE SEGUNDA LENGUA (ASL) nos han ofrecido descripciones muy diferentes—hasta contradictorias—del concepto de *competencia*. Por ejemplo, cabe preguntarse si es más importante el dominio de la sintaxis o de la pronunciación o del manejo de muchos vocablos. ¿Y el uso? ¿Se deben incluir también las normas de uso, lo que se suele llamar la *pragmática*? Por lo tanto, no debe sorprendernos que las escalas establecidas para medir el desarrollo de una L2 sufran las mismas confusiones que se han producido en el campo de ASL para determinar qué es lo que se sabe y luego, cómo lo medimos.

En lo que sigue de este capítulo, examinaremos los siguientes temas fundamentales para el estudio de la adquisición una lengua:

- La definición de la competencia en una lengua: ¿Se trata de hábitos? ¿Implica principios gramaticales?
- La definición más completa de la competencia comunicativa que incluye las normas de uso.
- Las escalas más usadas para medir el proceso de desarrollo en una L2: ¿Qué quieren decir los siguientes términos: *hablante principiante* ('novice'), *intermedio, avanzado, superior*?

- Los matices entre *hablante nativo, hablante de herencia* y *hablante casi nativo.*
- Las metas realistas, o mejor dicho, alcanzables para un aprendiz que quiere aprender una L2.

1.2 El concepto de competencia en el marco histórico

En los años inmediatamente después del lanzamiento de *Sputnik* por parte de los rusos y el inicio de la Guerra Fría de los años 60, unos lingüistas y profesores norteamericanos de lenguas extranjeras diseñaron una serie de libros para enseñar lenguas basados en las ideas CONDUCTISTAS dominantes en aquella época en el campo de la psicología. Según la teoría conductista, el hablar una lengua consistía en adquirir un amplio inventario de hábitos, conductas y fórmulas lingüísticas. Un hablante, entonces, seleccionaba estructuras y vocablos apropiados en gran parte para responder a los estímulos que recibía de otro hablante. Muchos identifican esta teoría con el psicólogo B. F. Skinner, quien hablaba de la dinámica de aprendizaje entre *estímulo* y *respuesta* (S → R). Esta manera de aprender (y de enseñar) una lengua llegó a conocerse por el lema de *mim/mem,* o sea, *imitación* y *memorización.* Durante esta época, los estudiantes pasaban horas repitiendo frases frecuentes, fórmulas o estructuras representativas del habla de los hablantes nativos de esa lengua; también los aprendices memorizaban y repetían diálogos supuestamente típicos o de uso común según el juicio de los expertos, sin recurrir a las traducciones en su L1. Una compañía en particular, Berlitz, desarrolló una cadena de academias de lengua que empleaban una metodología semejante, con la promesa de que sus clientes podrían aprender a hablar una lengua extranjera en muy poco tiempo.

Lo bueno de estas innovaciones, pese a las simplificaciones conductistas de la noción de *competencia,* fue que se despertó un interés muy grande por aprender a hablar todas las lenguas extranjeras y no solo el ruso, la lengua más estratégica en aquel momento político. El hincapié que hacía este método *mim/mem* en la lengua oral cambió para siempre el enfoque de la enseñanza de lenguas, disminuyendo la práctica de enseñar las lenguas a través de una metodología basada solo en hacer traducciones por escrito, como era la manera tradicional de impartir las lenguas clásicas como el latín y el griego.

Muy pronto otros investigadores expresaron sus dudas respecto a un modelo de competencia basado solo en el esquema de estímulo y respuesta, y buscaron un papel más creativo para el ser humano. En concreto, las ideas del lingüista Noam Chomsky a finales de los años 60 le llevaron la contraria a la teoría conductista y ofrecieron una visión de la competencia lingüística que resaltaba la creatividad humana a través de un conocimiento innato de ciertos principios lingüísticos universales. Según los nativistas o

MENTALISTAS como Chomsky, al niño solo le hacía falta recibir una muestra de *input* o entradas proveniente de una comunidad de hablantes para que pudiera adquirir la gramática de esa lengua en muy poco tiempo, sin pensar, e incluso cuando los datos que recibía solo eran parciales o incompletos. Aunque hubiera pobreza de estímulos en el medio que le rodeaba, Chomsky defendía que cada niño nacía con una capacidad innata—o sea, una *gramática universal* (GU)—que facilitaba la adquisición de cualquier lengua materna. Chomsky concebía la competencia lingüística como un conjunto de módulos por separado (i.e., la fonología, la semántica, la sintaxis, el léxico), de los cuales el más importante era el módulo sintáctico. Una prueba de esta competencia para Chomsky era el hecho de que todo hablante nativo tenía las mismas intuiciones hacia lo gramatical y lo agramatical sin citar reglas y sin el beneficio de un estudio consciente de esa lengua. Para los mentalistas, la competencia consistía en saber lo correcto sin pensar, porque ya formaba parte de una estructura mental, parte del conocimiento implícito. Tampoco se preocupaba Chomsky por las cuestiones del uso de una lengua; o sea, la ACTUACIÓN para él no formaba parte de la competencia de una lengua y por lo tanto carecía de interés. Como se verá a continuación, este modelo también era demasiado simplista para captar la realidad de una lengua hablada; sin embargo, las ideas nativistas dominaban la academia y la enseñanza de lenguas durante los años 70 y 80.

Algunos creían que esta competencia innata que el niño usaba para adquirir la L1 seguía activa también durante el proceso de adquisición de una L2. Stephen Krashen (1981), un seguidor fiel de Chomsky, proponía que a los aprendices de una L2 solo se les tenía que proveer un *INPUT* comprensible (i.e., entradas comprensibles) para fomentar una nueva competencia en la L2, igual que sucedía a los niños con su L1. Krashen pensaba incluso que una práctica que le ofreciera al aprendiz datos solo un tantito más allá de su zona de comodidad daría aún mejores resultados; Krashen resumía esta creencia por medio de la fórmula $i + 1$, donde la i se refería al interlenguaje del aprendiz (Selinker 1972), o sea, a su gramática *in medias res,* todavía en proceso de construcción; y el "+ 1" apuntaba a un desafío no demasiado lejos de su capacidad en la L2. Claro está que con una clase de 30 alumnos, la expresión $i + 1$ tendría una definición diferente para cada alumno, dependiendo de las respectivas diferencias y experiencias individuales. El $i + 1$ para un individuo podría ser un $i + 143$ para otro, lo cual dejaría al segundo totalmente abrumado y confundido. Asimismo, Krashen menospreciaba el papel de las explicaciones explícitas o las reglas gramaticales tan centrales para una clase tradicional basada en el método de traducción. Según él, no producía buenos resultados machacar al aprendiz con un conjunto de reglas gramaticales, porque esto no aportaba nada al proceso de adquisición; solo hacía falta más *input.* Es decir, ya que la competencia para Chomsky se basaba en un conocimiento innato (i.e., implícito), las reglas

Cuadro 1-1. Competencia lingüística (adaptada de Bachman 1990, 87)

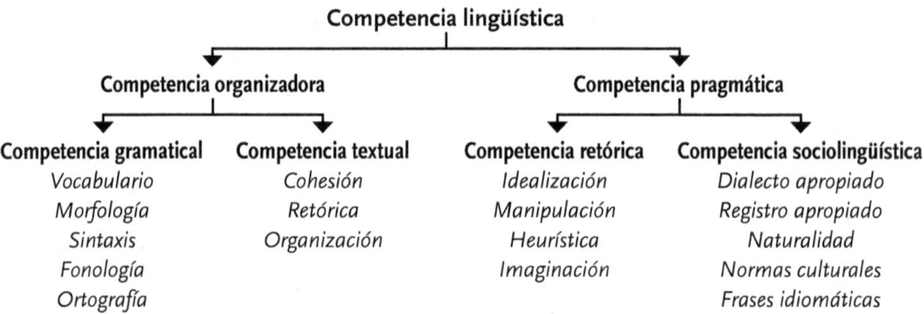

explícitas no tenían cabida en la metodología llamada *natural* por Krashen. Por una parte, Krashen logró que los profesores de lenguas extranjeras abandonasen en gran parte la práctica casi compulsiva de dar reglas explícitas para todo durante la clase; y luego hizo que los instructores se fijaran más en ofrecerles a los estudiantes una INUNDACIÓN DE *INPUT* COMPRENSIBLE. Por otro lado, esta metodología hizo que el profesor se convirtiera en la fuente casi exclusiva de dicho *input* comprensible, el foco de toda la clase ('teacher-centered classroom')—algo que no representa lo ideal en el aula de hoy, donde las actividades del aula deben estar más en manos de los estudiantes ('student-centered classroom') aunque guiadas, claro está, por los profesores.

Ahí que otros investigadores tanto de L1 como de L2—siendo uno de los primeros el antropólogo Dell Hymes (1972)—, comenzaron a hablar de una competencia comunicativa, un marco que insistía en la importancia del uso de la lengua en la comunidad, cosa que había ignorado Chomsky por completo en su modelo. Canale y Swain (1980), Canale (1983) y Bachman y Palmer (1982) hablaban de cuatro aspectos de esta competencia lingüística (Cuadro 1-1): la competencia gramatical; la competencia textual; la competencia retórica y la competencia sociolingüística.

A la par que se hacía hincapié en estos aspectos sobre el uso de la lengua y la comunicación, otros investigadores quisieron refinar el concepto original de *input* comprensible, porque lógicamente si el aprendiz no se fija en el *input*, la información no puede constituir *input*; lo ignorado no presenta ningún estímulo para nadie. Es cosa sabida que el aprendiz de una L2 no se da cuenta de muchas estructuras y palabras de la L2 que le rodean a diario en las conversaciones de los hablantes nativos. Pero cuando el aprendiz se fija por fin en unos datos en particular—lo que Schmidt (1994) llamó la HIPÓTESIS DEL RECONOCIMIENTO—, ese *input* potencialmente comprensible se vuelve INPUT COMPRENDIDO y se convierte en INTAKE: toma o procesamiento del *input*. Ahora bien, si ese *intake* llega a interiorizarse en la cognición del aprendiz, entonces puede llamarse UPTAKE y ya forma parte de la gramática incipiente que va adquiriendo el aprendiz. Luego, el mismo aprendiz puede confirmar o reforzar ese *uptake* de su gramática incipiente si le toca producir ese vocablo o estructura correctamente como OUTPUT—o salida—a través de sus propias interacciones con otros en la comunidad (Swain 2000). En pocas palabras, todos los investigadores de lengua están de acuerdo que el *input* es clave para adquirir tanto una L1 como también una L2, pero el mismo concepto de *input* tiene diferentes facetas.

Tomando como punto de partida estos nuevos matices del concepto *input*, unos investigadores INTERACCIONISTAS (Long 1991; Gass 2003; Long y Robinson 1998; R. Ellis 2006) destacaban el papel de los intercambios que ocurren entre hablantes tanto nativos como no nativos cuando no se entienden bien. Cuando hay problemas de comprensión en la comunicación, la conversación se suspende un momento, dándole al aprendiz la oportunidad de darse cuenta de lo que no sabe de la L2 y, con suerte, así se fijará más en el *input* (es decir, el *input* puede llegar a convertirse en *intake*). Los interaccionistas describen este proceso como una NEGOCIACIÓN DEL SIGNIFICADO, lo cual hace posible que el aprendiz mejore su conocimiento de la L2 basándose en la RETROALIMENTACIÓN ('feedback') que recibe del otro.[1] Este mecanismo se ha llamado la HIPÓTESIS INTERACCIONISTA (Gass 2003) y sugiere que estas interacciones o negociaciones, si no son la causa misma de adquisición, por lo menos provocan intercambios entre hablantes que favorecen avances en el largo proceso de adquisición de una L2. Por lo tanto, cualquier tarea en el aula que fomente estas negociaciones de significado será bienvenida y constituye un nuevo marco de enseñanza donde los estudiantes tendrán más control sobre su propio progreso (i.e., será más 'student-centered').

De esta breve historia del campo de ASL, se puede ver que el concepto de competencia ha sufrido una trayectoria complicada desde los años 60 hasta la fecha actual (para una cronología, véase Myles 2010) y todavía no se tiene una definición muy funcional. En el aula de ELE de hoy se suele emplear una metodología llamada *comunicativa* de alguna forma u otra, pero las implementaciones en la práctica varían bastante dentro de este marco general de la competencia comunicativa.

En busca de descripciones más rigurosas para explicar qué es lo que se sabe cuando se sabe hablar una lengua, Hulstijn (2011; 2015) abandona el concepto de *competencia* a favor de otro más fundado en el uso, o sea, la *proficiencia*. El término *proficiencia* sugiere más bien lo que uno puede hacer con esa lengua en la práctica, en vez de dejar las cosas solamente en el plano abstracto—mentalista o intuitivo—como se verá a continuación.

1.3 Proficiencia frente a la idea de cognición básica/cognición extendida

Rendir una definición transparente de la *proficiencia lingüística* (PL) que sirva tanto para una L1 como para una L2 parece presentar una faena tan difícil como definir qué es la *competencia*: hay que captar no solo los rasgos en común sino también todas las diferencias individuales, que son muy prominentes en el caso de aprender una L2. Chomsky habría cortado por lo sano y simplemente habría declarado que todos los hablantes de una L1 tienen la misma competencia, relegando las diferencias individuales al tema del uso o de la actuación, de manera que no importarían para el campo de la lingüística. Con el acercamiento chomskiano surgieron dudas muy serias en cuanto a cómo tratar las variantes dialectales y sociales (i.e., los DIALECTOS y los SOCIOLECTOS) que se encuentran en toda lengua y que manifiestan diferencias notables entre hablantes nativos (y para qué hablar de los hablantes de una L2). Hubo una época en que los lingüistas formales ignoraban estas diferencias y hacían referencia hasta al contexto del *idiolecto*, o sea, la competencia de un solo hablante. Obviamente, sería contradictorio hablar de principios universales a base de un solo idiolecto mientras se dejan fuera el uso y la comunicación humana en su contexto social.

Sin embargo, es obvio que los hablantes nativos comparten un conjunto de conocimientos lingüísticos básicos ('core') con escasa variación individual frente a otros conocimientos lingüísticos periféricos o menos básicos que exhiben mucha variación según factores regionales, sociales, educacionales, estéticos, contextuales y estratégicos. Hulstijn (2011; 2012) ofrece una definición nítida y útil fijándose en este contraste entre la *cognición lingüística básica* y la *cognición lingüística periférica* o no central. Por consiguiente, Hulstijn habla de una PROFICIENCIA LINGÜÍSTICA BÁSICA (PLB) y otra PROFICIENCIA LINGÜÍSTICA EXTENDIDA (PLE) que corresponde a un alto nivel de cognición, resultado de la educación o de las experiencias profesionales.

La proficiencia básica incluiría (1) una pronunciación y entonación reconocida como auténtica por otros hablantes nativos (i.e., la fonología), (2) un conocimiento de las estructuras gramaticales fundamentales (i.e., la morfosintaxis y la sintaxis), (3) un dominio de los vocablos más frecuentes, o sea, unas tres mil a cinco mil palabras (i.e., el léxico) y (4) un sentido amplio de cuándo se usan estos elementos lingüísticos (i.e., la pragmática). La definición de lo básico no implica el manejo de muchos REGISTROS cultos y escritos, ni el control de una gama de variedades dialectales y sociales—rasgos que pertenecen al ámbito de la proficiencia extendida.

En el contexto monolingüe, todo hablante nativo domina lo básico en su lengua materna, un fenómeno que tiene mucho que ver con lo que Chomsky quiere indicar con el término *competencia.* No obstante, la otra proficiencia, la extendida, depende de una cognición de orden superior ('higher-order thinking') que proviene de la educación, de un estado más privilegiado en la sociedad, o de lo que se suele llamar la capacidad para cultivar la LENGUA ACADÉMICA con un control amplio de usos y registros cultos. Evidentemente, no todo el mundo goza del mismo nivel de proficiencia extendida en su L1 porque depende de las oportunidades y la educación que se tenga.

En el contexto bilingüe, esta distinción de Hulstijn nos ayuda también porque las personas pueden tener una proficiencia extendida en las dos lenguas o solo en una; o quizás solo la proficiencia básica en las dos, dependiendo de las respectivas experiencias educativas y profesionales. La distinción entre la proficiencia lingüística básica (PLB) y la extendida (PLE) se asemeja a las ideas de Cummins (2003), que hablaba de BICS ('basic interpersonal communication skills') y CALPS ('cognitive academic language proficiency skills'), dos conceptos muy familiares para los que trabajan en el campo de la enseñanza de inglés como segundo idioma (ESL). Muchos estudiantes extranjeros llegan a la universidad norteamericana con una proficiencia básica (PLB) más o menos desarrollada, producto de muchos años de estudio de inglés, pero para tener éxito en sus estudios universitarios les hace falta una proficiencia extendida o académica, especialmente en lo escrito; y esto lleva tiempo, de tres a cinco años para los universitarios. Los niños inmigrantes en Estados Unidos no suelen tener ni la PLB ni la PLE en la lengua inglesa. Por consiguiente, puede costarles de unos cinco a siete años para estar a la par con sus compañeros del colegio.

Hablando de un aprendiz de L2, y más específicamente de un individuo en proceso de adquirir ELE, puede que no domine nunca a la perfección algunos aspectos de la proficiencia básica—como la fonología, la morfosintaxis o los matices más sutiles del subjuntivo—pero sí puede avanzar poco a poco hasta desarrollar una proficiencia extendida como, por ejemplo, la tiene un profesor no nativo de la lengua española o un abogado internacional u otro profesional que usa el español todos los días en contextos sofisticados. Ahora que Hulstijn nos ha ofrecido la distinción tan útil entre proficiencia básica y proficiencia extendida, cabe preguntarse cómo se mide la proficiencia de una L2, el tema de la siguiente sección.

1.4 Las escalas para medir la proficiencia de una L2

Para medir la proficiencia de un aprendiz, hay tres componentes importantes que hay tener en mente, según Housen y Kuiken (2009): (1) la corrección, (2) la fluidez, y (3) la complejidad. La corrección se entiende por no cometer errores en el habla; en términos de Hulstijn, este concepto apunta a un dominio de la proficiencia lingüística básica (PLB). Enlazado íntimamente con este criterio de la corrección está la fluidez, que se refiere al uso de la lengua a tiempo real, sin caer en pausas incómodas, en fallos léxicos o en otras discontinuidades en el habla que rara vez le pasarían a un hablante nativo. La complejidad, claro está, implica, por una parte, la cognición extendida—tal como la ha explicado Hulstijn anteriormente—y por otra, la proficiencia básica en las estructuras lingüísticas más avanzadas. O sea, los métodos para medir la proficiencia suelen mezclar los conceptos de PLB y PLE sin ofrecer mayor precisión ni conceptual ni operativa. Surgen otras complicaciones para separar estos tres componentes de la proficiencia a la hora de realizar un examen. Por ejemplo, bien se sabe que la fluidez se deteriora si el aprendiz se ve forzado a usar palabras poco frecuentes, de manera que la fluidez depende de la tarea que se le pida al aprendiz (Bachman y Savignon 1986). Es obvio que la corrección, la fluidez y la complejidad son aspectos de la proficiencia que no son independientes unos de otros, lo cual dificulta aún más los intentos de medir la proficiencia de un alumno en L2.

La organización AMERICAN COUNCIL OF TEACHERS OF FOREIGN LANGUAGES (ACTFL) divulga la escala más reconocida en Estados Unidos para medir la proficiencia. Su guía se llama la ENTREVISTA DE PROFICIENCIA ORAL (OPI; Glisan, Swender y Surface 2013). Tiene su origen en un examen creado por el FOREIGN SERVICE INSTITUTE (FSI) del gobierno estadounidense en los años 50, que luego llegó a adoptarse oficialmente en 1973 bajo el nombre de ESCALA DE ILR (INTERAGENCY LANGUAGE ROUNDTABLE SCALE), con un uso extenso en el ejército y en el cuerpo diplomático (Malone y Montee 2010). La persona entrevistada recibe una clasificación que va del nivel principiante (0) hasta el de hablante nativo (5). Más tarde, ACTFL modificó los primeros cuatro niveles (porque el nivel 5 se reservaba solo para hablantes nativos, aunque lleva desde 2012 el nombre de *nivel distinguido*) con una nomenclatura más clara para los instructores de lengua, dividiendo cada nivel en tres partes: el primer nivel consiste en *principiante (o inicial) bajo*, *principiante medio* y *principiante alto*; el segundo nivel corresponde a *intermedio bajo*, *intermedio medio* e *intermedio alto*; el tercer nivel se llama *avanzado bajo*, *avanzado medio* y *avanzado alto;* y finalmente, el cuarto nivel se clasifica sencillamente como *superior*.[2] El término *ACTFL OPI* certifica que el entrevistador ha recibido un riguroso (largo y costoso también) entrenamiento oficial de ACTFL para que pueda llevar a cabo este tipo de examen de proficiencia en directo o por teléfono (Swender 2003; Liskin-Gasparro 2003). La entrevista, que se califica por dos entrevistadores certificados, tiene cinco partes: el calentamiento, el chequeo de nivel, los sondeos de nivel, los juegos de rol y la resolución (Malone y Montee 2010). Recientemente, ACTFL ha creado una versión del OPI que se realiza a través del Internet sin tener que contar con una persona *in situ* para realizar la prueba. (Luego, dos personas califican el examen como de costumbre).

Con el examen de OPI se inició un movimiento educativo todavía muy vigente, donde las metas de los programas de lengua le exigen al estudiante alcanzar el nivel avanzado de proficiencia en vez de simplemente sumar un determinado número de clases y horas en el aula.

Sin embargo, ha habido críticas muy fuertes en cuanto al examen OPI como medidor eficaz de proficiencia, primordialmente porque la entrevista OPI no constituye una conversación natural sino más bien un intercambio artificial entre dos desconocidos, el entrevistador y el entrevistado, lo cual no se asemeja a los actos de habla de la vida real. Los sondeos y los juegos de rol de la OPI también vienen de las experiencias de los instructores en el contexto de una clase de lengua y no tienen una caracterización independiente comprobada por la investigación científica del habla empleada por la sociedad (Malone y Montee 2010). Por lo tanto, se puede cuestionar si este examen realmente capta la proficiencia oral del aprendiz con base en la realidad lingüística de esa lengua. Al fin y al cabo, no parece posible comparar una entrevista formal con lo que hace un hablante nativo o no nativo cuando participa espontáneamente en la vida social en un país donde se habla esa lengua. Es decir, la construcción de este examen tal vez carezca de validez en su premisa fundamental porque no define la proficiencia comunicativa en términos conceptuales y no justifica cómo se pone en la práctica a través de las preguntas de sondeo y los juegos de rol. De nuevo, la variación que se produce a raíz de usar las diferentes tareas del mismo examen pone en duda su validez para precisar un nivel de proficiencia de forma general.

Además, para los niveles más proficientes—*superior* y *distinguido*—el examen OPI presume que todos los hablantes nativos tendrán la misma proficiencia (o sea, nivel 4 y 5), la misma conducta, el mismo éxito con la entrevista OPI. Sin embargo, Bachman y Savignon (1986), y más recientemente Hulstijn (2011), han comprobado con claridad que los hablantes nativos no forman un grupo homogéneo, porque no tienen la misma proficiencia lingüística extendida (PLE). Las tareas del OPI para los niveles avanzados requieren el dominio de una cognición extendida. Por consiguiente, puede que en este examen haya una comparación falsa entre los aprendices y un hablante nativo ideal que no existe. La idealización de *hablante nativo* se examinará más a fondo en la sección siguiente.

Conscientes de algunas de estas críticas, los profesores de lengua de Europa iniciaron en 2001 su propio sistema de clasificación de proficiencia, el MARCO COMÚN EUROPEO DE REFERENCIA (MCER), que se organiza en tres niveles bipartitos—A(1, 2), B(1, 2), C(1, 2). El MCER no se trata de una entrevista oral; más bien describe y especifica algunas posibles actividades o tareas que sería capaz de hacer un usuario en una serie determinada de circunstancias sociales cuando alcanza un determinado nivel en el proceso de aprendizaje y uso de la lengua. El MCER se empareja sin mayores dificultades con los logros de la escala de OPI de ACTFL, aunque hay cierto solapamiento entre ambos (Martínez Baztán 2008), como se ve en la Tabla 1-1.

En el fondo los dos sistemas de clasificación—tanto el OPI como el MCER—emplean el método de tareas para juzgar la proficiencia de los estudiantes de L2. Por lo tanto, estas dos escalas se expresan por medio de una

Tabla 1-1. Comparación de niveles en las pruebas de MCER y ACTFL (adaptado de Martínez Baztán 2008)

MCER		ACTFL
C2	Maestría	Avanzado alto, superior
C1	Dominio	Avanzado medio, avanzado alto
B2	Avanzado	Intermedio alto, avanzado bajo
B1	Umbral	Intermedio medio, intermedio alto
A2	Plataforma	Intermedio bajo, intermedio medio
A1	Acceso	Principiante alto
–A1	—	Principiante bajo, principiante medio

Tabla 1-2. Declaraciones de forma *puedo hacer* para MCER (en español) y ACTFL (en inglés)

	NIVEL	MCER: *¿Qué puedo hacer?*	ACTFL: *What can I do?*
C1	Avanzado medio, avanzado alto	Me expreso con fluidez y espontaneidad sin tener que buscar de forma muy evidente las expresiones adecuadas. Utilizo el lenguaje con flexibilidad y eficacia para fines sociales y profesionales. Formulo ideas y opiniones con precisión y relaciono mis intervenciones hábilmente con las de otros hablantes.	I can express myself freely and spontaneously, and for the most part accurately, on concrete topics and on most complex issues.I can usually support my opinion and develop hypotheses on topics of particular interest or personal expertise.
B2	Intermedio alto, avanzado bajo	Puedo participar en una conversación con cierta fluidez y espontaneidad, lo que posibilita la comunicación normal con hablantes nativos. Puedo tomar parte activa en debates desarrollados en situaciones cotidianas explicando y defendiendo mis puntos de vista.	I can participate in conversations about familiar topics that go beyond my everyday life. I can talk in an organized way and with some detail about events and experiences in various time frames. I can describe people, places, and things in an organized way and with some detail. I can handle a familiar situation with an unexpected complication.

serie de descripciones o preguntas/respuestas en forma de *puedo hacer* ('can-do statements') que cubren las destrezas en intercambios interpersonales, en presentaciones, en la escritura, en la comprensión y en la interpretación de lectura (véanse Little 2005 y la página de ACTFL: http://www.actfl.org/sites/default/files/pdfs/Can-Do_Statements.pdf). Se ofrece en la Tabla 1-2 una

Tabla 1-2. (continued)

	NIVEL	MCER: *¿Qué puedo hacer?*	ACTFL: *What can I do?*
B1	Intermedio medio, intermedio alto	Sé desenvolverme en casi todas las situaciones que se me presentan cuando viajo donde se habla esa lengua. Puedo participar espontáneamente en una conversación que trate temas cotidianos de interés personal o que sean pertinentes para la vida diaria (por ejemplo, familia, aficiones, trabajo, viajes y acontecimientos actuales).	I can participate with ease and confidence in conversations on familiar topics. I can usually talk about events and experiences in various time frames. I can usually describe people, places, and things. I can handle social interactions in everyday situations, sometimes even when there is an unexpected complication.
A2	Intermedio bajo, intermedio medio	Puedo comunicarme en tareas sencillas y habituales que requieren un intercambio simple y directo de información sobre actividades y asuntos cotidianos. Soy capaz de realizar intercambios sociales muy breves, aunque, por lo general, no puedo comprender lo suficiente como para mantener la conversación por mí mismo.	I can participate in conversations on familiar topics using sentences and series of sentences. I can handle short social interactions in everyday situations by asking and answering a variety of questions. I can usually say what I want to say about myself and my everyday life.
A1	Principiante alto	Puedo participar en una conversación de forma sencilla siempre que la otra persona esté dispuesta a repetir lo que ha dicho o a decirlo con otras palabras y a una velocidad más lenta y me ayude a formular lo que intento decir. Planteo y contesto preguntas sencillas sobre temas de necesidad inmediata o asuntos muy habituales.	I can communicate and exchange information about familiar topics using phrases and simple sentences, sometimes supported by memorized language.I can usually handle short social interactions in everyday situations by asking and answering simple questions.

comparación de las declaraciones en forma de *puedo hacer* que vienen en las escalas de MCER y en ACTFL con referencia solo a la destreza de la expresión oral interpersonal. Hay que fijarse en las semejanzas. Desde luego, estas descripciones dan la pauta para la creación de una serie de especificaciones curriculares y materiales programáticos para uso en el aula. Tanto el MCER como la escala de ACTFL pormenorizan una guía de las estructuras gramáticas y el contenido léxico que se espera que el estudiante controle en cada nivel. Más importante, a pesar de las críticas ya mencionadas, el MCER y el OPI siguen siendo los estándares más aceptados para medir la proficiencia por parte de los instructores de lengua de Europa y de Estados Unidos, respectivamente.

Mientras las escalas de MCER y de OPI son las escalas más reconocidas para evaluar la proficiencia y formular un programa curricular, existen otros exámenes para colocar en un nivel a los estudiantes. Aquí se mencionan de paso solo tres de ellos, con una descripción mínima sin entrar en detalles ni proveer un análisis crítico.

Uno de los primeros exámenes adaptivos por computadora se hizo en Brigham Young University en los 90 (Larsen 1998) con el nombre de *Computer Adaptive Placement Exam* (CAPE; https://www.perpetualworks.com/webcape/details). Existen versiones para el español, el francés, el alemán, el ruso y el mandarín. Es un examen de comprensión de lectura que depende mucho del conocimiento léxico para presentar preguntas más o menos difíciles mediante un proceso de adaptación. Dura unos 20 minutos examinarse y sirve para la colocación de estudiantes solo en los dos primeros años de universidad.

Los exámenes STAMP por Internet (*Standards-based Measure of Proficiency*) se crearon en el Centro de Estudios Aplicados de Segunda Lengua (CASLS) de la Universidad de Oregon (http:// http://casls.uoregon.edu/pages/tools/stamp.php) para el árabe, el mandarín, el chino, el francés, el alemán, el italiano, el japonés y el español; para medir el nivel de proficiencia en cuanto a las cuatro destrezas de producción, compresión, lectura y escritura, tanto para estudiantes de colegio como para los de universidad. Este examen informatizado intenta seguir las guías de ACTFL al pie de la letra pero con resultados fiables solo hasta el nivel de *intermedio medio*.

El examen VERSANT (https://www.versanttest.com) es otro tipo de examen adaptivo de proficiencia para el árabe, el español, el francés y el holandés, con la diferencia importante de que se hace por teléfono y luego se corrige sin ninguna intervención humana a través de un programa de reconocimiento automático del habla. Es un examen diseñado más bien para usos en el comercio y en la industria. Estructuralmente, depende de una enorme base de datos de grabaciones de hablantes nativos y no nativos con los cuales se compara y se juzga la corrección de las respuestas telefónicas. Parece tener una correlación alta con los resultados del examen ACTFL OPI (r = .87) pero a través de una metodología totalmente experimental y distinta de la del examen OPI (Bernstein, Van Moere y Cheng 2010).

1.5 ¿Quién puede considerarse hablante nativo de español?

La noción de *hablante nativo* ha sido fundamental tanto para la lingüística teórica como para la lingüística aplicada. Entre los lingüistas teóricos, sobre todo en la corriente generativista de Chomsky, se da por sentado que todos los hablantes nativos monolingües de una lengua comparten la misma gramática abstracta, es decir, que tienen la misma competencia lingüística. En el campo de la lingüística aplicada, el hablante nativo ha sido tradicionalmente el modelo con el que se compara al aprendiz. Desde esta perspectiva, el aprendiz tiene éxito cuando su producción se aproxima a la del hablante nativo y, a la vez, se le considera deficiente cuando no lo hace. Aunque se ha cuestionado la validez de dicha comparación (véase Bley-Vroman 1989, quien la denomina la FALACIA COMPARATIVA), el hablante nativo sigue gozando de mucho prestigio en la enseñanza de idiomas. No ha de sorprendernos, pues, que muchos estudiantes de ELE aspiren a comunicarse en español con el mismo grado de fluidez o soltura que los hablantes nativos. En esta sección examinaremos diferentes perfiles de hablantes nativos (HN) para indagar en su competencia lingüística; también veremos el interesante caso de los hablantes casi nativos (HCN), quienes pasan por HN en muchos contextos cotidianos.

Aunque todos tenemos una idea general de quién puede considerarse HN, formular una definición precisa resulta mucho más difícil. En el sentido más básico, un HN es alguien que ha aprendido una lengua desde la infancia y se ha criado hablando esa lengua en el hogar. Denominamos *lengua materna* a la lengua aprendida durante la infancia en el entorno familiar. Pero además de haber aprendido una lengua en la infancia, que parece ser el requisito esencial, ¿qué cualidades o habilidades caracterizan al HN? Cook (1999) y A. Davies (2013) señalan la diversidad de criterios en la literatura previa sobre el tema y destacan los siguientes elementos: (1) el HN es capaz de producir enunciados de manera espontánea y fluida, (2) tiene intuiciones acerca de su lengua materna y (3) es capaz de distinguir entre rasgos de su propia habla y los de la VARIEDAD ESTÁNDAR. Por su parte, Montrul (2013) explica que el HN prototípico se caracteriza por (1) una pronunciación *nativa*, (2) un léxico considerable y (3) sensibilidad a su entorno sociolingüístico (por ejemplo, la clase social de su interlocutor o el registro que se debe emplear en determinados contextos sociales). Montrul argumenta que los HN poseen un conocimiento abstracto y estable de su lengua materna, lo cual les permite ser creativos con el lenguaje.[3]

Estas ideas generales sobre lo que significa el término HN apuntan a un modelo altamente idealizado. Para ser más precisos, las generalizaciones anteriores describen a un HN monolingüe que ha recibido escolarización en su lengua materna. A. Davies (2013) critica esta orientación hacia el HN con un alto nivel de educación formal, muy arraigada en el campo académico de la ASL. Debemos reconocer que este perfil no representa a todos los HN de un idioma. Es bien sabido que hay diferencias marcadas entre los HN de acuerdo a su nivel de educación formal, como trata de captar Hulstijn (2011) con su distinción entre proficiencia básica frente a otra periférica. Estas diferencias individuales se observan no solo en el alcance del léxico sino también en el conocimiento gramatical.

Un ejemplo de ello lo vemos en el estudio de Dąbrowska y Street (2006), quienes se interesaron por el conocimiento que tienen los HN de inglés de las oraciones pasivas (p. ej., *El hombre fue mordido por el perro*).[4] Como las oraciones pasivas abundan en textos escritos, los investigadores conjeturaron que los hablantes con un mayor nivel educativo tendrían mejores resultados en una prueba de interpretación de este tipo de oraciones. Se compararon dos grupos de HN: (1) HN letrados (estudiantes de posgrado que estudiaban una maestría o doctorado) y (2) HN con menor nivel de educación formal (personal de limpieza o servicio en un supermercado). Los investigadores también incluyeron dos grupos de hablantes no nativos, también diferenciados entre sí por su nivel de educación formal. Los resultados indican que ambos grupos de hablantes no nativos superaron al grupo de HN con poca educación formal. De hecho, este último grupo registró un resultado muy bajo (menos del 50%) en cuanto a las oraciones pasivas (p. ej., *El soldado fue protegido por el niño*). Estos resultados son reveladores en dos sentidos. Primero, indican que no todos los HN tienen el mismo dominio de la gramática, como se suele asumir, y que las diferencias individuales se hacen patentes cuando se controla el nivel de educación formal de los participantes. Segundo, el estudio de Dąbrowska y Street demuestra claramente que a veces los hablantes no nativos tienen mejor dominio de ciertos aspectos del lenguaje que los HN.

En síntesis, podemos afirmar que los HN monolingües no constituyen un grupo homogéneo y que uno de los factores clave para entender las diferencias individuales es el nivel de escolarización (véase Dąbrowska 2012 para más ejemplos de dichas diferencias).

De acuerdo a Hulstijn (2011), estas diferencias son totalmente predecibles en el ámbito de la proficiencia lingüística extendida. Con respecto a los distintos niveles de proficiencia establecidos por el MCER, Hulstijn insiste en que los niveles más altos de la escala (C1 y C2) son asequibles solo para aquellas personas que gozan de cierto nivel educativo y que se desenvuelven en contextos profesionales y/o académicos. El planteamiento de Hulstijn tiene mucho sentido al considerar algunos de los descriptores ilustrativos del nivel C2 (maestría) que abarcan la lengua hablada (Instituto Cervantes 2002, 32–33):

- "Muestra una gran flexibilidad al reformular ideas diferenciando formas lingüísticas para transmitir con precisión matices de sentido, enfatizar diferencias y eliminar la ambigüedad".
- "Crea un discurso coherente y cohesionado, haciendo uso completo y apropiado de estructuras organizativas variadas y de una amplia serie de conectores y otros mecanismos de cohesión".

Aunque los criterios de MCER fueron elaborados para aplicarse a los aprendices de una L2, hay que reconocer que estos descriptores dejan fuera a muchos HN. Con respecto a los descriptores de los niveles C1 y C2, Montrul (2012, 8) propone que "cabe preguntarse cuántos hablantes nativos monolingües pueden realmente hacer todo esto".

Hasta ahora hemos destacado el hecho de que no todos los HN monolingües son iguales. Pero debemos recordar que el monolingüe es solo un tipo de HN. Muchas personas adquieren dos lenguas en la infancia (este fenómeno se conoce como *bilingüismo simultáneo*) y por lo tanto tienen dos lenguas maternas. Tener dos lenguas maternas no implica que uno sea un bilingüe equilibrado, es decir, que tenga el mismo nivel de dominio de ambas lenguas. Otra situación muy común es la del *bilingüismo secuencial*, que se da cuando el niño aprende una lengua en el hogar y luego aprende otra lengua fuera del entorno familiar, generalmente en la edad preescolar (4–5 años). ¿Qué ocurre cuando un niño empieza su vida escolar en un idioma que no es el idioma del hogar? Esta es la situación de miles de niños de habla hispana que se crían en los Estados Unidos, donde la lengua mayoritaria (y por ende, la lengua del sistema educativo) es el inglés. En tales casos, los niños llegan a ser bilingües (español/inglés) pero es probable que el inglés se convierta en su lengua primaria o lengua dominante. A este tipo de HN de español lo denominamos *hablante de herencia*.

Los hablantes de herencia presentan una complicación interesante para las definiciones de HN porque, a pesar de haber adquirido el español en la infancia, difieren en muchos aspectos del HN monolingüe. ¿Cuál es el perfil lingüístico del hablante de herencia? ¿Deben considerarse HN? Antes de responder a estas interrogantes, debemos resaltar que los hablantes de herencia constituyen un grupo muy diverso, cuyo nivel de dominio del español varía enormemente. En un extremo se encuentran individuos que entienden el español (es decir, tienen cierta competencia receptiva) pero que no lo hablan.[5] En otro extremo del espectro hay hablantes de herencia que tienen un dominio muy alto del español, comparable al de un HN monolingüe. Pero el perfil más común se encuentra en un punto intermedio. Se trata de un individuo que habla el español con cierta fluidez (sobre todo en los contextos cotidianos) y que tiene una pronunciación nativa; sin embargo, lee y escribe con dificultad ya que no ha tenido la oportunidad de desarrollar la lectoescritura en español. Asimismo, el hablante de herencia suele tener huecos en su conocimiento de vocabulario, sobre todo en lo que respecta a palabras de registro académico o palabras poco frecuentes. En síntesis, el hablante de herencia medio se caracteriza por grandes asimetrías en sus habilidades lingüísticas: destaca en la comprensión auditiva, la pronunciación y la producción oral (en contextos diarios) pero enfrenta dificultades con la lengua escrita y usos más formales de la lengua (por ejemplo: en ámbitos profesionales o académicos).

El desequilibrio en las habilidades lingüísticas de los hablantes de herencia es una consecuencia natural de haber recibido su escolarización en la lengua mayoritaria, el inglés en el contexto de Estados Unidos. El español, la lengua materna, se desarrolla casi exclusivamente en el hogar, y muchas veces la adquisición de esta lengua se estanca a partir de los 5 años de edad, cuando el niño empieza a asistir a la escuela. Conviene recordar que el sistema gramatical está todavía en vías de desarrollo a esa edad. Es decir, aunque un niño de 5 años ya maneja muchas estructuras básicas de su lengua materna, todavía le falta mucho para alcanzar la madurez lingüística. Un ejemplo de ello es el uso del subjuntivo, que aparece temprano en el proceso de adquisición pero no se consolida hasta los 8 o 10 años de edad (Blake 1985). Al no recibir suficiente *input* en español, el hablante de herencia corre el riesgo de no adquirir completamente ciertas estructuras de la lengua, o incluso de olvidar aquellas que había aprendido anteriormente.

¿Cuáles son las estructuras que se ven afectadas en una situación de *input* reducido? Los resultados de numerosos estudios indican que la morfosintaxis es un área particularmente vulnerable para los hablantes de herencia. Por ejemplo, se han documentado errores gramaticales en cuanto al uso de los artículos definidos (Montrul e Ionin 2010), el género gramatical (Alarcón 2011; Montrul, Foote y Perpiñán 2008), la omisión del *a* acusativo (Montrul y Bowles 2009), y el subjuntivo (Montrul 2009; Silva-Corvalán 1994). Algunos de estos estudios empíricos sugieren que los errores se deben a la imposición del inglés en el sistema gramatical español, pero en otros casos la interferencia del inglés no se puede comprobar. En muchos estudios se recurre al término *adquisición incompleta* para explicar las diferencias significativas entre los hablantes de herencia y un grupo de control formado por hablantes monolingües de español, aunque los mismos autores que emplean dicho término reconocen que es muy difícil determinar si los efectos observados se deben a la adquisición incompleta, a la atrición (pérdida), o al *input* mismo (es decir, a las propiedades del español hablado en Estados Unidos). En todo caso, podemos afirmar que la estructura de la lengua materna (el español) se ve afectada cuando se adquiere una segunda lengua (el inglés) en la infancia y cuando la segunda lengua se convierte en la lengua primaria o dominante del hablante. Sin lugar a dudas, estos efectos se aceleran o se agudizan si disminuyen las oportunidades de escuchar y hablar la lengua materna en el hogar.

Tomando en cuenta lo expuesto hasta ahora, ¿se consideran HN los hablantes de herencia? La respuesta depende de nuestra conceptualización de HN. Algunos lingüistas optan por un criterio muy estricto de HN a la hora de seleccionar participantes para sus experimentos. Por ejemplo, para Abrahamsson y Hyltenstam (2009), un HN debe reunir las siguientes características:

- haber sido expuesto/a a la lengua X desde el nacimiento
- haberse criado con la lengua X en el hogar

- haber recibido toda su escolarización en la lengua X
- haber vivido toda la vida en un lugar donde la lengua X sea la lengua mayoritaria.

Para estos autores, ser HN implica que uno continúa usando su lengua materna regularmente a lo largo de la vida. Si uno adoptara tal criterio, quedaría fuera el hablante de herencia, ya que solo cumple con los primeros dos requisitos mencionados arriba. Aunque el criterio de Abrahamsson y Hyltenstam puede parecer demasiado rígido, su definición reconoce el papel que tiene la escolarización en el desarrollo lingüístico del individuo (requisito 3) y también la importancia del estatus sociopolítico de una lengua (requisito 4). Ahora bien, como el hablante de herencia radicado en Estados Unidos cumple con los primeros dos requisitos, proponemos que constituye un tipo de HN con un perfil diferente al de un HN que haya vivido toda la vida en España o América Latina. Debemos ser conscientes de que hay HN que tampoco cumplen con el requisito 3 (referente a la escolarización) ya que han tenido escasas oportunidades de estudiar en su país natal. Todo esto apunta a la conclusión de que hay diferentes perfiles de HN. El panorama es complejo debido a las siguientes variables:

- el nivel de escolarización en la lengua materna
- el uso continuo de la lengua materna a lo largo de la vida
- el estatus sociopolítico de la lengua materna
- el ser monolingüe o bilingüe.

Es precisamente por la complejidad de la cuestión que resulta difícil encasillar a los hablantes de herencia. No obstante, el concepto de proficiencia lingüística básica (PLB) nos parece sumamente relevante para entender su perfil lingüístico. Recordemos que la PLB engloba las estructuras y los vocablos más frecuentes del idioma y se refiere únicamente a la lengua hablada. Desde este punto de vista, los hablantes de herencia tendrían un perfil similar a aquellos HN cuyo dominio del idioma no va más allá de la PLB.

Finalizamos esta sección con una discusión de hablantes no nativos que han alcanzado un nivel muy avanzado en su L2. Nos interesan aquí aquellas personas que pasan por HN en situaciones cotidianas. Es decir, se trata de individuos que no tienen ningún indicio de acento *extranjero*, tienen un repertorio léxico amplio y parecen manejar perfectamente la gramática del idioma. En la vida diaria, su estatus como hablante no nativo pasa desapercibido por otros HN. A este tipo de hablante se le denomina *hablante casi nativo* (HCN) y ha generado gran interés en la lingüística aplicada. Algunas preguntas que surgen en torno al fenómeno de HCN son las siguientes: (1) ¿Cuáles son los rasgos individuales y las circunstancias de aprendizaje que permiten a estas personas alcanzar tal nivel de proficiencia en su L2? y (2) ¿Existen diferencias entre los HCN y los HN?

Con respecto a la segunda pregunta, muchas investigaciones indican que existen diferencias sutiles entre los HCN y los HN cuando se pone a prueba las habilidades de ambos grupos. En un estudio exhaustivo, Abrahamsson y Hyltenstam (2009) reclutaron hablantes no nativos del sueco (todos hablaban el español como lengua materna) que pasaban por HN en la vida diaria. En la primera fase del estudio, grabaron a los participantes para conseguir muestras de habla espontánea. Estas muestras, que duraron solo unos 20–30 segundos, fueron luego evaluadas por un grupo de diez jueces, hablantes nativos del sueco. Los jueces (quienes no sabían del propósito del estudio) tenían que determinar si la muestra correspondía a un hablante nativo o no nativo. De los participantes que habían empezado a aprender el sueco a la edad de 11 años o antes, el 62% fue clasificado como HN por nueve o diez de los jueces. En cambio, de los participantes que habían empezado a aprender el sueco a partir de los 12 años de edad, solo el 6% fue clasificado como HN por casi todos los jueces. Estos resultados indican claramente que la edad de adquisición restringe las posibilidades de llegar a ser HCN. En la segunda fase del experimento, aquellos participantes que habían pasado con éxito la primera etapa (es decir, que pasaron por HN) fueron sometidos a una serie de rigurosas pruebas que examinaron varias áreas de conocimiento lingüístico, incluyendo la producción y percepción de sonidos, la morfosintaxis y el lenguaje idiomático. De nuevo, los resultados son reveladores: de los 41 participantes en esta fase del experimento, solo tres alcanzaron el nivel de los HN. Es más, los tres participantes destacados habían empezado a adquirir el sueco antes de los 9 años de edad.

La investigación de Abrahamsson y Hyltenstam (2008; 2009; véase también Hyltenstam y Abrahamsson 2003) es citada frecuentemente en el campo como prueba definitiva de los efectos de la edad en la adquisición de una L2. Quizás lo más sorprendente del estudio es que incluso muchos de los participantes que habían adquirido el sueco a una edad temprana mostraban indicios de no ser HN. Sin embargo, lo que nos interesa aquí es la noción de ser casi nativo. Los autores insisten en que las diferencias entre un HN y un HCN son difíciles o imposibles de percibir en las interacciones cotidianas o rutinarias. Se trata de diferencias sutiles que solo se notan en el laboratorio cuando se aplican pruebas minuciosas. Hyltensam y Abahamsson (2003, 580) advierten que dichas diferencias "son probablemente poco significativas en todos los aspectos de la vida del hablante y sus aspiraciones".

1.6 Metas realistas y asequibles

En la sección anterior vimos que es posible que un hablante no nativo que ha alcanzado un nivel muy avanzado de proficiencia pase por hablante

Tabla 1-3. Grado de dificultad de distintas lenguas para el aprendiz angloparlante (adaptado y traducido de Malone y Montee 2010)

Lenguas	Número de semanas para alcanzar la meta	Número de horas lectivas para alcanzar la meta
Categoría I: francés, italiano, portugués, español, afrikaans, sueco, holandés, etc.	23–24	575–600
Categoría II: griego, hindú, polaco, ruso, turco, vietnamita, etc.	44	1100
Categoría III: árabe, chino, japonés, coreano	88	2200

nativo en situaciones cotidianas. Sin embargo, se reconoce que el porcentaje de hablantes casi nativos es bastante reducido en comparación con la población total de hablantes no nativos de una lengua.[6] Por lo tanto, conviene preguntarse si llegar a ser casi nativo es una meta realista para la mayor parte de los aprendices de una L2. Para Cook (1999), la meta que tienen muchos aprendices de llegar a ser como hablantes nativos está mal planteada porque desvía al aprendiz de una meta más realista: la de ser un usuario competente de la L2. Cook distingue entre aprendices y usuarios de una L2: el aprendiz es el que todavía está en vías de aprender el idioma, mientras que el usuario ha logrado un nivel de proficiencia (Cook no precisa cuál) que le permite usar la lengua para ciertos propósitos, ya sea profesionales o personales. Cook hace hincapié en que el campo de ASL debe ajustar sus expectativas para darle mérito a los usuarios de una L2 como un grupo de hablantes diferenciados por propio derecho.

El reconocer que pasar por hablante nativo no es una meta viable para la mayoría de los aprendices nos permite centrarnos en preguntas más interesantes, tales como: (1) ¿Cuál es el nivel de proficiencia que podemos esperar de los aprendices tras X años de estudios? y (2) ¿Cuál es el nivel de proficiencia que necesita un usuario de español para desempeñar ciertas funciones, como por ejemplo, ser maestro de ELE? Para intentar resolver estas interrogantes, repasemos algunos datos del *Foreign Service Institute* (FSI), un sector del gobierno estadounidense que emplea la escala ILR para medir el nivel de proficiencia de sus empleados. La Tabla 1-3 presenta varias lenguas agrupadas de acuerdo a su dificultad para el aprendiz angloparlante y el número de semanas/horas lectivas que se necesitan para alcanzar el nivel 3 en la escala IRL (equivalente al nivel “superior” en la escala ACTFL).

De acuerdo a la escala de dificultad propuesta por el FSI, el español y otras lenguas romances entran en la Categoría I, mientras que aquellas lenguas que emplean un sistema de escritura diferente (por ejemplo, el chino) y lenguas cuya estructura dista mucho de la del inglés (por ejemplo, el turco) requieren, en principio, más tiempo para ser adquiridas. Cabe señalar que los datos del FSI no son totalmente traducibles para nuestro contexto, es decir, la enseñanza de ELE a nivel universitario. Los alumnos del FSI (o de las escuelas militares de idiomas, como el *Defense Language Institute)* estudian el idioma en cursos intensivos con un promedio de seis alumnos por clase. No obstante, resulta revelador considerar el número de horas lectivas que se precisa en la Tabla 1-3 para el español: 575–600. De acuerdo a los cálculos de Malone y Montee (2010), los cursos de lengua a nivel universitario ofrecen un promedio de 90 horas lectivas por año, lo cual significa que el alumno tendría que cursar seis años para alcanzar el nivel superior de la escala de ACTFL.

Los datos del FSI sirven para ajustar nuestras expectativas y darnos cuenta de que el nivel superior (ILR 3) es prácticamente inasequible para nuestros alumnos en el contexto universitario, donde las horas lectivas son tan limitadas. Swender (2003) presenta datos del contexto universitario que coinciden con estas predicciones. De unos quinientos alumnos que estudiaban la carrera en idiomas (p. ej., español, francés, chino, ruso, alemán, italiano y japonés), solo el 2% alcanzó el nivel superior en la entrevista de ACTFL. Menos de la mitad se ubicó en los niveles avanzado-medio y avanzado-bajo (40%) y un porcentaje similar (42%) se ubicó en los niveles intermedio-alto e intermedio-medio. Los datos de Swender no diferenciaron entre alumnos que habían pasado tiempo en el extranjero y los que no lo habían hecho. No obstante, Swender propone que el nivel avanzado es asequible solo para aquellos alumnos que pasan un año en el extranjero (profundizamos más en esta cuestión en el Capítulo 8).

El nivel avanzado en la escala de ACTFL constituye un umbral importante para aquellos alumnos que aspiran a ser maestros de español. El organismo profesional que acredita los programas de formación de maestros en Estados Unidos (*National Council for the Accreditation of Teacher Education*, o NCATE) estipula que los maestros deben rendir el nivel avanzado-bajo tanto en la proficiencia oral como en la escritura.[7] Este requerimiento ha generado polémica: algunos lo ven como un paso importante para asegurar que los maestros tengan el dominio necesario para impartir clases en la lengua meta; por otra parte, hay quienes lo consideran una medida demasiado rigurosa que puede desalentar a muchos alumnos y crear una escasez de maestros. Conviene recordar que el nivel avanzado-bajo en la escala de ACTFL caracteriza al hablante que maneja los tiempos verbales (puede narrar en el presente, pasado y futuro) y produce un discurso conectado. Moeller (2013) sugiere que el maestro que no haya alcanzado el nivel avanzado-bajo no puede funcionar en la sala de clase sin consultar el libro de texto. La misma autora concluye que el requerimiento de proficiencia de nivel avanzado-bajo es deseable y viable para los futuros maestros de lengua.

1.7 Conclusiones

De todo lo anterior, queda claro que no es tan fácil contestar a la pregunta introductoria de este capítulo: ¿Qué significa saber un idioma? ¿Hablamos de la competencia lingüística, la competencia comunicativa, la proficiencia, la corrección o la fluidez? Ninguno de estos conceptos se define con nitidez; saber hablar una lengua es una destreza sumamente compleja. Otras nociones como las de *hablante nativo, hablante de herencia* y *hablante casi nativo* no son categorías muy precisas tampoco, y por consiguiente eso dificulta poder ver el progreso de los estudiantes. Ahora bien, si cuesta definir en qué consiste saber hablar una lengua, ¿cómo podemos explicar el proceso de adquisición y luego su uso? Es un desafío, pero eso es precisamente lo que pretende lograr la lingüística aplicada para los que aprenden una L2. No sería justo tampoco medir el progreso del aprendiz de ELE pensando en las metas que ya han conseguido los hablantes nativos. Está claro que aprender una L2 no ocurre bajo las mismas circunstancias que aprender la L1. De todos modos, parece claro que uno de los factores que juega un papel más importante en la adquisición de una L2 es el *input* que recibe el aprendiz. Ese será el tema del siguiente capítulo, donde se preguntará también cuál es mejor para la enseñanza de ELE: la enseñanza explícita, o la implícita.

Para reflexionar y discutir

1. En el proceso de aprender una L2, explica cuál es más importante: la pronunciación, la comprensión auditiva, la gramática, el léxico, la lectura, la escritura o la pragmática. ¿Qué implicaciones tiene tu respuesta para la enseñanza de ELE?
2. ¿Cómo ha cambiado la conceptualización del término *competencia* desde Chomsky hasta el día de hoy?
3. Explica las diferencias o los matices entre *input, intake, uptake* y *output.*
4. Explica por qué son términos muy complicados *hablante nativo* y *hablante de herencia.* ¿Qué tienen en común y cómo difieren?
5. ¿Conoces a alguien que pueda considerarse un *hablante casi nativo* (ya sea del español o del inglés)? ¿Cómo aprendió su segunda lengua? ¿Hay rasgos que lo delaten como hablante no nativo?

Más a fondo

A. En un estudio reciente, Swender et al. (2014) analizan los resultados de dos grupos de hablantes de herencia (tanto de ruso como de español) que hicieron la entrevista de proficiencia oral (OPI) de ACTFL. A continuación se resumen los resultados del grupo de español:

- Nivel superior: 2
- Nivel avanzado alto: 11
- Nivel avanzado medio/bajo: 24
- Nivel intermedio alto: 4

¿Por qué crees que la mayoría de los hablantes de herencia se ubican en el nivel avanzado y no en el nivel superior? ¿Qué dificultades lingüísticas impiden a los hablantes de herencia superar el nivel avanzado? ¿Cómo se relacionan estos datos de la prueba OPI con las percepciones (es decir, opiniones subjetivas) que los hablantes tienen de su propio nivel lingüístico? Comprueba tus respuestas con el análisis que presentan Swender *et al.* (2014).

B. Para algunos, es perjudicial el término *adquisición incompleta* para referirse a la competencia lingüística de los hablantes de herencia. Por ejemplo, Pascual y Cabo y Rothman (2012) sostienen que la adquisición de los hablantes de herencia no debe considerarse incompleta (léase, deficiente) sino diferente. Después de leer el breve artículo de Pascual y Cabo y Rothman, ¿estás de acuerdo con su postura? ¿Crees que deberíamos dejar de usar el término *adquisición incompleta*? Explica tu respuesta.

Notas

1. En el fondo, los interaccionistas se basan en las ideas del psicólogo ruso Vygotsky, quien pensaba que dos personas o más llegan más lejos trabajando en conjunto que por separado.
2. En inglés sería: 'novice low/mid/high, intermediate low/mid/high, advanced low/mid/high, superior'.
3. En la lingüística generativa, ser creativo equivale a la habilidad de generar oraciones gramaticales que uno jamás ha escuchado antes.
4. Conviene señalar que las oraciones pasivas plenas, como la del ejemplo, son más comunes en inglés que en español.
5. Como señala Otheguy (2008), la mayoría de hispanohablantes de la tercera generación (nietos de inmigrantes) entrarían en esta categoría.

Algunos autores no aplican el término *hablante de herencia* a individuos que no producen muestras de habla en español.

6. Se ha debatido qué porcentaje de hablantes no nativos pueden considerarse casi nativos. Preferimos no entrar en esta cuestión porque la respuesta varía considerablemente según la metodología que se use para medir las habilidades de los hablantes.
7. El requerimiento para algunas lenguas—como el japonés, el chino y el ruso—es más bajo: intermedio-alto.

2

¿Es suficiente el *input* para aprender una L2?

2.1 Introducción

Partiendo de una interpretación optimista del paradigma generativista de Chomsky (Krashen 1981 y 1994), el alumno de ELE supuestamente conservaría acceso a los mecanismos de la gramática universal (GU), de manera que solo le haría falta recibir *input* de una L2 para poder adquirirla de forma implícita, o sea, solo a través del mero contacto con la lengua. Sin embargo, ya pocos lingüistas sostienen esta visión exclusivamente nativista y mentalista, aunque todos los investigadores de ASL, sin excepción, estarían de acuerdo con la idea de que el *input* es esencial para el desarrollo de cualquier L2. Difieren más bien en cuanto al papel que debe desempeñar la instrucción explícita y cómo realizar la enseñanza.

Antes de seguir, debemos detenernos en el concepto de *input*: se trata de las muestras de la lengua que el aprendiz escucha o lee, es decir, el entorno lingüístico. Ver una película en español conlleva estar expuesto a *input*; de igual manera decimos que una noticia escrita en el periódico es una fuente de *input*. Ahora bien, los aprendices de una L2 no siempre aprovechan todo el *input* que los rodea. Cualquiera que haya pasado por el proceso de aprender una L2 sabe que muchos aspectos del *input* pasan desapercibidos. Hay palabras que no se entienden, sonidos que no se perciben y formas gramaticales que uno simplemente ignora en el momento de tratar de comprender un mensaje. La pregunta clave es cómo la enseñanza puede resaltar las propiedades del *input* de manera que el aprendiz empiece a fijarse en ellas.

La cantidad y la naturaleza del *input* marcan una diferencia importante entre los procesos de adquisición de la L1 y la L2. Los niños, al aprender su lengua materna, viven rodeados de unas cantidades masivas de *input* durante los primeros años de su vida en el entorno familiar. En contraste, el aprendiz de una L2 recibe un *input* muy empobrecido en términos de cantidad y también bastante diferente en calidad, sobre todo si su contacto con la lengua se da únicamente en el aula.

Aprender una L2, claro está, es diferente del proceso de adquirir una L1 por muchas razones (Bley-Vroman 2009): por ejemplo, (1) los aprendices adultos de una L2 rara vez llegan a dominar la lengua como un hablante nativo, incluso después de muchos años de estudio; (2) también los aprendices de una L2 muestran diferencias individuales notables entre sí; (3) en contraste con los niños de L1, los aprendices de L2 necesitan evidencia negativa (o sea, correcciones), para seguir mejorando su competencia de L2; y (4) con frecuencia, los aprendices de la L2 la hablan con un marcado acento foráneo (es decir, no suenan como hablantes nativos), a pesar de los éxitos con la morfología y la sintaxis. Lenneberg (1967) habló de un PERÍODO CRÍTICO biológico después del cual el niño perdería la capacidad de adquirir una lengua implícitamente en un entorno natural. A base de muchos estudios, DeKeyser (2000) ha modificado este concepto del período crítico y observa que entre los 6 y 7 años es un período clave para lograr una pronunciación nativa de una L2 de manera implícita; luego, a los 17 años, es la edad decisiva para controlar la morfosintaxis. Después de estas edades, resulta muy difícil—aunque no imposible—adquirir los aspectos representativos de una L2 en un entorno natural solo con el mero contacto con los hablantes de la comunidad.

Sin duda alguna, una explicación de ASL es compleja y entran en ella variables importantes como las siguientes: (1) la edad en la que se inició el contacto o el estudio de la L2; (2) el entorno, ya sea natural o formal/instruido; (3) la intensidad o riqueza del *input*; (4) la instrucción que se recibe, explícita y/o implícita; (5) las habilidades o las aptitudes cognitivas de cada aprendiz en general y específicamente la sensibilidad del individuo hacia lo lingüístico (p. ej., la fonología, los patrones gramaticales, la memoria léxica a corto y largo plazo); (6) las posibles transferencias negativas a raíz de las estructuras ya consolidadas de la L1; y, por fin, (7) la motivación del individuo para aprender esa L2. Seguimos a continuación examinando la influencia del entorno y de la enseñanza implícita y/o explícita.

2.2 ¿Cuál es mejor: el aprendizaje de una L2 en un entorno natural, o en el aula?

No deben extrañarnos los casos de adultos que han logrado cierto nivel de proficiencia en una lengua extranjera en el curso de la vida cotidiana, sin contar con ningún tipo de instrucción formal: por ejemplo, los miles de inmigrantes en el mundo entero que enfrentan una nueva realidad lingüística al dejar su país de origen. Sin embargo, en muchos casos, estos aprendices adultos todavía muestran carencias en el plano fonológico, gramatical y/o léxico. Siendo así las cosas, cabe preguntarse en el caso de los adultos si es mejor aprender una L2 en el entorno natural de inmersión, o dentro del aula con un currículum formal y guiado por un instructor. (El tema del estudio en el extranjero se examinará más a fondo en el Capítulo 8). De hecho, algunos investigadores de ASL distinguen rigurosamente entre estos dos entornos, llamando a la adquisición en el entorno natural *adquisición de una segunda lengua* frente al *aprendizaje de una lengua extranjera* que toma lugar en el aula. Aquí utilizamos *adquisición de segunda lengua* (ASL) para englobar ambos tipos de aprendizaje.

En cuanto a la eficacia educativa de la inmersión frente al aula, como casi todo lo que tiene que ver con la conducta humana, la respuesta depende (Muñoz 2008). No cabe duda de que los adultos exhiben, por lo menos al principio, un progreso más rápido que los niños tanto en el entorno natural como en el aula, especialmente si se trata de la morfosintaxis (Muñoz 2006). No obstante, todos los niños, al fin y al cabo, suelen alcanzar una proficiencia nativa en el entorno natural, mientras que la gran mayoría de estudiantes adultos no llegan nunca a dominar la L2 y a veces terminan con una gramática formada a medias, llena de ERRORES FOSILIZADOS que se cometen una y otra vez.

Es obvio que el entorno de inmersión provee una riqueza de *input* necesaria para darse cuenta de las colocaciones léxicas, situaciones pragmáticas y matices sociolingüísticos de la L2 (véanse también los Capítulos 3 y 6), pero se calcula que aun así hacen falta por lo menos diez años de contacto continuo para lograr una proficiencia superior (Muñoz 2008). Por el contrario, en el aula el alumno solo recibe datos/*input* de un instructor en un ambiente social artificial por un tiempo reducido (normalmente unas 3 a 5 horas a la semana).

Desde luego, el aula de ELE no puede, por un lado, ofrecerle al alumno la misma intensidad de *input* que se encuentra en un entorno natural, ni los contextos socioculturales auténticos, ni tampoco las situaciones pragmáticas de la vida real que se dan exclusivamente en la sociedad de un país de habla española. Es decir, el aula es un entorno de *input* insuficiente (Muñoz 2008). Pero el entorno natural, por otro lado, genera tanto *input* que el alumno adulto a veces se abruma por toda esa complejidad lingüística y extralingüística; está expuesto a tanto *input* que no alcanza a fijarse en todo ello, y aún más en el caso de los aprendices de los primeros niveles de proficiencia. En el aula, el instructor puede hacer que los estudiantes tomen conciencia con calma tanto de las estructuras fonéticamente sobresalientes como de los detalles no fácilmente apercibidos en las conversaciones naturales entre hablantes nativos.

Ahora bien, ¿debe la instrucción en el aula, ser implícita, o explícita; con, o sin referencias metalingüísticas? Es decir, ¿se debe enseñar la gramática pura y dura? De nuevo, depende del modelo de gramática que se siga y la metodología que surja por la fuerza de las premisas del marco teórico de ASL que se ha adoptado. En el aula, no es la edad de inicio lo que importa sino más bien la riqueza, la intensidad y la duración del *input* (Muñoz 2008). La metáfora de la esponja—y el dicho común, "cuanto más joven mejor"—tan válida para el entorno natural de inmersión, no funciona para el entorno del aula. Interesa más preguntar qué se hace en el aula, el tema de la siguiente sección.

2.3 ¿Enseñanza explícita, o enseñanza implícita en el entorno del aula?

Queda claro que en el entorno del aula no es suficiente el aprendizaje implícito para estimular la adquisición de una L2. De nuevo, resaltamos que lleva aproximadamente 10 años en un entorno natural, con toda su riqueza de *input*, para lograr implícitamente la adquisición de una L2; pues, imposible en el caso del aula, donde el *input* es insuficiente por definición. Esta situación aboga a favor de emplear la enseñanza explícita en el aula para aprovechar la capacidad de raciocinio y la alfabetización que tienen los adultos, su gran ventaja frente a la PLASTICIDAD MENTAL del niño.

Ahora bien, no todos los investigadores de ASL creen que la enseñanza explícita fomenta el proceso de adquisición. Krashen (1981; 1994), por ejemplo, opinaba en base a las premisas teóricas mentalistas (i.e., chomskianas) que no existía en el cerebro ninguna relación, ninguna INTERFAZ, entre los sistemas de conocimiento explícito e implícito. Propuso una distinción tajante entre la *adquisición* (que forma parte del conocimiento implícito) y el *aprendizaje* (que tiene que ver con el conocimiento explícito). Para Krashen, la gramática de una lengua consistía en tener un conocimiento inconsciente e implícito que se usa sin pensar. La finalidad de la adquisición de una L2, entonces, solo comprende lo implícito. Krashen sugirió que el instructor le diera al alumno una inundación de *input* comprensible porque contaba con que se produjera, a través del tiempo, ese conocimiento implícito que llamamos *gramática*. Las ideas de Krashen tomaron auge durante la década de los 80 (Krashen y Terrell 1983), y como resultado se promovieron programas de enseñanza que buscaban recrear situaciones naturales de comunicación en el aula; los instructores se preocuparon de darles a los estudiantes mucho *input* comprensible.

De hecho, las recientes investigaciones en el campo de la psicología confirman la existencia de dos tipos o sistemas de conocimiento como decía Krashen (N. Ellis 2005; Hulstijn 2005): uno, localizado en la neocorteza del cerebro, que rige inconscientemente los sistemas como la vista y la respiración y otro, localizado en el hipocampo, que tiene que ver con un conocimiento más consciente, declarativo, controlado y monitorizado, como es el acto de practicar las escalas de la guitarra, hacer una nueva receta de cocina o repetir oraciones en una L2. A diferencia de Krashen, N. Ellis (2005) llega a la conclusión de que hay una interfaz dinámica entre estas dos partes del cerebro; es decir, cooperan, a pesar de no ser lo mismo, porque la memoria explícita (donde se guardan los ejemplos) informa a la memoria implícita (donde se crean las abstracciones) a través de un proceso que no entendemos todavía.

Cuando el alumno se da cuenta de un nuevo fonema, una nueva palabra, una nueva colocación o una estructura morfosintáctica que ignoraba antes—lo que Schmidt (1994) llama el proceso de FIJAR LA ATENCIÓN (o sea, la hipótesis del reconocimiento, 'the noticing hypothesis')—, puede incluir este nuevo uso en su memoria explícita y luego, con mucha práctica y consolidación, con encuentros reiterativos, con ejercicios, con ensayos e incluso con la ayuda de reglas y explicaciones metalingüísticas, incorporará lo nuevo en su gramática incipiente. Este proceso de despertar la atención convierte el *input* comprensible en *INPUT* PERCIBIDO, la primera etapa en la adquisición, y eventualmente se creará *intake*, o sea, un nuevo esquema de gramática como parte del conocimiento implícito. Y cuando se automatice, quedará como *uptake* en la gramática del hablante. N. Ellis considera que este proceso de darse cuenta de algo previamente no experimentado se crea a través de un *empujón* ('nudge') que recibe el sistema de conocimiento explícito del alumno, que luego, en conjunto con el *OUTPUT* FORZADO ('the pushed-output hypothesis' de Swain 1995), participa en la formación de nuevos esquemas lingüísticos, o sea, el conocimiento implícito y más abstracto.

Para N. Ellis (2005) , son las colocaciones frecuentes, un PROCESAMIENTO A TROZOS ('chunking'), lo que sirve para establecer en la memoria explícita el ejemplo, iniciando el camino hacia la creación de una estructura gramática más abstracta. Pide que el instructor ofrezca esos *empujones* a través de la enseñanza, ya sea explícita o implícita, aunque las estrategias explícitas aprovechan más la capacidad racional de los adultos, lo cual aumenta la rapidez del proceso de aprendizaje. Anticipando esta interpretación de N. Ellis (2005), MacWhinney (1997) distinguió entre cuatro conceptos por separado: (1) el conocimiento explícito (el *aprendizaje* de Krashen) y (2) el conocimiento implícito (la *adquisición* de Krashen) frente a (3) la enseñanza explícita y luego, (4) la enseñanza implícita. La distinción entre los dos tipos de enseñanza es importante porque la enseñanza no siempre refleja los procesos internos del aprendiz; por ejemplo, en algunas circunstancias una enseñanza implícita puede provocar el aprendizaje explícito por parte del alumno. MacWhinney sugiere que en el aula se deben usar los dos tipos de enseñanza porque todo ayuda, mejora y afecta a los dos tipos de conocimiento, especialmente con más exposición y más práctica, hasta que lo nuevo se automatice entablándolo en la gramática incipiente del alumno de L2. Resalta también MacWhinney los beneficios de ofrecer información metalingüística—o sea, explicaciones gramaticales—siempre que sean precisas, breves y no demasiado complicadas, de modo de no ofuscar más la estructura en cuestión. El meta-análisis de experimentos de instrucción explícita que llevaron a cabo Norris y Ortega (2000; también véase DeKeyser 2003) confirma los beneficios de la instrucción explícita.

Desde la perspectiva del aprendiz, el aprendizaje implícito ocurre durante momentos de comprensión y producción fluida sin problemas de entendimiento, mientras que el aprendizaje explícito surge a raíz de los esfuerzos conscientes de negociar el significado y de construir frases cuando la comunicación se dificulta o se rompe. N. Ellis (2005) nos recuerda que solo se piensa explícitamente en un acto tan natural como el de caminar (que es una acción guiada por los conocimientos implícitos) cuando se tropieza; de igual forma, uno solo se fija en la lengua cuando el flujo de la comunicación deja de funcionar y se tiene que negociar el significado. El mismo investigador opina que la mayor parte del aprendizaje de una L2 tiene que ver con procesos tácitos de uso inconsciente, el aprendizaje implícito, como había sugerido Krashen. Sin embargo, muchos aspectos de una lengua no son frecuentes ni prominentes (p. ej., el subjuntivo, que se tratará en el Capítulo 5; y las distinciones vocálicas de las flexiones verbales), y por lo tanto el aprendizaje implícito puede resultar insuficiente. Entonces contamos con la enseñanza explícita para ayudar al aprendiz a enfrentar las propiedades de la lengua que serían difíciles de adquirir solamente por medios implícitos. En lo que respecta a la enseñanza en el aula, ¿cuál sería la combinación óptima entre la enseñanza explícita y la enseñanza implícita?

2.4 La atención hacia la forma y el enfoque por tareas

Históricamente, la enseñanza de la gramática ha ido oscilando entre dos posturas extremas. Por un lado, el enfoque tradicional priorizaba la explicación gramatical, la práctica de formas en aislamiento y *la corrección* ('accuracy') gramatical. Por otro lado, en base a las ideas influyentes de Krashen (1981) se desarrolló una corriente que desdeñaba la enseñanza explícita de la gramática para centrarse exclusivamente en la comunicación. Desde luego, ninguno de estos enfoques resulta enteramente satisfactorio para el aprendiz adulto de una L2. En la actualidad se reconoce que la enseñanza de la gramática debe buscar la integración de forma y contenido. En esta sección veremos cómo lograr este tipo de enseñanza gramatical, conocida como ATENCIÓN HACIA LA FORMA[1] (en adelante AF) en el campo de ASL. Pero primero conviene repasar sus antecedentes históricos para entender cómo se opone a la enseñanza tradicional de la gramática.

Durante siglos el objetivo primordial de la enseñanza en el aula no era proveer *input* sino exponer de manera sistemática las reglas de gramática de la L2. El diseño curricular proponía una secuencia de estructuras gramaticales que el alumno tendría que aprender en orden de creciente dificultad, según el juicio del instructor (p. ej., primero el pretérito y más adelante el imperfecto). En el aula, la enseñanza diaria seguía una predecible SECUENCIA DE LAS TRES P: (1) la *presentación* o exposición de reglas gramaticales; (2) la *práctica* controlada de dichas reglas; y (3) la *producción* más creativa durante la cual el alumno pudiera poner en práctica las estructuras aprendidas. Veamos cómo se aplicaría la secuencia de las tres *P* a la enseñanza de los pronombres de objeto directo del español:

1. **Presentación** Explicación de la estructura meta: las formas (*lo, la, los, las,* etc.) y las reglas de colocación. Se enfatiza que estos pronombres se colocan delante del verbo conjugado. Se presentan ejemplos, ya sean oraciones aisladas o un breve texto.
2. **Práctica** Ejercicios mecánicos (pueden ser orales o escritos) en que los estudiantes reemplazan los objetos directos subrayados con un pronombre, como en el ejemplo que sigue.
   Tomás ha perdido los boletos del tren.
   → *Tomás los ha perdido.*
3. **Producción** Oportunidades para que los alumnos utilicen la estructura en un contexto más abierto. Por ejemplo: se les pide que preparen una entrevista con una persona famosa utilizando la pregunta en el ejemplo siguiente como modelo.
   ¿Quién prepara la comida en su casa?
   → *La prepara mi cocinero.*

Un rasgo importante de los ejercicios de la fase de práctica es que normalmente admiten una sola respuesta correcta. En este sentido son mecánicos porque el alumno ni siquiera tiene que entender el mensaje para contestar correctamente. Cabe notar que la estructura gramatical aparece extraída de su contexto natural precisamente porque el objetivo de este tipo de ejercicios es practicar las formas en aislamiento. Las actividades de producción se caracterizan por admitir más de una respuesta y, en teoría, sirven para que el alumno experimente con la estructura que se ha presentado y practicado.

La secuencia de las tres *P* le resultará familiar al lector porque subyace el diseño de la gran mayoría de libros de texto de ELE. Este método se sustenta en una relación directa entre el conocimiento explícito y el conocimiento implícito porque asume que las reglas gramaticales expuestas durante la fase de presentación serán interiorizadas por el aprendiz a través de los ejercicios de práctica. En resumidas cuentas, el método refleja el refrán popular, "la práctica hace al maestro" ('practice makes perfect').

A pesar de su popularidad, las limitaciones del método de las tres *P* son patentes porque rara vez conducen al desarrollo de la competencia comunicativa. Los aprendices aprenden y practican reglas gramaticales, pero les cuesta usar las estructuras en momentos de comunicación espontánea.

Ortega (2001, 15) acierta al explicar que este método “conduce a grados finales de competencia poco fluida y casi nunca natural o apropiada”. Como la práctica mecánica se basa en la manipulación de formas en aislamiento, no ayuda a consolidar las correspondencias de forma y significado que son esenciales para la adquisición. Otro fallo de este método tradicional reside en la premisa de que las estructuras de la lengua se aprenden una tras otra, de lo simple a lo complejo (p. ej., una vez que el alumno aprenda el pretérito se puede proceder con la presentación del imperfecto). Pero las investigaciones en el campo de ASL ponen de manifiesto que la adquisición de una L2 no es lineal y que las estructuras no se aprenden de la noche a la mañana; hay retrocesos en conjunto con ciertos errores que indican progreso o avance en el progreso global. Dicho de otro modo, los alumnos no siempre aprenden las estructuras del idioma en el orden en que éstas se presentan en el aula. El método tradicional, pues, parece ignorar la complejidad de los procesos de adquisición de una L2.

Dados los problemas que acarrea el método tradicional, muchos expertos en el campo de ASL (véanse Doughty y Williams 1998; R. Ellis 2006; Nassaji y Fotos 2010; Spada 1997) coinciden en que la enseñanza debe orientar, atraer o fijar la atención del aprendiz hacia las estructuras de la L2 que normalmente serían ignoradas en el *input* o durante la comunicación. La clave, sin embargo, es que estas intervenciones tienen que ocurrir durante un acto de comunicación. Consideramos oportuna la definición de AF que proporciona Ortega Olivares (2002, 162):

> [La AF] consiste, a pesar de sus diversas manifestaciones, fundamentalmente en lo siguiente: en conceder cierto tipo de atención a la forma lingüística para resolver una necesidad de contenido, comunicativa; es decir, los aprendices, contando siempre con un contenido y uso evidentes y asequibles, dirigen su atención a cierto rasgo lingüístico necesario para lograr que el sentido avance o pueda establecerse.

Esta definición de AF sugiere una variedad de técnicas pedagógicas, tanto implícitas como explícitas. Un ejemplo de ello son las correcciones indirectas o directas, o sea, la retroalimentación (‘feedback’), donde se le indica al estudiante que ha cometido un error. Para la retroalimentación implícita, el instructor simplemente le ofrece un modelo correcto, o sea, una REFORMULACIÓN (‘recast’) por medio de repetir parcialmente la respuesta del alumno con el error corregido pero sin decirle nada más:

estudiante: **Yo me gusto el helado* →
instructor: *¡Hombre! A mí me gusta el helado también.*

El principio de la AF, y las reformulaciones en concreto, son perfectamente compatibles con el ENFOQUE POR TAREAS ('task-based teaching'). Una tarea se define como una actividad pedagógica que los estudiantes deben resolver a fin de alcanzar una meta común. Más específicamente, las tareas llevan consigo un uso comunicativo de la lengua, tal y como lo explican Bygate, Skehan y Swain (2001): "Una tarea es una actividad que obliga a los aprendices a usar la lengua meta, con hincapié en el significado, para cumplir un objetivo" [pág. 11; la traducción es nuestra]. Los diversos autores que han buscado promover el enfoque por tareas (R. Ellis 2003; Nunan 2004; Willis y Willis 2007) coinciden en señalar las siguientes características esenciales de las tareas:

- Requieren que los alumnos, al ejecutar la tarea, se centren en el contenido de los mensajes.
- Generalmente crean una brecha de información, haciendo que los participantes tengan que comunicarse para trasmitir un dato, hacer preguntas, expresar una opinión, etc.
- Son comparables a las actividades lingüísticas que se dan de forma natural fuera del aula.
- Culminan con un producto final observable, que es el objetivo principal de la tarea.

En resumidas cuentas, las tareas son normalmente actividades colaborativas que buscan promover la interacción entre los alumnos, quienes deben tomar decisiones, expresar ideas y llegar a un acuerdo. Lacorte (2006, 5) ofrece los siguientes ejemplos de tareas que se podrían plantear en el aula de L2:

- Elegir entre varias ofertas para las vacaciones y planificarlas en grupo.
- Ponerse de acuerdo para adquirir lo necesario para una fiesta.
- Distribuir diferentes puestos de trabajo entre un grupo de personas.

También son comunes las tareas que consisten en ordenar una serie de viñetas para componer un cuento (Swain y Lapkin 2001). Los estudiantes trabajan en parejas, pero cada individuo solamente dispone de la mitad de las viñetas; de esta manera están obligados a comunicarse entre ellos para dar con la ordenación lógica del cuento. Este tipo de tareas, en que cada alumno tiene una parte de la información necesaria, se llama *rompecabezas* o *puzle* ('jigsaw task'). Se puede sacar provecho también de las tareas que requieren que el grupo llegue a un acuerdo común ('decision-making task'). Por ejemplo, los integrantes del grupo deben estudiar los perfiles de cinco estudiantes y decidir cuál merece una beca para costear sus estudios.

Obviamente, cualquiera de las tareas que se mencionan arriba tiene que estar estructurada pedagógicamente para su aprovechamiento en el aula. Willis (1996) propone una metodología que incluye una fase de preparación (antes de realizar la tarea), la realización de la tarea misma, y una fase posterior que sirve para compartir los resultados de la tarea. La primera fase—la preparación de la tarea—es fundamental, ya que el profesor debe orientar a los estudiantes para que entiendan los pasos a seguir y el producto final. Algunas opciones incluyen presentar el tema, activar conocimientos previos y proveer un modelo de cómo llevar a cabo la tarea. Durante la realización de la tarea el papel del profesor consiste principalmente en observar y animar a los alumnos, sobre todo si nota que recurren a la L1. Willis advierte que el profesor debe intervenir lo menos posible durante la realización de la tarea, brindándoles a los alumnos un espacio para desarrollar estrategias de comunicación y mejorar su fluidez. Después de realizar la tarea los estudiantes, hay varias opciones para cerrar el ciclo pedagógico. Se puede pedir a los grupos que preparen una breve exposición oral para informar sobre los resultados obtenidos. Asimismo, se les puede pedir un informe escrito, lo cual incentiva a los alumnos a prestar atención a la forma de sus enunciados y no solamente al contenido.

Como ya se mencionó, el enfoque por tareas se puede compaginar fácilmente con la atención hacia la forma. Veamos el ejemplo de la tarea "¿Verdad o mentira?" (Folse 2006), que generalmente da resultados favorables en el aula y que se puede modificar para añadir relieve a la forma.

> **Descripción de la tarea** Los estudiantes trabajan en grupos para compartir datos personales (p. ej., "Mi hermana trabaja para las Naciones Unidas"). Cada estudiante aporta cuatro datos, uno de los cuales es falso. Los demás deben adivinar cuál de los datos es una mentira. El objetivo es proporcionar datos creíbles para que sea difícil adivinar cuál es la mentira. Una vez que todos hayan tenido su turno, el grupo debe decidir quién es el mejor mentiroso.

La tarea por sí misma no incluye ningún foco en la gramática, pero se le puede añadir uno con una simple modificación: todos los datos personales deben referirse al pasado (p. ej., "Cuando tenía cinco años me *operaron* del corazón"). El foco gramatical (en este caso, el tiempo pasado) es seleccionado de antemano para guiar a los alumnos, pero esto no quiere decir que se tengan que limitar a dicha estructura. El objetivo principal de la tarea sigue siendo la comunicación de mensajes, es decir, los estudiantes eligen los recursos lingüísticos necesarios para realizar la tarea. Recordemos que las intervenciones del profesor (la AF) deben ser oportunas para no desviar a los alumnos de su objetivo principal y no interrumpir demasiado el hilo de la comunicación. Aunque el profesor puede intervenir durante el trabajo en grupo, dando reformulaciones de vez en cuando, esta no es la única opción para dirigir la atención de los alumnos hacia la forma. De hecho, la intervención puede ocurrir después de que los aprendices hayan terminado el trabajo en grupo, es decir, durante la fase posterior. Por ejemplo, el profesor puede pedir que unos alumnos lean sus datos delante de toda la clase, y en ese momento señalar los verbos en el pasado, ya sea al escribirlos en la pizarra o por medio de comentarios metalingüísticos (p. ej., "el pasado de *hacer* en este contexto es *hice*").

Para resumir, el principio de la *atención hacia la forma* se puede poner en práctica a través de *tareas* que proporcionan a los alumnos contextos auténticos o semi-auténticos para la comunicación. La atención hacia la forma, que puede realizarse de diferentes maneras (implícitas o explícitas), se enmarca siempre dentro de la situación comunicativa. Este tipo de enseñanza aspira a fijar la atención del aprendiz en la forma, creando así una ventana de oportunidad para consolidar las correspondencias entre la forma y el significado. En la siguiente sección examinamos otra propuesta pedagógica que busca lograr lo mismo a través de actividades de *INPUT* ESTRUCTURADO.

2.5 La instrucción basada en el procesamiento

A lo largo de este capítulo se ha señalado que no todo el *input* es aprovechado por el aprendiz, o sea, no todo el *input* se convierte en *intake*. En muchos casos las dificultades se deben a estrategias que fallan a la hora de procesar el *input* en la lengua meta; por ejemplo, en el caso de los aprendices de ELE que suelen interpretar el primer sustantivo (o pronombre) como el agente de la oración, dando lugar a interpretaciones erróneas:

> **Input:** *La invitaron ellos al cine.*
> **Interpretación errónea:** *'She invited them to the movies.'

En el Capítulo 4 explicaremos con más detalle el origen de esta dificultad, pero aquí nos centramos en la propuesta didáctica de VanPatten (1996; 2002) conocida como la INSTRUCCIÓN BASADA EN EL PROCESAMIENTO ('[Input]-Processing Instruction'). En resumidas cuentas, este modelo de instrucción pretende alterar las estrategias de los aprendices para lograr un nivel óptimo de procesamiento del *input*. Según VanPatten, la enseñanza debe resaltar la percepción y el procesamiento del *input*, como se puede apreciar en el Cuadro 2-1.

En este modelo de adquisición, el *output* o producción es el producto o la finalidad del proceso, pero no afecta al desarrollo del sistema lingüístico implícito. VanPatten explica que la instrucción tradicional (o sea, las tres *P*) fracasa porque enfatiza la producción de formas sin estimular el desarrollo del nuevo sistema L2. En cambio, la enseñanza debe ir dirigida a los

Cuadro 2-1 Modelo de procesamiento del *input* (según VanPatten 1996)

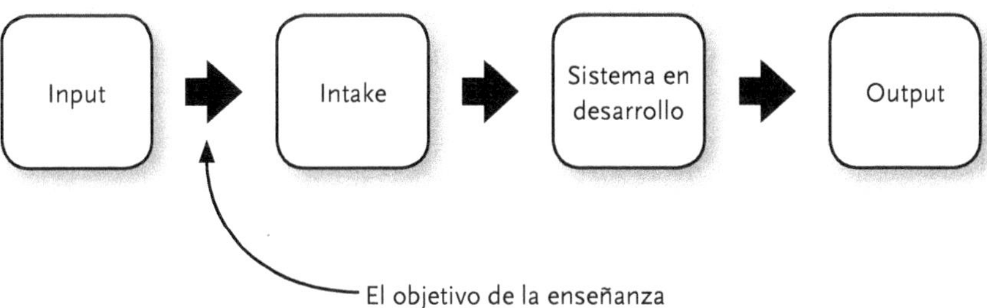

mecanismos y estrategias que convierten el *input* en *intake*, lo cual ocurre cuando el aprendiz percibe las formas gramaticales del *input* vinculándolas con un significado en particular.

Teniendo en cuenta lo anterior, VanPatten (1996; 2002; 2004) propone la instrucción basada en el procesamiento (en adelante IP) para enseñar la gramática de la L2 sin que los alumnos tengan que producir la forma meta. La instrucción gira en torno a actividades de *input* estructurado que presentan muestras de lenguaje (orales o escritas) a las que el alumno tiene que responder de alguna manera para indicar su comprensión. Lo interesante de estas actividades es que obligan al aprendiz a prestar atención a la forma gramatical para obtener el significado. En el Cuadro 2-2 se presenta un ejemplo de una actividad de *input* estructurado (Alonso 2007, 60) que se centra en la distinción modal (el subjuntivo frente al indicativo) en construcciones temporales. Por ejemplo, al escuchar la oración "... recojo a mi hijo del colegio", los aprendices se dan cuenta de que se trata de una acción habitual y que por lo tanto deben seleccionar la cláusula que encaja con esta interpretación ("Cuando termino de trabajar,").

El rasgo esencial que comparten las actividades de *input* estructurado es que manipulan el *input* de manera que destaque la forma gramatical meta. Nótese que el aprendiz no puede completar con éxito la actividad del Cuadro 2-2 si ignora las DESINENCIAS VERBALES que indican los MODOS VERBALES subjuntivo e indicativo.

Aunque las actividades de *input* estructurado constituyen el eje de la IP, su puesta en escena incluye también información explícita acerca de la forma meta. VanPatten (2002; 2004) propone que la secuencia didáctica de la IP empiece con una explicación gramatical que incluya advertencias acerca de las estrategias que puedan afectar negativamente el procesamiento de la forma meta. Por ejemplo, en el caso del contraste modal, se explicaría que el subjuntivo se utiliza en cláusulas temporales cuando se hace referencia al futuro (p. ej., *cuando acabe mi carrera*) y también se avisaría a los estudiantes que deben centrar su atención en las desinencias

Cuadro 2-2. Ejemplo de actividad de *input* estructurado (Alonso 2007)

Actividad A: La vida de Antonio García Moral

A continuación presentamos algunas actividades sobre el pasado, presente y futuro de la vida de Antonio García Moral. Decide y marca con una X la opción correcta para comenzar cada frase.

1. ... recojo a mi hijo del colegio.
   ______ Cuando termino de trabajar,
   ______ Cuando terminé de trabajar,
2. ... iremos de vacaciones mi familia y yo a la costa.
   ______ En cuanto llega el verano,
   ______ En cuanto llegue el verano,
3. ... fui a vivir a Madrid.
   ______ Cuando acabe mi carrera en la universidad,
   ______ Cuando acabé mi carrera en la universidad,
4. ... mi mujer y yo compraremos una casa a las afueras de la ciudad.
   ______ Después de que vendamos nuestra casa actual,
   ______ Después de que vendemos nuestra casa actual,
5. ... hacía mucho deporte, especialmente natación.
   ______ Cuando era joven,
   ______ Cuando sea joven,

verbales para saber si se trata del subjuntivo (*acabe*) o el indicativo (*acabé*). La provisión de información explícita acerca de las formas hace que la IP se asemeje a la enseñanza tradicional, ya que ambas cuentan con una fase de presentación, aunque se reconoce que la presentación en la IP se concibe de otra manera, con énfasis en las estrategias de procesamiento. Asimismo, las actividades de *input* estructurado también constituyen práctica con las formas, aunque la práctica en la IP se realiza a través de tareas basadas en la interpretación y no en la producción.

Desde el primer estudio empírico que arrojó resultados favorables para la IP (VanPatten y Cadierno 1993), se han llevado a cabo numerosas investigaciones con diferentes estructuras gramaticales, pero las más estudiadas en el contexto de ELE son el subjuntivo (Farley 2001) y los pronombres de objeto (Fernández 2008). Aunque muchos de estos estudios sostienen que la IP es más eficaz que la instrucción denominada *tradicional*, hay quienes cuestionan las premisas del marco teórico de VanPatten (véase DeKeyser et al. 2002). Al margen de la polémica que ha suscitado el modelo de IP en el campo de ASL, resaltamos que las actividades de *input* estructurado se consideran unas de las técnicas más explícitas que sirven para dirigir la atención del alumno hacia elementos formales de la lengua.

2.6 Las propiedades gramaticales del español más difíciles de adquirir

En las secciones anteriores examinamos algunas opciones pedagógicas que existen para el tratamiento de la gramática en el contexto de ELE (p. ej., la atención hacia la forma, el enfoque por tareas y la instrucción basada en el procesamiento). Desde luego, estas no son las únicas propuestas didácticas en el campo de ASL ni tampoco resuelven todas las interrogantes en torno a la enseñanza de la gramática (véase R. Ellis 2006). En lo que sigue de este capítulo nos centramos más específicamente en la lengua meta—el español—a fin de dilucidar cuáles son los aspectos de la gramática que suelen causarle serias dificultades al aprendiz no nativo. Pero, ¿qué criterio usamos para determinar el grado de dificultad de una estructura gramatical? En este sentido nos parece de gran interés la propuesta de DeKeyser (2005), quien explica que hay por lo menos tres fuentes de dificultad en la adquisición de la gramática. La primera es la complejidad de la forma en sí; un ejemplo de ello sería la morfología verbal del español (véase el Capítulo 5). El aprendiz se enfrenta con un número considerable de opciones cada vez que quiere conjugar un verbo en español y también con numerosas irregularidades; por ejemplo, en los verbos con cambios radicales: *dormí, duermo, durmió* (Blake 2008). La segunda fuente de dificultad es la complejidad de significado, que se manifiesta primordialmente cuando el significado a aprender es abstracto y también nuevo (es decir, no existe en la L1 del aprendiz). Un ejemplo claro de este tipo de complejidad es el contraste entre el pretérito y el imperfecto en español, que sirve para expresar diferencias a veces sutiles de significado que muchas veces se ignoran en la gramática de la L1 del aprendiz. La tercera fuente de dificultad, según DeKeyser, tiene que ver con cuán transparente es la relación entre la forma y el significado. Una relación poco transparente dificulta la adquisición; esto se da cuando una forma gramatical sirve para expresar más de un significado. Pongamos, por ejemplo, la preposición *a* en español, que se utiliza para indicar movimiento hacia un lugar (*ir **a** casa*), para marcar el objeto indirecto en la oración (*llevar flores **a** alguien*) y también para marcar algunos—no todos—objetos directos (*ver **a** alguien*). En el Capítulo 4 ahondamos en la dificultad que plantea la preposición *a* como marcador de objeto directo, pero ahora basta con ver que la relación entre la forma y el significado es opaca.

De acuerdo con DeKeyser (2005), las dificultades que provienen de la relación entre la forma y el significado se agravan por dos factores: la redundancia y la opcionalidad. Un elemento gramatical se considera *redundante* cuando el significado que expresa se encuentra simultáneamente en otro elemento en la oración. Por ejemplo, al utilizar un adverbio temporal como *ayer* en la oración, la FLEXIÓN VERBAL se hace redundante (p. ej., *Ayer pagué las facturas*). Los pronombres de objeto indirecto son redundantes cuando aparecen duplicados por el SINTAGMA NOMINAL (p. ej., *Le quité los zapatos al niño*). Un elemento gramatical es opcional cuando, desde la perspectiva del aprendiz, se puede utilizar u omitir para expresar el mismo significado. El ejemplo de opcionalidad que cita DeKeyser es el sujeto en español, que puede expresarse u omitirse; por ejemplo, *(yo) hablo*. Es bien sabido que la alternancia entre el sujeto nulo y el sujeto pleno está condicionada por varios factores discursivos y pragmáticos (véase el Capítulo 4), pero de nuevo, es suficiente con que el aprendiz lo perciba como opcional para estorbar el proceso de adquisición. A continuación aplicamos los conceptos discutidos por DeKeyser (2005) a dos problemas gramaticales que se han investigado a fondo en el contexto de ELE: el género gramatical y las inversiones de sujeto-verbo.

2.6.1 El género gramatical

El género gramatical constituye una de las diferencias más sobresalientes entre el inglés y el español. En inglés, el género se da solo en algunos sustantivos que distinguen entre el sexo biológico de los seres humanos (p. ej., 'aunt/uncle') y en los pronombres personales (p. ej., 'he/she, him/her'). Más allá de estos ejemplos limitados, podemos afirmar que el género es una categoría inexistente en inglés. En cambio, todos los sustantivos en español pertenecen o al género masculino (p. ej., *el coche*) o al género femenino (p. ej., *la piel*). El estudiante angloparlante, desde su primer encuentro con el español, se enfrenta a una categoría gramatical nueva; no puede apoyarse en sus conocimientos del inglés para aprender el género de los sustantivos que lo rodean. Tampoco puede recurrir al significado de las palabras para inferir su género, ya que la asignación de género masculino o femenino no tiene motivación semántica. Por ejemplo, el género del sustantivo *coche* (masculino) no tiene relación alguna con el concepto que designa. En lo que se refiere a los sustantivos inanimados, como *coche*, decimos que el género es arbitrario porque no se asocia con el género biológico o natural.

Las únicas pistas para el estudiante son las terminaciones de las palabras mismas. Es bien sabido (Teschner y Russell 1984) que la mayoría de las palabras que terminan en *-o* son masculinas (99,8%) y la mayoría de las que terminan en *-a* son femeninas (96,3%). Se trata de un patrón bastante regular y por lo tanto de gran utilidad para el aprendiz. Sin embargo, el panorama se complica cuando tomamos en cuenta las palabras que no terminan ni en *-a* ni en *-o*, como los ejemplos en (1) y (2) a continuación.

(1) *la nariz* (f.), *la voz* (f.), *la vez* (f.), *el maíz* (m.), *el arroz* (m.), *el lápiz* (m.)
(2) *el puente* (m.), *el diente* (m.), *el tope* (m.), *la mente* (f.), *la leche* (f.), *la clase* (f.)

Tabla 2-1. El género en español (adaptado de Clegg, 2011, 304)

Terminaciones asociadas con el género masculino	Terminaciones asociadas con el género femenino
/l//o//n//e//r//s/	/a//d/
palabras de origen griego que terminan en *-ma* y *-ta*	*-ión, -is*
fonemas atípicos como /b//k//i/	*-umbre,* /z/

Los sustantivos ya citados se consideran no canónicos o no transparentes, ya que las terminaciones (*-z* o *-e* en los ejemplos dados) no indican el género de manera fiable. Ha habido intentos de formular reglas pedagógicas que aclaren la relación entre las terminaciones de los sustantivos y su género, pero ninguno parece satisfactorio del todo. Clegg (2011) advierte que las reglas que se enseñan comúnmente en los libros de texto (véase la Tabla 2-1) solo predicen el género correcto en un 83% de los casos. Clegg propone ciertas modificaciones a dichas reglas de acuerdo a un análisis minucioso de las cinco mil palabras más frecuentes en español (M. Davies 2006a), pero incluso con estas revisiones la posibilidad de predecir el género de los sustantivos masculinos solo llega al 86,4%.

Tal vez le resulte útil al aprendiz pensar en reglas o aplicar medios nemotécnicos para desentrañar el sistema de género en español, pero debe tener en cuenta que los niños que aprenden el español como L1 adquieren el sistema de otra manera: crean fuertes asociaciones entre el sustantivo y el determinante que lo acompaña (Grüter, Lew-Williams y Fernald 2012) como si fueran un conjunto. Se cree que el niño hispanohablante, al escuchar secuencias tales como *la leche, la muñeca, el pañal,* las aprende como amalgamas y luego aprende a segmentarlas. Dicho de otro modo, el niño interioriza el sistema de género por aprender los sustantivos junto con sus determinantes, tal como había sugerido N. Ellis (2005) en cuanto a las colocaciones. En cambio, se ha postulado que los aprendices de L2 tienden a aprender los sustantivos de manera aislada, lo cual no consolida la asociación entre el sustantivo y el determinante.

Varios estudios empíricos han comprobado que los no nativos, incluso aquellos con un excelente dominio del idioma, todavía cometen errores de género. Consideremos el estudio de Franceschina (2001), que presenta el caso de Martin, un hombre inglés que llevaba 24 años viviendo en la Argentina en el momento del estudio. Franceschina lo describe, a grandes rasgos, como *casi nativo* y destaca su integración a la sociedad hispanohablante. A pesar de ello, Martin producía un número importante de errores de género (entre un 8% y un 15% según el contexto). La misma tendencia se observa en el estudio de Alarcón (2011), quien comparó un grupo de hablantes avanzados de español (L2) con un grupo de hablantes de herencia. En una prueba de producción oral, los participantes que habían aprendido el español como L2 registraron un promedio de 85,6%, lo cual indica que los errores de género (p. ej., *veo un catedral antiguo*) se dan en aproximadamente el 15% de las frases nominales. Otro estudio más reciente sobre el tema es el de Grüter, Lew-Williams y Fernald (2012), en el cual participaron 19 hablantes no nativos del español con un nivel avanzado de proficiencia. Los resultados indicaron que los no nativos cometieron un 20% de errores de género en una prueba de producción oral. Ambos estudios, Alarcón (2011) y Grüter, Lew-Williams y Fernald (2012), destacan que la mayoría de los errores se debe a un fallo de asignación de género. Es decir, son más frecuentes los errores en los cuales el determinante y el adjetivo concuerdan entre sí (*un catedral antiguo*) pero no coinciden con el género del sustantivo (*catedral*).

A modo de síntesis, está claro que el sistema de género presenta complicaciones para el hablante no nativo desde el primer momento de aprendizaje hasta los niveles más avanzados. Se trata de una propiedad abstracta en el sentido de que el género de los sustantivos inanimados no tiene relación alguna con el significado. Así, el sistema de género se tiene que inferir a partir de las correspondencias fonológicas entre los determinantes y las terminaciones de los sustantivos (*la -a; el -o; la -ción*, etc.). No cabe duda que se trata de un sistema formal sumamente complejo porque estas correspondencias no se sustentan en el caso de los sustantivos no canónicos. Para complicar las cosas, notamos que la concordancia de género es redundante; el género de un determinado sustantivo (masculino o femenino) es expresado simultáneamente a través de varios elementos de la oración (p. ej., *el mismo gato negro*).

2.6.2 El orden de palabras

El orden de palabras[2] en español parece coincidir, a primera vista, con el orden de palabras en inglés. En la tipología lingüística ambos idiomas se incluyen dentro del tipo S(ujeto)—V(erbo)—O(bjeto). Eso quiere decir que SVO es el orden básico o prototípico en las oraciones declarativas. Sin embargo, el paralelo entre los idiomas es solamente parcial, ya que el español permite órdenes distintos al SVO que responden a motivaciones discursivas (véase Olarrea 2014 para un resumen del tema). Un ejemplo de dicha flexibilidad se observa en las oraciones que carecen de objeto, es decir, aquellas que constan solamente de un verbo y un sujeto. Rivas (2008), en un análisis del español escrito y oral, encontró que un 25% de este tipo de oraciones se ajustan al orden Verbo—Sujeto (VS). Olarrea (2014) enumera seis contextos en que el orden VS es el NO MARCADO (básico), entre los cuales se destacan los VERBOS INACUSATIVOS como *llegar, salir* o *empezar*.[3] Aunque no se trata de una regla categórica, los hablantes nativos del español prefieren colocar el sujeto en posición posverbal con los verbos inacusativos, como se ve en el diálogo del ejemplo siguiente:

3 ¿Qué pasó entonces?
Entonces llegó **el otro señor** (Marqués Pascual 2011, 567).

Además de la naturaleza del verbo, la elección del orden SV o VS también está condicionada por la carga informativa del sujeto: los sujetos posverbales generalmente transmiten información nueva o dan mayor prominencia a referentes nuevos (Rivas 2008).

Para el hablante no nativo del español la adquisición del orden VS constituye un desafío porque se trata de un orden variable (DeKeyser 2005). Llegar a adquirir esta estructura supone fijarse en los verbos que aparecen con frecuencia en esta construcción sintáctica y también observar los factores discursivos que la favorecen. Por lo tanto, no es de extrañar que esta propiedad de la lengua se adquiera tarde. Hertel (2003) confirmó que solo los aprendices avanzados—o sea, los estudiantes de posgrado que habían estudiado el español por un promedio de 13 años—producían oraciones con el orden VS. Asimismo, Marqués Pascual (2011) apunta que una estancia en el extranjero es clave para la adquisición de esta estructura; en su estudio solo los estudiantes avanzados que habían estudiado en el extranjero producían el orden VS con verbos inacusativos.

Para finalizar, la dificultad que plantea el orden VS para el no nativo también apunta a que las semejanzas entre dos idiomas (L1 y L2) no necesariamente facilitan la adquisición a largo plazo. Al escuchar oraciones que se ajustan al orden SVO, el estudiante de ELE puede asumir (erróneamente) que todas las oraciones en español tengan esa estructura. En este sentido, las semejanzas parciales entre la L1 y la L2 pueden hacer que las diferencias entre los idiomas sean más difíciles de percibir.

2.7 Conclusiones

A lo largo de este capítulo, se ha descrito desde la perspectiva teórica y metodológica el papel que juega el *input* en el desarrollo de una L2. El planteamiento original de Krashen (1981) resulta demasiado sencillo porque vimos que el aprendiz de una L2 no siempre se fija en todo el *input* que le rodea, ya sea en el entorno de la inmersión o en el aula. No todo el posible *input* ayuda al aprendiz a mejorar su competencia en la L2. En la práctica, lo que importa es aquel *input* que se convierte en *intake* porque el aprendiz se ha fijado en ello dándose cuenta de que le falta algo todavía en cuanto a su uso de la L2. Por lo tanto, la mejor instrucción explícita debe ayudar al aprendiz a fijarse en la brecha ('gap') entre su gramática de momento y las normas gramaticales del hablante nativo.

Parece claro que aprender una L2 no es lo mismo que aprender una L1. El aprendiz de una L2 se beneficia de la instrucción explícita y también necesita una buena dosis de evidencia negativa. Según N. Ellis (2005), hay una interfaz débil entre el conocimiento subconsciente (implícito) y el conocimiento consciente (explícito)—aunque estos dos sistemas, por supuesto, operan por separado de una manera diferente—y por lo tanto, la instrucción puede llegar a darle un empujón al conocimiento del alumno. A través de la práctica, este conocimiento nuevo se automatizará hasta incorporarse en la gramática de la L2.

Las metodologías estudiadas aquí que hacen hincapié en la atención hacia la forma (AF), en el enfoque por tareas y en la instrucción basada en el procesamiento (IP), prometen todas aportar un *input* enriquecido y más apercibido, de manera que el aprendiz pueda avanzar lo más rápido posible. A la vez, la adquisición de una L2, sin duda alguna, lleva su tiempo y se complica por las dificultades que corresponden a la complejidad de la misma L2, a las transferencias negativas ocasionadas por la L1 o a otros factores más sutiles que tienen que ver con el grado de transparencia entre el nexo del *signo* y el *significado* de la L2. Asimismo, las diferencias individuales de los mismos aprendices presentan una complicación constante durante el proceso de ASL, un tema donde queda mucho por investigar todavía.

Desde la perspectiva de una persona que ya ha adquirido una L1, la nueva L2 presenta sonidos exóticos, una morfología rara, miles de palabras desconocidas, un orden de palabras fuera de lo común y situaciones culturales y pragmáticas jamás imaginadas. A primera vista, lo más diferente y abrumador quizás sean todas las palabras nuevas que hay que aprender. ¿Qué significan y con qué otras palabras se juntan en las conversaciones? N. Ellis (2005) cree que se accede a la gramática primero en trozos ('chunks') o colocaciones frecuentes que luego el aprendiz podrá analizar y combinar de manera productiva. Por eso, comenzaremos en el capítulo siguiente con el análisis de los problemas léxicos a fin de contestar la pregunta "¿Cuántas palabras hay que saber para defenderse en una nueva L2?".

Para reflexionar y discutir

1. ¿Por qué es diferente aprender una L2 a adquirir una L1? ¿Cuáles son las diferencias cognitivas? ¿Cuáles son las diferencias sociales? ¿En qué sentido es diferente el *input* del aula al *input* que reciben los niños durante la infancia?
2. ¿Qué ventajas tienen los adultos que van aprendiendo una L2 en el aula?

3. En tu propia experiencia, ¿te han servido las explicaciones metalingüísticas? Por ejemplo, ¿ha sido útil aprender las etiquetas como *subjuntivo* o *pronombre de objeto indirecto?* ¿Cuáles son algunas ventajas y/o desventajas de utilizar estos términos a la hora de enseñar la gramática?
4. Después de haber leído la sección sobre el género gramatical, ¿qué intervención pedagógica propondrías para enseñar el género a los aprendices de ELE? ¿Vale la pena corregir los errores de concordancia (p. ej., **la casa blanco*)?
5. ¿Es más fácil aprender la gramática cuando se trata de estructuras que son similares en las dos lenguas (L1/L2)? Piensa, por ejemplo, en el aspecto progresivo en español (p. ej., *estoy leyendo*), que tiene una estructura paralela en inglés. ¿Son iguales las dos estructuras o existen matices de diferencia? ¿Se trata de una estructura que no ocasionará dificultades para los aprendices de ELE?

Más a fondo

A. La investigación en el campo de ASL sobre las reformulaciones ('recasts') es algo contradictoria; algunos estudios llegan a la conclusión de que las reformulaciones sirven, es decir, son beneficiosas para la adquisición de la gramática. En cambio, otros estudios ponen en duda la eficacia de las reformulaciones. ¿Cuáles pueden ser algunas razones por dicha contradicción? ¿Por qué no siempre aprovecha el alumno una reformulación? Compara tus ideas con el resumen del tema que hacen Ellis y Sheen (2006).
B. Estudia la situación que sigue y contesta las preguntas a continuación (adaptado de Folse 2006).

> Un profesor de ELE quiso experimentar con el enfoque por tareas en su clase. Como punto de partida utilizó una actividad en el libro de texto que consistía en oraciones que los alumnos debían completar (p. ej., *El padre de mi padre es mi...; La hija de mi hermana es mi...*). Les dijo a los alumnos que completaran la actividad individualmente y que, al terminar, comentaran sus respuestas con un compañero. Los alumnos siguieron al pie de la letra las instrucciones del profesor; sin embargo, el trabajo en grupo no resultó satisfactorio, porque no hubo negociación de significado ni tampoco mucha discusión como esperaba el profesor.

Se ajusta esta descripción al enfoque por tareas? Por qué fracasó esta actividad? Diseña una tarea centrada en la misma temática (la familia) que promueva la interacción entre los alumnos.

Notas

1. El término en inglés, acuñado por Long (1991), es 'focus on form'.
2. Para ser más precisos, nos referimos aquí al orden de los constituyentes.
3. Para muchos lingüistas existen dos clases de verbos intransitivos: los inacusativos y los inergativos. Se cree que el único argumento de los verbos inacusativos es un objeto directo en un nivel subyacente, y es por eso que favorece la posición posverbal: p. ej., *Llegó tarde el tren.*

3

¿Cuántas palabras hay que saber para hablar bien el español?

3.1 Introducción

Tradicionalmente la gramática ha ocupado un lugar central en la enseñanza de idiomas, mientras que el léxico (el vocabulario) ha estado relegado a un segundo plano (Meara 1980). El estatus inferior del léxico se explica, en parte, como herencia del método *gramática-traducción*, que priorizaba el análisis detallado de las reglas gramaticales para luego poder aplicarlas a la traducción de oraciones y textos. Aunque este método ya no tiene vigencia (salvo en la enseñanza de lenguas clásicas como el latín y el griego), dejó huellas indelebles en el campo de enseñanza de idiomas, reforzadas también por el énfasis que los primeros modelos de Chomsky le concedieron a la sintaxis, por lo que persiste la idea de que la gramática es más importante que el vocabulario (véase Folse 2004).

Además de la tradición, hay otro factor que ha contribuido a que se descuide la enseñanza del vocabulario: se cree que el alumno puede aprender el vocabulario de manera indirecta. El APRENDIZAJE INDIRECTO de una palabra ocurre sin que uno quiera aprenderla explícitamente; por ejemplo, podemos aprender una nueva palabra al escucharla en una conversación o leerla en un escrito. Inferimos su significado a partir del contexto y seguimos participando en la conversación o la lectura; no paramos a buscarla en el diccionario ni la apuntamos en una libreta. Sin lugar a dudas, el aprendizaje indirecto contribuye mucho al proceso de la adquisición del vocabulario en la L1 o lengua materna. Los hablantes nativos poseen un caudal léxico considerable,[1] que es producto de este modo de aprendizaje (aunque también se pueden aprender palabras deliberadamente o de manera intencional, sobre todo en contextos escolares).

Aunque los hablantes nativos adquieren gran parte de su vocabulario de manera indirecta, es erróneo pensar que un alumno de ELE pueda seguir el mismo trayecto. Para empezar, el alumno de ELE no goza de la misma intensidad de contacto con el idioma que tiene un niño que lo aprende como lengua materna. El niño hispanohablante tiene la ventaja de escuchar una misma palabra en múltiples ocasiones en diferentes contextos, condición que promueve la adquisición de dicha palabra y la formación de asociaciones múltiples y profundas en su estructura cognitiva. En cambio, el alumno que estudia el idioma en el aula durante una hora al día puede escuchar una palabra una sola vez sin que esta se repita en el futuro y sin gozar de un contexto social. Es por esto que los investigadores abogan por una enseñanza directa del vocabulario en el contexto de L2 (véase la sección 3.2).

Existe tal vez otra razón por la cual el léxico ha tenido un papel secundario en el campo de enseñanza de idiomas. Folse (2004) sugiere que tiene que ver con los docentes mismos, quienes tienden a pensar que aprender vocabulario conlleva menos complicaciones que aprender gramática. Desde este punto de vista, aprender una lista de palabras y sus definiciones es algo que los alumnos pueden hacer por su cuenta, tal vez con tarjetas de vocabulario. En cambio, no podría decirse lo mismo de las complicadas reglas que rigen el uso apropiado del pretérito y el imperfecto, por ejemplo. De ahí que los maestros piensen que hay que dedicarle tiempo a la gramática en la clase, explicando bien los conceptos, mientras que el vocabulario se presta más al estudio individual. Lo interesante de esta postura es que reduce el aprendizaje de vocabulario al simple emparejamiento de una palabra con su definición; no toma en cuenta las diferentes dimensiones de conocer una palabra (Nation 2001), como se enseñará más abajo en la sección 3.4.

Ya que hemos aludido a la enseñanza de la gramática, invitamos al lector a reflexionar sobre la dicotomía *léxico* versus *gramática* que caracteriza a los libros de textos y otros materiales didácticos para enseñar ELE. Aunque los libros de texto suelen presentar el vocabulario y la gramática como áreas separadas, resulta difícil desvincular el léxico y la gramática. Mantenemos que muchos de los supuestos problemas gramaticales para el estudiante de ELE son, en el fondo, dificultades léxicas. Sirva de ejemplo el contraste entre las preposiciones *por* y *para*, que se presenta como enfoque gramatical en los libros de texto. Ahora bien, si consideramos que ambas preposiciones entran en combinaciones con otras palabras para crear secuencias fijas—p. ej., ***por** casualidad, **por** lo visto, **por** si las moscas, **por** fin, **por** supuesto, **para** colmo; estudia **para** médico, **para** bromas, **para** bien o **para** mal, **para** qué sirve* (entre muchas otras)—resulta claro que el manejo de estas preposiciones abarca tanto el léxico como la gramática. Estos ejemplos sirven también para resaltar que el léxico consta no solo de palabras individuales sino de combinaciones frecuentes de estas mismas. En lo que sigue de este capítulo pretendemos explicar lo variado y complejo que es nuestro conocimiento léxico.

3.2 ¿Cuántas palabras deben aprender los estudiantes de ELE?

La adquisición del léxico supone un reto formidable para el aprendiz debido al elevado número de palabras que existen; un diccionario de tamaño mediano proporciona definiciones para unas cuarenta mil palabras, y los diccionarios más exhaustivos, como el de la Real Academia Española, incluyen más de ochenta mil entradas. Es obvio que aprenderse todas las palabras del diccionario no es una meta sensata ni asequible. Entonces, ¿cuántas palabras son suficientes para poder comprender y hablar el español? Otra manera de formular la pregunta es en función de la selección: de las ochenta mil (o más) palabras que existen en español, ¿cuáles son las que debe aprender el alumno?

Para acercarnos a una respuesta nos referimos a los estudios léxico-estadísticos llevados a cabo por aquellos lingüistas que utilizan un corpus para establecer las frecuencias de las palabras de un idioma. En nuestro campo, un corpus es un conjunto de miles de textos (novelas, obras de teatro, guiones de cine, noticias de prensa, ensayos, transcripciones de noticieros, conversaciones y discursos, etc.) que sirven para dar una visión global de las características del idioma. Hay que precisar que un corpus, dado su tamaño, está almacenado en formato electrónico y permite la realización de búsquedas para estudiar las palabras y los contextos en que aparecen. Para el español en particular, los investigadores cuentan con el CORPUS DE REFERENCIA DEL ESPAÑOL ACTUAL (CREA),[2] que contiene más de 160 millones de palabras, y también con un corpus diacrónico de 100 millones de palabras (*Corpus del Español*, M. Davies 2006b), que incluye textos de varias épocas.[3]

Los análisis de los corpus tienen gran utilidad para la elaboración de materiales didácticos, ya que permiten que dichos materiales reflejen el lenguaje en el mundo real, es decir, tal y como lo utilizan miles de hablantes. Basándose en el *Corpus del Español*, M. Davies (2006b) elaboró un diccionario de frecuencias que recopila las cinco mil palabras de mayor frecuencia en el idioma. Se trata de una herramienta indispensable tanto para el aprendiz como para el docente, porque delimita el léxico del español a un conjunto tangible de palabras. La lista de frecuencias se puede convertir en un criterio estrictamente objetivo a la hora de seleccionar el vocabulario para incluir en un curso determinado o en los diseños curriculares.

Aunque aprender las cinco mil palabras de mayor frecuencia parece ser una meta viable, cabe preguntarse si cinco mil palabras son suficientes para realizar ciertas actividades comunicativas en español. Para ello es necesario entender algunos hechos básicos sobre la dispersión de las palabras en los textos. Es bien sabido que un número relativamente pequeño de palabras conforma la mayor parte de cualquier texto normal (no especializado). Esto se ve claramente en la representación gráfica del Cuadro 3-1, basada en los datos que presenta M. Davies (2005).

Como lo demuestra el gráfico, las mil palabras más frecuentes tienen el mayor alcance o rendimiento. Según M. Davies (2005), las primeras mil palabras más frecuentes abarcan aproximadamente un 76–80% de las

Cuadro 3-1. Proporción de palabras de distintas frecuencias en varios tipos de comunicaciones (adaptado de Davies 2005)

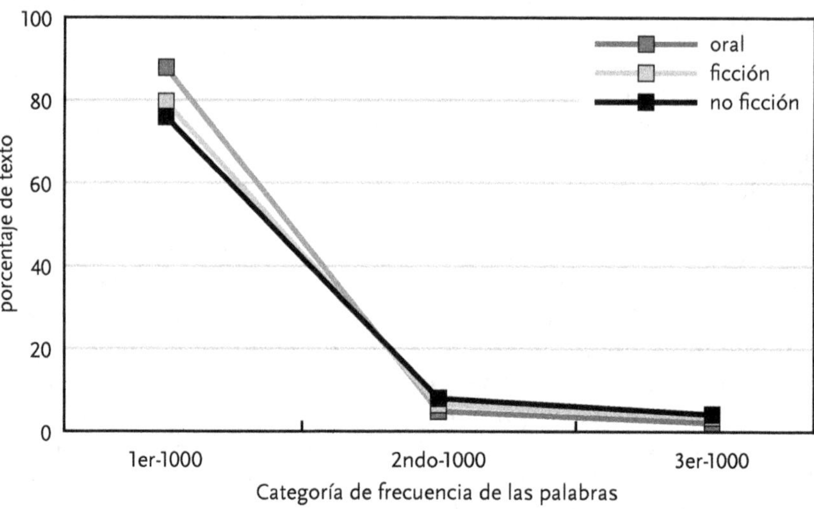

palabras en el español escrito y un 88% del español hablado. Esto se debe en parte a las palabras gramaticales (por ejemplo, los determinantes como *el* y *un* y las preposiciones como *en, por, de,* etc.) que encabezan la lista de frecuencias. La siguiente franja de palabras (hasta 2000) también comprenden un porcentaje importante, aunque más pequeño, de las palabras en los textos. Tradicionalmente se pensaba que las primeras 2000 familias léxicas constituían la categoría de palabras de alta frecuencia, pero recientemente algunos autores abogan por ampliar la lista para incluir las 3000 palabras más frecuentes (Schmitt y Schmitt 2012).

A la luz de lo expresado por Schmitt y Schmitt (2012) acerca de la importancia de las 3000 palabras más frecuentes, veamos un ejemplo concreto aplicado al español. Hemos elegido un texto del género periodístico en el cual resaltamos en **letras negritas** aquellas palabras que se encuentran entre las primeras 3000 según el diccionario de frecuencias de M. Davies (2006a).

***El** salvadoreño **que dice haber pasado más de un año** a la deriva*

Con el pelo largo, la barba poblada, **una lata de** refresco **en la mano y una sonrisa. Así salió del barco que lo trasladaba a la ciudad más próxima el hombre que dice que pasó más de un año a la** deriva **en las aguas del** océano Pacífico.

A su llegada este lunes a Majuro, **la capital de las remotas** Islas Marshall, **el hombre se identificó como** salvadoreño, **si bien asegura que vivió durante más de** 15 **años en** México.

Desde allí, según dice, salió a pescar tiburones **con un compañero** mexicano **el** 21 **de diciembre de** 2012 **en un barco que se** averió, **le informó a** BBC Mundo **el** embajador **de** Estados Unidos **en las** Islas Marshall, Thomas Ambruster, **presente en su declaración.**

Más de 13 **meses y** 12.000 **kilómetros después, el pasado jueves, el hombre tocó tierra en un pequeño** islote **del** Pacífico, **el** atolón **de** Ebon, **en las** Islas Marshall, **y puso fin a un viaje que parece sacado de un** guión **de** Hollywood.

Fuente: Lorena Arroyo, "El salvadoreño que dice haber pasado más de un año a la deriva." BBC Mundo, 3 febrero 2014, <http://www.bbc.co.uk/mundo/noticias/2014/02/140202_islas_marshall_naufrago_salvador_lav.shtml>. [Consulta: 02/02/2014]

Este breve informe, publicado en un noticiero en línea,[4] es un texto normal en el sentido de que fue escrito para un público general y por lo tanto no contiene ningún registro especial. El texto consiste en 179 palabras, pero si restamos los nombres propios (*Hollywood, Majuro, Estados Unidos,* etc.) y las cifras, quedan 162 palabras para nuestro análisis. De estas 162 palabras, la gran mayoría (147) son palabras de alta frecuencia (o sea, entre las primeras 3000 palabras más frecuentes). Hay solo 15 palabras que no se encuentran entre las primeras 3000 palabras (por ejemplo: *deriva, barba, tiburones, embajador, islote*). A partir de este breve ejercicio, podemos concluir que las palabras de alta frecuencia comprenden un 91% de las palabras de este texto de género periodístico. Este cálculo coincide plenamente con los patrones que se han documentado para el español en general. M. Davies (2006a) explica que las 3000 palabras más frecuentes dan cuenta del 88–90% del vocabulario en los textos escritos (existen datos similares para el inglés; véase Nation 2006 para un estudio exhaustivo de varios géneros escritos y orales).

Sin restarle importancia a las palabras de alta frecuencia, debemos aclarar que tres mil palabras probablemente no son suficientes para comprender todo tipo de textos en la lengua meta. Los investigadores en esta área mantienen que uno debe entender el 98% de las palabras en un texto dado para comprenderlo de manera independiente, es decir, sin recurrir al diccionario u otros recursos (Hu y Nation 2000). Aunque parezca un porcentaje excesivamente elevado, hay estudios empíricos que apuntan a su veracidad. Schmitt, Jiang y Grebe (2011) llevaron a cabo un estudio con más de 600 estudiantes del inglés como lengua extranjera, quienes leyeron dos textos académicos. Los participantes completaron una prueba de vocabulario basada en las palabras extraídas de los textos y también varias pruebas de comprensión.

Los resultados confirman que el vocabulario desconocido es una barrera infranqueable para la comprensión: aquellos participantes que no sabían un 10% de las palabras en los textos registraron puntaciones muy bajas en las pruebas de comprensión. Los resultados de Schmitt, Jiang y Grebe (2011) respaldan la hipótesis de que hay que saber el 98% de las palabras para comprender una variedad amplia de textos auténticos en inglés, un porcentaje que se traduce en unas 8000–9000 familias léxicas. En síntesis, se ve que la comprensión lectora en inglés o en español requiere un conocimiento amplio de vocabulario que va más allá de las palabras de alta frecuencia.

Hasta ahora hemos visto que existe un conjunto de unas tres mil palabras, denominado vocabulario de alta frecuencia, que resulta imprescindible para todo hablante. Se trata de palabras que aparecen frecuentemente en todo tipo de discursos y situaciones cotidianas, sin vinculación a un área temática concreta. Desde el punto de vista del aprendiz de ELE, vale la pena aprender estas palabras cuanto antes en el proceso de aprendizaje. Aunque este conjunto de tres mil palabras no será suficiente para satisfacer todas las necesidades comunicativas de los aprendices (por ejemplo, no es suficiente para comprender de manera independiente todos los textos auténticos en el idioma), constituye un excelente punto de partida porque permite al estudiante enfrentar muchas situaciones comunicativas.

De lo expuesto se desprende que los materiales didácticos (por ejemplo, los libros de texto) deberían centrarse en el vocabulario de alta frecuencia o, en términos generales, deberían reflejar el léxico frecuente que los estudiantes encontrarán fuera del aula. Sin embargo, los avances en el campo de la lingüística no siempre se traducen en mejoras pedagógicas. Davies y Face (2006) llevaron a cabo un análisis del vocabulario que se incluye en seis libros de texto de primer año (nivel básico) y segundo año (nivel intermedio) con el fin de compararlo con la lista de 5000 palabras más frecuentes que figuran en el diccionario de M. Davies (2006a). Es decir, buscaban establecer la correspondencia entre el vocabulario de los libros de texto y la lista de frecuencias. Los resultados apuntan a grandes discrepancias entre las dos fuentes. Aunque algunos libros reflejan mejor la lista de frecuencias que otros, ninguno parece haber sido diseñado con el vocabulario frecuente como criterio. Los autores señalan dos tipos de discrepancias: hay palabras de alta frecuencia que no aparecen en los libros de texto y también hay palabras que se incluyen en los libros de texto que no figuran en la lista de frecuencias. En la primera categoría (palabras frecuentes pero omitidas) entran palabras como *comenzar, cualquier, necesidad* y *momento*. En la segunda categoría (palabras poco frecuentes pero incluidas) se mencionan palabras como *butaca, patinar, calabaza* y *cuchara*. Puesto que los libros de texto organizan el vocabulario en torno a campos semánticos (por ejemplo, la comida, los muebles y los quehaceres de la casa, etc.), Davies y Face sugieren que los autores se ven obligados a completar un campo semántico determinado, agregando palabras que encajan con el tema pero que son de poca utilidad si consideramos exclusivamente el criterio de la frecuencia.

Las observaciones de Davies y Face (2006) traen a colación el concepto de DISPONIBILIDAD LÉXICA, que se refiere al caudal léxico del que dispone un hablante cuando abarca un tema concreto. A diferencia de las palabras de alta frecuencia, que sirven para cualquier situación comunicativa, el léxico disponible siempre está ligado con un tema concreto (p. ej., el cuerpo humano, la ropa, la cocina y sus utensilios, etc.). Los trabajos de disponibilidad léxica utilizan una prueba de tipo asociativo: se les pide a los informantes que anoten todos los vocablos que asocien con una palabra o frase estímulo (p. ej., la ciudad), siempre dentro de un tiempo limitado (generalmente dos minutos). De esta manera, se recoge una muestra de las palabras que los hablantes tienen en su léxico, esto es, palabras que pueden recuperar cuando el tema las active. Es importante señalar que el vocabulario disponible no es necesariamente el más frecuente; por ejemplo, aunque *cuchara* no esté entre las palabras más frecuentes del idioma, es una palabra necesaria en la vida cotidiana si estamos poniendo la mesa y queremos decir algo sobre cómo colocar los cubiertos.

Es tal vez por esto que no sea posible una correspondencia perfecta entre el vocabulario que se incluye en un libro de texto y la lista de frecuencias. Cuando delimitamos el lexicón en varios mundos concretos (p. ej., la ciudad, el fútbol, la prensa), surgen palabras muy útiles pero poco frecuentes en general. Sin embargo, compartimos la propuesta de Davies y Face (2006) de que los libros de texto deberían reflejar el vocabulario que se usa fuera del aula. Será difícil alinear el vocabulario más frecuente a la perfección con los temas comunes y corrientes que se encuentran en un libro de texto de ELE, pero la investigación deja en claro que el estudiante necesita un léxico que realmente se use fuera del aula. Desde luego, hay que considerar el nivel de los alumnos, pues a medida que avanzan en su dominio del idioma el léxico menos frecuente (y más especializado) cobra mayor importancia. Por ejemplo, nos parece muy útil la propuesta de Benavides-Segura, Herrera-Morera e Saborío-Pérez (2011), quienes explican cómo aumentar el léxico disponible de los aprendices avanzados de ELE a través de mapas semánticos.

3.3 Los cognados

Para una lengua como el español, sería lógico que la presencia de los muchos COGNADOS que comparte el español con el inglés facilitara la ardua tarea de aprender más de tres mil palabras. En general, se estima que el inglés y el español tienen en común entre diez mil y quince mil cognados (Dressler et al. 2011). Además, Nash (1997) afirma que un tercio de las palabras en textos académicos son cognados desde el punto de vista etimológico. Muchos de los cognados son palabras de índole científica que proceden del latín (p. ej., *penicilina* /'penicillin') o de origen griego que fueron acogidas por el latín (p. ej., *metástasis*/'metastasis'). Para sacar provecho de los cognados del ámbito científico, el alumno de ELE tendría que conocer el significado de estas palabras en su L1; o sea, conviene que el alumno de ELE disponga de un vocabulario grande y sofisticado en inglés. Sin embargo, en la práctica, el aprovechamiento de los cognados por parte del estudiante de ELE depende de muchos factores tanto estructurales como individuales, como se verá a continuación (Sánchez-Casas y García Albea 2005; Dijkstra et al. 2010).

En términos formales, los cognados son palabras que proceden de la misma raíz y, por lo tanto, pueden tener en común el significado, la ortografía y/o la pronunciación. Sin embargo, lo que vale como cognado desde la perspectiva del maestro o del filólogo no siempre lo es desde la experiencia del alumno. A menudo los estudiantes de ELE no perciben los cognados a pesar de las semejanzas superficiales.

En cuanto a los cognados mismos, los lingüistas se fijan en la DISTANCIA ORTOGRÁFICA, que se mide por el número de letras distintas entre las dos formas. Por ejemplo, *piano*—'piano' representan una distancia de cero (0), mientras que *onza*—'ounce' exhiben una distancia de tres (3). Los cognados *región*—'region' presentan un caso interesante, porque la ortografía es igual (i.e., distancia de 0) pero la fonética difiere en la realización de la letra *g* ([ʤ] frente a [x]). A través de un experimento visual, Beard (2014) ha comprobado que los estudiantes de ELE reconocen más rápidamente y con más precisión los cognados con pocas diferencias ortográficas (distancia de 0 a 3) frente a las que presentan diferencias ortográficas más destacables. Según Beard, los que saben deletrear bien en inglés tienden a reconocer mejor los cognados en español a través de la lectura. Sin embargo, tratándose de una prueba de comprensión auditiva (frente a la lectura solamente), los resultados dependerían más de las diferencias fonéticas, pese a las semejanzas ortográficas, lo que podría dificultar la comprensión de los cognados superficialmente obvios como *piano* [pjano], *hobby* [xobi] *whisky* [wisqui], *tique*—'ticket' [tique] y *jaguar* [xaguar], ejemplos que siempre causan problemas de comprensión auditiva para los aprendices de español como una L2.

Al hablar de cognados, no podemos pasar por alto los cognados falsos, es decir, aquellas palabras que se parecen en la forma fonética u ortográfica pero que no comparten el mismo significado (por ejemplo: *soportar* ('to tolerate, to put up with' no 'support'), *discutir* ('to argue' no 'discuss'), *constipado* ('stuffed up [nose]' no 'constipated') o *introducir* ('to stick in, to enter' no 'introduce a person to another'). Estos cognados falsos constituyen un reto considerable para el aprendiz, ya que se trata de semejanzas engañosas.

Otro factor que dificulta la comprensión de los cognados tiene que ver con las frecuencias de uso en cada lengua: las palabras en español suelen ser mucho más frecuentes que sus correlatos en inglés, que suelen ocurrir principalmente en textos académicos y/o literarios (como resultado del legado léxico que dejaron los franceses en Inglaterra). Por ejemplo, veamos el adjetivo *tranquilo* y su correlato *tranquil* en inglés. Según Malabonga et al. (2008), *tranquilo* es una palabra de alta frecuencia (aparece 70 veces por millón de palabras) mientras que *tranquil* en inglés es una palabra relativamente rara en inglés (2 veces por millón de palabras). Este desequilibrio ha sido comprobado por muchos estudios que apuntan a la posible ventaja que tienen los hablantes del español a la hora de aprender inglés, sobre todo el inglés académico, pero pone a los estudiantes de ELE en desventaja. Debe estar claro que saber las frecuencias de uso de cada palabra es parte del proceso de conocer una palabra, un concepto enmarañado, como se examina en la siguiente sección.

3.4 Grados de conocimiento de una palabra

En la sección 3.2 explicamos por qué al estudiante de ELE le conviene conocer las tres mil palabras más frecuentes del español, pero no abordamos una pregunta fundamental: ¿qué se entiende por conocer una palabra? Si reflexionamos sobre el conocimiento que tenemos de las palabras en nuestra lengua materna (L1), enseguida podemos hacer una serie de observaciones: hay palabras que reconocemos o identificamos en un contexto dado pero que no somos capaces de usar; hay palabras que sabemos pronunciar y usar en la lengua hablada pero tenemos dudas sobre su ortografía; hay palabras que nos resultan familiares pero de las cuales tal vez conocemos solo una acepción (i.e., un solo uso) y no todos sus significados. De lo anterior se desprende que existen distintos grados de conocimiento de una palabra y que un hablante, tanto nativo como aprendiz, puede tener un conocimiento parcial de una palabra determinada.

Para empezar, es necesario diferenciar entre el conocimiento receptivo y el conocimiento productivo. Se tiene conocimiento receptivo de una palabra si uno es capaz de reconocerla y comprenderla en un texto escrito o en la lengua hablada; es decir, al ver o escuchar la forma, el hablante puede extraer el significado. El conocimiento receptivo se vincula con la comprensión lectora y la comprensión auditiva. En cambio, el conocimiento productivo es necesario si uno quiere emplear la palabra en la escritura o en la conversación; es decir, el hablante lleva su significado en la mente y es capaz de recuperar la palabra que necesita para expresar dicho significado en un entorno específico. Demostramos la diferencia entre conocimiento productivo y receptivo a través de una simple pregunta: ¿cómo se llama el palito, generalmente de madera, que se enciende al frotarlo con una superficie adecuada y sirve para prender fuego? Si uno es capaz de nombrar este objeto, decimos que tiene conocimiento productivo de la palabra *fósforo* (también se llama *cerillo* o *cerilla*). En cambio, si uno no puede contestar la pregunta porque no se le ocurre la palabra, no tiene conocimiento productivo de la palabra *fósforo*, aunque es posible que la hubiera reconocido en un texto o en una conversación, demostrando así su conocimiento receptivo. La habilidad productiva requiere de más tiempo de aprendizaje y por lo general refleja un nivel más profundo de conocimiento que la habilidad receptiva.

Es obvio que conocer una palabra presupone saber algo acera de su significado referencial, es decir, el objeto, la persona, el evento o la noción a que se refiere la palabra en el mundo. No obstante, como lo han señalado diversos investigadores (véanse Richards 1976 y Folse 2004), conocer una palabra engloba otros aspectos que van más allá del significado. Destacamos el trabajo de Nation (2001), quien agrupa los diferentes tipos de conocimiento en tres áreas principales: la forma, el significado y el uso; como se ve en la Tabla 3-1.

Para entender las dimensiones de conocimiento léxico señaladas por Nation (2001), conviene analizar un ejemplo concreto. Pensemos en el caso del verbo *guardar*. En cuanto a la primera dimensión (la forma), conocer dicha palabra implica saber cómo se pronuncia correctamente, cómo se deletrea y que se trata de un verbo en infinitivo (lo sabemos por la morfología verbal *-ar*). Por lo que se refiere al significado, enseguida nos damos cuenta de que este verbo tiene más de uno; el diccionario de la Real Academia enumera once significados para este verbo, con dos adicionales para su forma pronominal, *guardarse*. A continuación resumimos algunos de los significados más destacados:

Ⓐ *tener cuidado de algo, vigilarlo y defenderlo (guardar un campo, una viña)*
Ⓑ *poner algo donde esté seguro (guardar dinero, joyas, vestidos)*
Ⓒ *observar o cumplir aquello a lo que se está obligado (guardar la ley)*

Las palabras con varios significados, como es el caso de *guardar*, se denominan palabras POLISÉMICAS. La mayoría de las palabras del español son polisémicas, y cuanto más frecuente una palabra, más probable es que tenga varios significados. En el caso de *guardar*, el significado básico es "defender" o "proteger", presentado en el significado (a) arriba, que da lugar a sustantivos como *guardaespaldas* y *perro guardián* (Travis 2010, 355). Ese significado básico se extiende para acoger la noción de "poner algo en algún lugar seguro" (p. ej., *guardar el dinero bajo el colchón*), acepción que engloba también el uso más reciente de "guardar un documento en la computadora". Según Nation (2001), la dimensión de significado también comprende las asociaciones con otras palabras (p. ej., *guardarropa*, *ángel de la guarda*, etc.) y con los posibles sinónimos (*cuidar*, *archivar*, *conservar*, etc.). En cuanto a la dimensión de uso, podemos señalar que es un VERBO TRANSITIVO que precisa un objeto directo (hay que guardar algo). Se combina frecuentemente con algunos sustantivos en particular: [*guardar*] *rencor*,

Tabla 3-1. Áreas de conocimiento léxico (adaptado de Nation 2001)

Áreas de conocimiento de una palabra	¿Qué información incluye ese conocimiento?
Forma • la forma escrita • la forma oral • la morfología	¿Cómo se escribe la palabra? ¿Cómo se pronuncia? ¿Cuál es la estructura interna de la palabra (raíz, sufijos, prefijos, etc.)?
Significado • la forma y el significado • el concepto y los referentes • las asociaciones	¿Cuál es el significado referencial de esta palabra? ¿Cuál es el sentido de la palabra? ¿Cuáles son las palabras que se relacionan con esta? ¿Qué otras palabras se podrían usar en su lugar?
Uso • la función gramatical • las combinaciones posibles • el registro y la frecuencia	¿En qué estructuras gramaticales ocurre esta palabra? ¿Qué palabras se combinan con esta? ¿En qué contextos se puede usar esta palabra? ¿Cuán frecuente es?

silencio, reposo, un secreto, la calma, etc. Se trata de un verbo de alta frecuencia (tiene cabida en el grupo de las primeras 1000 palabras según el diccionario de M. Davies 2006a). Finalmente, es verbo de uso general que aparece tanto en registros formales como informales del idioma.

Con este examen de la palabra *guardar* pretendemos resaltar lo complejo que es nuestro conocimiento léxico y que las palabras no existen de manera aislada en nuestro diccionario mental sino que mantienen relación con otras palabras. Que haya distintas dimensiones de conocimiento léxico implica a su vez que el aprendizaje del vocabulario es un proceso acumulativo que no se consolidará con una sola exposición a la palabra meta. Dicho de otro modo: es imposible que un aprendiz pueda adquirir simultáneamente todas las dimensiones de la palabra *guardar* o de cualquier otra; hace falta aprender las palabras tanto en su contexto socio-pragmático como en su entorno lingüístico, lo cual nos lleva a pensar en el tema de la siguiente sección: las frases léxicas o colocaciones.

3.5 Más allá de la palabra: Las colocaciones léxicas y las expresiones idiomáticas

Hasta este punto en el capítulo nos hemos centrado en palabras sueltas como unidades independientes. No obstante, en la sección anterior explicamos que el conocimiento de una palabra (por ejemplo, *guardar*) implica, entre otras cosas, saber con qué otros elementos aparece normalmente, por ejemplo, *guardar silencio, guardar rencor, guardar un secreto, guardar un archivo,* etc. Estas secuencias fijas o restringidas se denominan *colocaciones* o, de forma más general, *frases léxicas* y constituyen gran parte de nuestro repertorio léxico. Hill (2000) estima que hasta un 70% de lo que decimos, oímos y leemos consiste en combinaciones léxicas restringidas. Sugiere que un estudiante con dos mil palabras tiene que ser también competente en cuanto a las colocaciones que se forman con esas mismas palabras. O sea, no podemos decir que el estudiante de ELE realmente conoce la palabra *hablar* si no sabe también que se dice en español: *hablar una lengua extranjera, hablar en público, hablar claro, hablar sin pelos en la lengua, hablar sin acento, hablar por hablar,* etc. (Higueras García 2006a, 15; 2006b).

Robles-Sáez (2010), quien ha preparado un valioso diccionario de las colocaciones más frecuentes en el idioma español, señala que se trata de combinaciones de dos o más palabras que muchas veces no están lexicalizadas en otro idioma.[5] Sirvan de ejemplo las colocaciones verbales *cometer un error* o *dar un paseo:* en español los errores *se cometen* y los paseos *se dan* mientras que en inglés los errores *se hacen* ('make an error') y los paseos *se toman* ('take a walk'). Cabe resaltar que no hay nada ilógico o agramatical, en el sentido estricto, en decir **hacer un error* o **tomar un paseo*; pero como no se dice en español, no se acepta; no es la norma de la comunidad lingüística (Kazumi 2001).

A pesar de que no hay una definición precisa para el término *colocación,* se trata de una combinación de palabras estadísticamente muy probable según las normas del uso común y corriente de esa lengua (Bosque 2001). Es decir, ciertas combinaciones de palabras tienen entre sí una relación sintáctica muy especial. Algunas combinaciones son tajantemente fijas, lo que se suele llamar expresiones idiomáticas o MODISMOS, como la frase *arreglárselas.* Estas frases idiomáticas resultan ser menos transparentes (o sea, más opacas) porque no se puede sacar su significado nada más sumando la semántica de las partes por separado. En el caso del verbo *arreglar,* es una combinación libre decir *Arreglaron el auto en dos horas* pero se tiene que saber algo de la lengua para poder decir *Se las arregló para conseguir trabajo.* Por consiguiente, uno de los grandes desafíos para el aprendiz de ELE es adquirir un conocimiento cultural y pragmático necesario para entender y luego usar estas frases idiomáticas. La investigación de Zyzik (2010) demuestra que los estudiantes de ELE se benefician de la enseñanza directa de los modismos en el salón de clase, aunque reconoce que la enseñanza directa es solamente un punto de partida, ya que las mejoras se notaron principalmente en el plano receptivo, esto es, la comprensión de los modismos por parte de los alumnos.

Otras colocaciones son más variables y forman metáforas más o menos transparentes por ser más composicionales (o sea, las partes suman el significado total), como *un sol radiante, un calor infernal, claro como el agua, una lluvia torrencial* y *salud de hierro*. Obviamente la enseñanza de ELE para fines específicos (p. ej., el español para las profesiones) consiste en gran parte en ayudar al estudiante dominar un conjunto muy particular de colocaciones. Para citar unos ejemplos en cuanto a la profesión médica, el alumno de ELE aprenderá muy pronto que se dice normalmente que las mujeres *dan a luz [a un bebé]* ('to give birth') y que los médicos *dan de alta [a un paciente]*. Con el Internet, un corpus tan público a la disposición de todos, conviene dirigir la atención del alumno de ELE a buscar los entornos más apropiados para las combinaciones de palabras que va aprendiendo.

En resumidas cuentas, cualquier lengua ofrece expresiones idiomáticas, colocaciones y combinaciones libres; es una escala que va de lo más opaco a lo más transparente: por ejemplo, *hablar sin pelos en la lengua, hablar claro, hablar sin pausas*. Dividir las expresiones idiomáticas en sus componentes individuales generalmente no ayuda a entender el significado, pero un examen composicional de las combinaciones libres sí revela el significado. Las colocaciones están a medio camino entre las unas y las otras. Todo este análisis de las colocaciones léxicas muestra que nuestro concepto del léxico tiene que ser más elaborado y requiere más atención en la enseñanza de ELE (para una reseña de cómo se enseñan las colocaciones, véanse Boers y Lindstromberg 2012 y Nattinger y DeCarrico 1992). Nos quedan aún por analizar las COLOCACIONES GRAMATICALES, que suelen recibir más atención en la gramática tradicional.

3.6 La relación entre la gramática y el vocabulario: Las colocaciones gramaticales

Tradicionalmente en las gramáticas de ELE se habla mucho de colocaciones gramaticales, sobre todo cuando se hace referencia a los verbos de régimen preposicional, o sea, aquellos verbos que siempre van con preposición, por ejemplo, *ayudar... a*:

Las O.N.G. **ayudan** a los más desfavorecidos **a** superar su situación.

En este caso el objeto directo, *los más desfavorecidos*, se señala con una preposición *a*, pero otra *a* de régimen preposicional precede forzosamente al segundo complemento, *superar su situación*. Estas colocaciones pueden causarle al estudiante de ELE muchas dificultades, ya que la selección de la preposición es totalmente idiomática y rara vez corresponde a la traducción en inglés (o a otra lengua materna). En la Tabla 3-2 aparece una lista de algunos verbos frecuentes de régimen preposicional.

Existe otro grupo de VERBOS PRONOMINALES—o sea, verbos que llevan una partícula reflexiva (*me, te, se, nos, os, se*)—que también van acompañados

Tabla 3-2. Algunos verbos de régimen preposicional

ayudar a	*chocar con*	*preguntar por*
asistir a	*depender de*	*protestar por*
confiar en	*insistir en*	*salir de*
contar con	*invitar a*	*soñar con*

Tabla 3-3. Algunos verbos pronominales de régimen preposicional

aburrirse de	*darse cuenta de*	*interesarse en*
acercarse a	*decidirse a*	*marcharse de*
acordarse de	*despedirse de*	*ocuparse de*
alegrarse de	*enamorarse de*	*olvidarse de*
aprovecharse de	*encontrarse con*	*preocuparse por*
cansarse de	*enterarse de*	*quejarse de*
concentrarse en	*fijarse en*	*reírse de*

de una preposición de selección idiomática. El estudiante de ELE tiene que memorizarlos porque estas restricciones combinatorias son de carácter totalmente idiosincrásico y arbitrario. Con frecuencia estos verbos pronominales tienen un significado incoativo porque señalan el inicio de un estado nuevo como se ve en la Tabla 3-3, donde aparece una lista de algunos de ellos.

Los temas de *ser/estar* y *por/para*, tratados normalmente como problemas de gramática, también se pueden conceptualizar como colocaciones gramaticales. Bien se sabe que *ser* ocurre exclusivamente con expresiones de composición (e.g., *La mesa es de madera*) o de origen (e.g., *Soy de Colombia*) mientras que *estar* va en conjunto con expresiones locativas que sitúan un objeto en relación con otro objeto (e.g., *La clase está en el edificio que está detrás de la biblioteca*). Lo difícil para el alumno de ELE es saber qué palabras indican composición frente a localización: es un problema léxico.

❶ La maleta es de plástico y metal.
❷ Es de Ecuador.
❸ Estamos en el salón de Unamuno.
❹ La botella está detrás del sofá.
❺ El salón está en aquel edificio.

Hay casos en que el hablante se refiere no a la localización de algo sino su propia existencia como evento, y por lo tanto el uso de *ser* quiere decir *tener lugar*: p. ej., *¿La conferencia? Es (tiene lugar) en la universidad.*

Tabla 3-4. Adjetivos que se usan con los verbos copulativos *ser* y *estar*

Ser		Estar	
cortés	*inteligente*	*contento*	*muerto*
fiel	*mexicano*	*descalzo*	*triste*

Algo semejante pasa con los adjetivos que se usan con estos verbos copulativos, como se indica en la Tabla 3-4: los adjetivos de índole incoativa (i.e., los que indican ASPECTO PERFECTIVO, o sea, el inicio de un nuevo estado) se usan con *estar,* mientras que los adjetivos de condiciones normalizadas (i.e., de ASPECTO DURATIVO) se usan con *ser.* A pesar de estas caracterizaciones semánticas que sirven de guía, el estudiante de ELE tiene que memorizar estas colocaciones en su propio entorno léxico y pragmático.

Asimismo, el contraste entre *por* y *para* tiene cierta lógica o explicación semántica tal como apuntan las gramáticas didácticas: *por* indica la causa y *para* señala la finalidad o destinatario. Sin embargo, el entorno léxico y el uso común siguen siendo la clave para aprender el uso correcto de estas dos preposiciones.

También el estudiante de ELE se ve obligado a distinguir entre verbos transitivos y VERBOS INTRANSITIVOS, un concepto no muy obvio en inglés con los verbos de régimen preposicional (p. ej., *take away, take up, take off, take under advisement*). Sirva de ejemplo el contraste entre *salir* y *dejar*: los dos se traducen al inglés como 'to leave', pero también se tiene que saber cuál es el transitivo y cuál es el intransitivo. Las semejanzas superficiales entre los verbos *salir* y *dejar* a raíz de la traducción pueden confundir al alumno de ELE.

6. 'I left the package for you at home'. *Te dejé el paquete en casa.* (transitivo)
7. 'I left everything alone'. *Lo dejé todo sin hacer.* (transitivo)
8. 'I left the meeting early'. *Salí de la reunión temprano.* (intransitivo)
9. 'I left alone'. *Salí solo.* (intransitivo)
10. 'I left for Paris early this morning'. *Salí para París temprano esta mañana.* (intransitivo)
11. 'I left with Mary this morning'. *Salí con María esta mañana.* (intransitivo)

Para complicar las cosas aún más, el verbo *dejar* también tiene un uso de régimen preposicional:

'I stopped working at the plant in January'. *Dejé de trabajar en la fábrica en enero.*

Estas restricciones léxicas son parte de la *idiomaticidad* de una lengua, que se tiene que aprender mediante el contacto con esa comunidad lingüística. Al fin y al cabo el conocimiento de frases léxicas forma una parte importante de la competencia comunicativa del aprendiz de L2.

3.7 Conclusiones

A lo largo de este examen concienzudo de la pregunta "¿Cuántas palabras hay que saber?", se ha destacado la complejidad del léxico a través de los conceptos fundamentales para su estudio: el criterio de la frecuencia, la disponibilidad léxica, la polisemia, el papel de los cognados y la importancia de las colocaciones tanto léxicas como gramaticales. Vimos que el aprendiz de una L2 se enfrenta al reto de tener que saber unas ocho mil palabras para poder leer de forma independiente. Sin lugar a dudas, el esfuerzo de aprender el vocabulario de una L2 implica mucho más que sacar las tarjetas de vocabulario de siempre cuando uno quiera. Pese a que el alumno mismo tiene que dedicar mucho estudio individual al vocabulario, el maestro también tiene que aprovechar cualquier momento en el currículum para ofrecer oportunidades múltiples a fin de que el alumno extienda las redes semánticas y las asociaciones con los contextos sociales apropiados y los entornos sintácticos dictados por las normas de uso; aún más si se trata de un curso para usos específicos (e.g., la salud, la pre-medicina, las empresas). La distinción entre qué es un problema gramatical y qué es una cuestión léxica se va borrando, si no en la teoría lingüística claramente, sí en la experiencia del estudiante de ELE. No obstante, hay una serie de temas gramaticales que llaman la atención y que se examinarán en los siguientes capítulos, comenzando en el Capítulo 4 con la noción tan básica del sujeto de la oración.

Para reflexionar y discutir

1. ¿Cuántos minutos de la clase se deben dedicar a la enseñanza de vocabulario? Justifica tu respuesta.
2. En tus propias palabras explica la importancia de las palabras denominadas de alta frecuencia. ¿Son suficientes las 3000 palabras más frecuentes para entenderlo todo en español?
3. ¿Qué son las colocaciones y qué importancia tienen para el aprendizaje de una L2?
4. Algunas de estas combinaciones son extrañas en español. Corrígelas y explica por qué son extrañas (adaptado de Higueras García 2006a).
   a. Un edificio gordo
   b. Una broma ligera

   c. Una mesa morena
   d. Escribir un impreso
   e. Hablar la verdad
   f. Levantar la persiana
5. Un verbo polisémico que causa muchos problemas para los estudiantes de ELE es *llevar.* Antes de consultar el diccionario, identifica las principales acepciones de este verbo. ¿En qué colocaciones y expresiones idiomáticas suele aparecer? ¿Cómo se diferencia *llevar* de la versión pronominal *llevarse*? Ahora consulta el diccionario para comprobar los diferentes sentidos de este verbo.
6. Identifica la naturaleza de los errores léxicos en las siguientes oraciones, todas escritas por estudiantes de ELE (ojo: no todos son errores de significado). Explica los errores utilizando los conceptos aprendidos en este capítulo.
   a. Algún día me gustaría *adueñarme de* mi propia empresa de construcción.
   b. Este país invierte mucho dinero en *el militar.*
   c. Debemos hacer algo para parar *la llega* de inmigrantes ilegales.
   d. *Pretendió* estar enferma para no ir a clase.
   e. Le dije a mi madre que no se meta, que puedo *hacer mis propias decisiones*.
7. Estudia las siguientes palabras y decide si se trata de cognados. Explica tu respuesta utilizando los conceptos aprendidos en este capítulo. A partir de tu análisis, ¿son de beneficio los cognados para el aprendiz de ELE?
   a. atravesar
   b. locuaz
   c. antigüedad
   d. sabotear
   e. atender
   f. miseria

Más a fondo

A. En este capítulo hemos hecho hincapié en que no siempre se puede establecer una línea divisoria entre la gramática y el léxico. A modo de ejemplo, mencionamos las preposiciones *por* y *para* y los verbos copulativos *ser* y *estar,* que suelen presentarse bajo la rúbrica de gramática en los libros de texto aunque abarcan también el léxico. Estudia un libro de ELE con el fin de encontrar otros ejemplos de "gramática" que podría enseñarse desde la perspectiva del conocimiento léxico.

B. Busca un artículo en español *online* y luego haz una lista de colocaciones que se encuentran en él.
C. Un modismo es una combinación restringida de palabras cuyo sentido es figurado o metafórico. Sirva de ejemplo el modismo *salirse con la suya,* cuyo significado no puede inferirse de las palabras individuales. Sin embargo, algunos modismos se construyen en torno a metáforas y por lo tanto resultan más transparentes. Consulta el artículo de Zyzik (2010) y los modismos que se incluyen en él (p. ej., *dar la lata, tener enchufe, dar la vuelta a la tortilla*). Clasifica los modismos en menos o más transparentes según tu criterio y luego piensa en actividades para enseñar dichos modismos en el aula (tal vez sirva de inspiración el vídeo "Los famosos le dan la vuelta a la tortilla en el Hormiguera 3.0": https://youtu.be/OoFlYSB5Rps).

Notas

1. Se estima que un hablante nativo de inglés que ha cursado estudios universitarios sabe unas veinte mil familias léxicas (Goulden, Nation y Read 1990). Aunque es difícil medir con precisión el tamaño del léxico nativo, Nation (2006) sugiere que se aprenden mil palabras durante cada año de vida hasta los 20 años de edad.
2. La Real Academia Española mantiene la página de CREA, http://www.rae.es/recursos/banco-de-datos/crea
3. El *Corpus del Español* fue creado por Mark Davies y se encuentra en la página http://www.corpusdelespanol.org/x.asp.
4. Otra valiosa colección de colocaciones se encuentra en *Redes* de Bosque (2004) y Nash (1997).

4

¿Es el primer sustantivo siempre el sujeto de la oración?

4.1 Introducción

En las páginas que siguen abordaremos algunas cuestiones relacionadas con la estructura de la oración en español. Este es el ámbito de la sintaxis, la rama de la lingüística que estudia cómo se combinan las palabras, y en qué orden, para dar lugar a oraciones bien formadas. Desde la óptica de la lingüística aplicada, nos centramos en aquellas propiedades sintácticas que suelen causarle dificultades al aprendiz de ELE y que han sido objeto de estudios empíricos. La pregunta clave que da nombre a este capítulo parte de una observación hecha por VanPatten (1984) hace más de treinta años. La observación, compartida por muchos docentes de ELE, es que los aprendices de español cuya L1 es el inglés suelen interpretar el primer elemento de la oración como el sujeto/agente. Por ejemplo, una oración como *Lo vio la chica* se interpretaría erróneamente como "Él vio a la chica", asignándole el papel de agente al pronombre de objeto *lo*. Esta simple observación desencadenó muchos estudios empíricos con el fin de entender el porqué de estas dificultades de comprensión. ¿Se deben a un principio general de procesamiento, como lo sugiere el PRINCIPIO DEL PRIMER SUSTANTIVO ('first-noun principle'; VanPatten 1996; 2004)? Como veremos en este capítulo, los problemas de interpretación que causan los pronombres de objeto van de la mano de otras dificultades sintácticas, como la omisión de la *a* acusativa para marcar los objetos directos, el uso transitivo del verbo *gustar* y la tendencia a incluir un sujeto explícito en aquellas oraciones que no lo necesitan.

Antes de seguir, adelantamos una respuesta a nuestra pregunta clave. Como se explicó en la sección 2.6.2, el orden de palabras en español tiene cierta flexibilidad, y por lo tanto el sujeto no siempre aparece al principio de la oración. Veamos un ejemplo extraído del periódico *El País*.

> Esta vez no son los habituales rumores. Antonio Banderas y Melanie Griffith han decidido poner fin a 18 años de matrimonio, según confirmaron en un comunicado conjunto. La noticia fue adelantada por el portal TMZ, que

publica en su página web los supuestos papeles del divorcio, con fecha de este viernes y sellados en un juzgado de la ciudad de Los Ángeles, en la que residen.

Según los documentos, la separación la ha solicitado la actriz estadounidense de 56 años, que se casó en 1996 con el actor español, tres años menor que ella.

Fuente: Joan Faus, "Antonio Banderas y Melanie Griffith se divorcian," *El País*, 6 de junio 2014, <http://elpais.com/elpais/2014/06/06/gente/1402079520_026879.html>.

En este breve texto observamos el orden prototípico sujeto-verbo-objeto (SVO) en la oración: *Antonio Banderas y Melanie Griffith han decidido poner fin* [...]. Sin embargo, también hay otras oraciones, como las de los ejemplos a continuación, que se desvían de este orden lineal.

1. *La noticia fue adelantada por el portal TMZ,* [...]
2. *La separación la ha solicitado la actriz estadounidense de 56 años,* [...]

En el ejemplo 1, estamos ante una oración pasiva en la que el primer sustantivo, o más concretamente, la primera frase nominal, *la noticia,* es el sujeto de la oración pero no el agente. Definimos *agente* como el PAPEL SEMÁNTICO que corresponde al participante que inicia o controla la acción verbal. En cambio, la noción de sujeto es puramente gramatical: es el constituyente que concuerda en número y persona con el verbo. Al desenredar las nociones semánticas como *agente* de las funciones gramaticales como *sujeto,* vemos claramente que el sujeto y el agente no siempre coinciden.

Pasamos ahora al ejemplo 2, en el que el sujeto de la oración—la frase nominal *la actriz estadounidense de 56 años*—aparece pospuesta al verbo, dando lugar a un orden objeto-verbo-sujeto (OVS). Estos ejemplos sirven para resaltar el hecho de que en español el constituyente que aparece al principio de la oración no siempre puede interpretarse como el agente, ni tampoco como el sujeto. A este hecho añadimos la posibilidad de tener sujetos no realizados fonéticamente, es decir, sujetos nulos. Comparemos la expresión del sujeto en los ejemplos que siguen:

3. *Melanie Griffith y Antonio Banderas se van a divorciar.*
4. *Ellos se van a divorciar.*
5. *Ø Se van a divorciar.*

En los ejemplos dados, el sujeto tiene el mismo referente: *Melanie Griffith y Antonio Banderas*. No obstante, las oraciones difieren entre sí en cuanto a la codificación de este referente: en el ejemplo 3 es un sintagma nominal;

en el ejemplo 4 es un pronombre personal; en el ejemplo 5 hay un sujeto nulo, indicado por el símbolo Ø. A continuación expondremos los patrones que caracterizan la distribución del sujeto nulo en el discurso y los retos que presenta esta opción sintáctica para los hablantes no nativos.

4.2 El sujeto nulo

Definimos *sujeto nulo* como la ausencia de un sujeto explícito en una cláusula con un verbo conjugado (véase el ejemplo 5 arriba). Se trata de uno de los fenómenos más abordados tanto en la lingüística teórica como en el campo de la adquisición de segundas lenguas. El español se clasifica como una LENGUA DE SUJETO NULO, al igual que numerosas lenguas de distintas familias, como el turco, el chino y el polaco. Por el contrario, el inglés es una LENGUA DE SUJETO OBLIGATORIO, ya que precisa de sujetos explícitos en casi todas las oraciones,[1] incluidas aquellas en que el sujeto carece de contenido semántico, o sea, el SUJETO EXPLETIVO (p. ej., *it* o *there* en el inglés). La Tabla 4-1 muestra el contraste entre el español y el inglés.

Un SUJETO REFERENCIAL es el que tiene un referente determinado que se puede identificar, como en las oraciones 1a y 1b de la Tabla 4-1. Vemos que en español este tipo de sujeto puede ser omitido, mientras que en inglés hace falta un sujeto explícito, salvo que la interpretación deseada sea un mandato (por ejemplo, imagínese un cartel para promocionar una nueva urbanización: *Live here*). Pasemos ahora al sujeto expletivo, que se ejemplifica en las oraciones 2a y 2b de la Tabla 4-1, con el verbo *llover*/'to rain'. Un sujeto expletivo está vacío de significado, es decir, no se refiere a nada ni a nadie específico. A pesar de su contenido semántico vacío, el inglés exige un sujeto explícito, que se realiza en la oración 2b a través del pronombre expletivo *it*. Nótese que en español los sujetos expletivos se omiten de manera obligatoria. Además de *llover*, otros verbos que expresan fenómenos meteorológicos (*nevar, tronar, anochecer, hacer frío,* etc.) también se construyen sin un sujeto expletivo.

Se ha observado que los pronombres personales de sujeto en español se suprimen a menudo gracias a la riqueza morfológica del verbo. El paradigma verbal en español es uniforme, es decir, hay marcas de número y persona gramatical en cada desinencia verbal. Para muchos lingüistas, esta flexión verbal rica es el factor que legitima sujetos nulos en español. Por el

Tabla 4-1. Sujetos referenciales y expletivos en el español y el inglés

	Español	**Inglés**
Sujeto referencial	**1a** Ø Vivo aquí.	**1b** **I** live here.
Sujeto expletivo	**2a** Ø Está lloviendo.	**2b** **It** is raining.

Tabla 4-2. Marcas de persona y número en desinencias verbales en español, y necesidad de sujeto explícito en inglés

Español	Inglés
[yo] com-**í**	**I** ate
[tú/vos] com-**iste**	**you** ate
[él/ella] com-**ió**	**he/she/it** ate
[nosotros] com-**imos**	**we** ate
[vosotros] com-**isteis**	**you** (pl.) ate
[ellos/ellas/ustedes] com-**ieron**	**they** ate

contrario, el inglés, cuya morfología flexiva es mínima, exige los pronombres plenos. Veamos la comparación en la Tabla 4-2.

Al estudiar la Tabla 4-2 apreciamos que las diferentes desinencias verbales en español (*-í, -iste, -ió, etc.)* especifican el sujeto para cada una de las personas gramaticales. Es por ello que suele decirse que en español el sujeto está expresado en el verbo. En cambio, el inglés carece de morfología verbal que pudiera identificar al sujeto, y por consiguiente es necesaria la presencia del pronombre pleno (*I, you, he,* etc.). Desde este punto de vista, la diferencia entre el inglés y el español radica en la morfología: el verdadero equivalente de los pronombres independientes del inglés (*I, you, he,* etc.) es la morfología verbal en español. Se trata de una diferencia notable entre las dos lenguas para los estudiantes de ELE (véase también la siguiente sección 4.3).

Si bien es cierto que los pronombres de sujeto en español se pueden omitir gracias a la morfología verbal, también es cierto que algunos contextos favorecen o hasta requieren la presencia del pronombre. Por ejemplo, una de las funciones principales de los pronombres de sujeto es la de marcar un contraste o señalar un cambio de referente en el discurso, como en el ejemplo siguiente:

6 *Cindy toma café con leche, pero* ***yo*** *prefiero café negro.* (Bayley y Pease-Alvarez 1997, 356).

Nótese que el pronombre de primera persona singular señala de manera explícita el contraste entre el sujeto de la primera cláusula (*Cindy*) y el de la segunda (*yo*). Además de marcar contraste, el pronombre de sujeto se utiliza para desambiguar o aclarar la identidad del sujeto, como en el siguiente ejemplo:

7 *La última película que he visto es (la de) 'El Ilusionista'* [...]. *Los protagonistas son dos jóvenes que se conocen y se enamoran. Él es de clase baja, mientras que ella es de familia noble* [...]. (Lozano 2009, 131)

En el ejemplo 7, los pronombres de sujeto sirven no solo para marcar contraste (*él* frente a *ella*) sino también para evitar la ambigüedad referencial; nótese que el verbo *es* podría referirse a cualquiera de los dos protagonistas.

Aunque las reglas pragmáticas que regulan el uso de los pronombres de sujeto a nivel del discurso son complejas (Lubbers Quesada 2013), el consenso es que un cambio de referente, ya sea contrastivo o no, favorece la presencia del pronombre de sujeto. Por el contrario, cuando el mismo referente se mantiene a lo largo del discurso, lo normal es que aparezca un sujeto nulo:

8 *En la película 'Escondido' el protagonista tiene una familia y Ø trabaja en un programa de televisión. Un día Ø empieza a recibir videos anónimos* [...]. (Lozano 2009, 130)

En el ejemplo 8, después de introducir *el protagonista* por primera vez, el hablante hace uso del sujeto nulo para referirse al mismo referente, que es el tema del discurso. Utilizar un sujeto explícito en este contexto sería gramatical pero resultaría pragmáticamente redundante.

En conclusión, la alternancia entre el sujeto nulo y los pronombres plenos no es libre, sino que está restringida por la estructura informativa del discurso. El sujeto nulo se emplea para marcar continuidad del sujeto, como en el ejemplo 8. En cambio, el pronombre pleno aporta información que va más allá de la desinencia verbal; sirve para desambiguar, para señalar un cambio de referente o para marcar contraste. Hay que tener en cuenta, además, que el sujeto nulo es la norma, la opción por defecto. Esto quiere decir que se debe emplear un sujeto nulo a no ser que el contexto requiera un sujeto explícito para marcar contraste, desambiguar, etc. Por consiguiente, la cuestión no es cuándo se omite el sujeto sino a la inversa: cuándo se emplea un pronombre pleno y con qué finalidad.

Un dato que sustenta el carácter básico, el no marcado, del sujeto nulo es la alta frecuencia de sujetos nulos frente a los pronombres plenos. Aunque hay importantes diferencias entre dialectos, la tasa de los pronombres plenos oscila entre el 25% y el 30% (Rothman 2010). Según el corpus del español en Nueva York manejado por Otheguy, Zentella y Livert (2007), el uso de los pronombres plenos entre hablantes oriundos de diversos países latinoamericanos—no caribeños—alcanza el 24%. Es bien sabido que los dialectos caribeños evidencian una mayor frecuencia de pronombres de sujeto (véase el Capítulo 6 para más detalles). Asimismo, la tasa de los pronombres plenos varía enormemente según la persona gramatical. Por ejemplo, se ha comprobado que el pronombre de primera persona singular (*yo*) es bastante más frecuente que los de tercera persona (*él*, *ellos*, etc.). En definitiva, calcular la tasa de sujetos nulos requiere tomar en cuenta una serie de variables gramaticales y discursivas, y también el origen del hablante. No obstante, a grandes rasgos la alta frecuencia de los sujetos nulos indica que es la norma en el español.

No podemos dar por terminada esta sección sin mencionar otro tipo de sujeto nulo en español que se expresa a través de la partícula reflexiva *se*. En las gramáticas tradicionales se llama el "*se* impersonal", donde el verbo siempre se conjuga en el singular y se da por entendido un sujeto ausente que será humano pero no específico, por ejemplo, *Se vive bien aquí* ('One lives well here'); *Se ayuda a los pobres* ('One helps the poor'); *Se dice que lo hizo él* ('It is said that he did it').[2] Cuando se trata de un verbo pronominal como *levantarse*, donde el verbo ya incluye la partícula *se* como parte de su forma básica en el lexicón, a menudo se le añade la palabra *uno* para aclarar el significado impersonal: *Uno se levanta temprano en el ejército*. Esta construcción no tiene equivalente en el inglés y las traducciones son varias; por lo tanto, puede ocasionar problemas entre los aprendices de ELE durante años.

4.3 La adquisición del sujeto nulo

El estudio de la adquisición de los sujetos nulos en ELE tiene una larga tradición cuyas raíces se encuentran en la lingüística generativa y la polémica HIPÓTESIS DEL PARÁMETRO DEL SUJETO NULO (PSN). Sin entrar en detalles, el PSN recoge, en su primera formulación, la idea de que los sujetos nulos referenciales en lenguas como el español están asociados a otras propiedades sintácticas como la inversión de sujeto-verbo *(Llegaron los chicos)* y los expletivos nulos obligatorios *(Hace calor)*, entre otras características. De acuerdo con el PSN, se trata de un conjunto de propiedades sintácticas; una lengua que tenga sujetos nulos también debería manifestar las otras propiedades del parámetro. Sin embargo, desde que esta idea se propuso inicialmente (Rizzi 1982), se ha cuestionado y modificado bastante cuáles de las propiedades constituyen el parámetro, puesto que las correlaciones no siempre se obtienen en todas las lenguas estudiadas (Camacho 2013).

En el ámbito de la adquisición, el PSN motivó numerosas investigaciones en los años 80 y 90, que partían de la hipótesis de que las propiedades del parámetro han de adquirirse en bloque (Liceras 1989). Sin embargo, los datos empíricos revelan que esto no sucede. Los aprendices de ELE aprenden desde etapas muy tempranas que el español permite sujetos nulos, pero tardan mucho tiempo en adquirir las otras propiedades que, en teoría, forman parte del conjunto de PSN. Por ejemplo, los aprendices de nivel principiante e intermedio producen poquísimas inversiones de sujeto-verbo (Hertel 2003; Marqués Pascual 2011; véase también el Capítulo 2). La adquisición tardía de la inversión de sujeto-verbo pone en entredicho la validez del PSN como hipótesis que pueda explicar las etapas de adquisición.

Dados los problemas empíricos asociados al PSN, muchos investigadores han abandonado la idea de una agrupación de propiedades,[3] para fijarse más en la distribución de los pronombres de sujeto en el marco del discurso. Los trabajos recientes apuntan a que los hablantes no nativos pecan de un uso excesivo de los pronombres plenos y, asimismo, a veces omiten los pronombres cuando hace falta aclarar una ambigüedad. Lozano (2009), basándose en un análisis de textos escritos,[4] señala que los pronombres de tercera persona (p. ej., *él/ella*) son los más problemáticos para los aprendices. Veamos un ejemplo de este tipo, donde las anomalías pragmáticas se indican con el símbolo # (Lozano 2009, 152):

9 *Cuando me integré en el grupo, en realidad* ***los chicos*** *no podían cantar ni tocar muy bien. Sin embargo, poco a poco a lo largo del año,* ***#ellos*** *se mejoraron bastante y no solo Ø desarrollaron su grupo, sino también Ø crecieron como individuos.*

El ejemplo 9 corresponde a un aprendiz (L1 inglés) cuyo nivel de español es descrito como muy avanzado, o casi nativo. Observamos que, tras introducir el tema del discurso (*los chicos*), el hablante utiliza un pronombre pleno (*ellos*) donde uno esperaría ver un sujeto nulo. Más adelante el hablante utiliza dos sujetos nulos (indicados por Ø) de manera apropiada. Podemos concluir, pues, que el hablante no siempre maneja los condicionantes discursivos que rigen la aparición de los sujetos nulos. De acuerdo a los datos de Lozano (2009), los hablantes avanzados de ELE producen ejemplos de redundancia, como el que aparece en el ejemplo 9, en un 10% de los casos. El sobreuso de sujetos pronominales también se constata en el estudio de Montrul (2004b), quien analizó muestras orales de hablantes de herencia; los datos de Montrul revelan que los hablantes de herencia de nivel intermedio usan más sujetos explícitos (68,6%) que sujetos nulos (31,4%), un patrón notablemente diferente al de los hablantes nativos que participaron en el estudio.

Para finalizar, cabe preguntarse si el sobreuso de pronombres plenos se puede explicar como transferencia de la gramática de la L1. Dado que el inglés precisa de un sujeto explícito en toda oración, es de esperar que los aprendices de ELE tiendan a usar desmedidamente los pronombres de sujeto. Sin embargo, si la distribución de los pronombres plenos y sujetos nulos presentara dificultades para todos los aprendices de ELE independientemente de su L1, tendríamos que descartar una explicación basada exclusivamente en una transferencia negativa de la lengua materna. El estudio de García Alcaraz y Bel (2011) aporta datos valiosos al respecto: se demostró que los hablantes de árabe también cometen los mismos tipos de errores en español, aunque la L1 y la L2 se comportan de manera similar en lo que respecta a la distribución de sujetos nulos. Estos resultados refuerzan la propuesta de Sorace (2004), quien sugiere que el sobreuso de pronombres plenos es el resultado de una estrategia por defecto entre los bilingües.

Más específicamente, Sorace explica que recurrir al pronombre pleno es una forma de aligerar la carga de procesamiento que conlleva producir enunciados en una L2.

4.4 Los pronombres de objeto y los problemas de interpretación

Como se viene resaltando en este capítulo, el orden de palabras en español se caracteriza por ser flexible, y como consecuencia de ello los argumentos del verbo (sujeto, objeto directo, objeto indirecto) pueden aparecer en distintas configuraciones, o incluso pueden ser tácitos como en el caso del sujeto nulo (véase la sección 4.2). Además del orden básico SVO, el español exhibe también (1) un orden OVS, muy común con ciertos VERBOS PSICOLÓGICOS (*A Juan no le gustan las alcachofas*); (2) otro orden VS, favorecido por una clase de verbos intransitivos (*Se esfumó el dinero*; *Llegó tarde el tren*); y (3) un orden OV(S) (*Lo conozco*). Cabe resaltar que la secuencia OV(S) es muy común debido a que los pronombres de objeto (véase la Tabla 4-3) se colocan normalmente delante del verbo conjugado.[5]

Los pronombres de objeto, también denominados *clíticos* o pronombres *átonos* porque carecen de acento fonológico, presentan muchas complicaciones para el hablante no nativo del español. La complejidad de dichos pronombres se debe a una confluencia de factores, entre los cuales destacamos su posición con respecto al verbo, la posibilidad de *duplicar* o combinar los clíticos también con frases preposicionales (*me~a mí, te~a ti, le~a él, le~a Roberto*, etc.) y la distinción de CASO (CASO ACUSATIVO frente a CASO DATIVO) que se manifiesta explícitamente en los pronombres de tercera persona (*lo/la/los/las* frente a *le/les*). En esta sección, se resaltan las dificultades de comprensión que surgen a raíz de los pronombres de objeto. Es decir, abordamos aquí los pronombres de objeto como parte de una cuestión más amplia que tiene que ver con las estrategias que utilizan los aprendices de ELE para comprender las oraciones de tipo OVS y VS, donde el sujeto aparece después del verbo.

Actualmente hay muchas evidencias que señalan que los hablantes nativos de inglés se guían principalmente por el orden de palabras a la hora de interpretar oraciones en su lengua materna. Puesto que en inglés

Tabla 4-3. Pronombres de objeto del español

	Objeto directo		**Objeto indirecto**	
	Singular	*Plural*	*Singular*	*Plural*
1ᵉʳᵃ persona	*me*	*nos*	*me*	*nos*
2ᵈᵃ persona	*te*	*os*	*te*	*os*
3ᵉʳᵃ persona	*lo, la*	*los, las*	*le*	*les*

predominan las oraciones tipo SVO, esta secuencia viene a ser el esquema prototípico para los niños anglófonos durante su desarrollo lingüístico. Más específicamente, el niño descubre rápidamente que las secuencias SVO (p. ej., *the dog chased the cat)* corresponden, en gran medida, al esquema *agente-acción-paciente.* Al asignar el papel de *agente* al primer sustantivo de la secuencia, el niño tendrá dificultades para interpretar correctamente las oraciones pasivas (p. ej., *the cat was chased by the dog*). Dicha dificultad se ha comprobado en numerosos estudios realizados con niños de edad preescolar (Bever 1970). Con el tiempo, los niños anglófonos aprenderán a interpretar las oraciones pasivas (aunque existen diferencias individuales entre adultos en el manejo de esta estructura, como se explicó en el Capítulo 1), pero estos esquemas sintácticos dejan una huella indeleble que puede afectar adversamente a los estudiantes adultos de ELE.

VanPatten (1984) llevó a cabo uno de los primeros estudios para determinar hasta qué punto persiste la estrategia SVO entre adultos que aprenden el español como L2. Para este fin, VanPatten diseñó una prueba auditiva que consistía en oraciones tipo OVS con pronombres de objeto directo (*Los invita él al cine*) y pronombres de objeto indirecto (*Les da él dinero*). Al escuchar las oraciones, los participantes tenían que marcar el dibujo que correspondía a su interpretación. Los resultados apuntan a un índice de error muy elevado debido a la estrategia SVO, sobre todo con los objetos directos. Es decir, los aprendices asignaban el papel de sujeto/agente a los pronombres átonos, dando lugar a interpretaciones erróneas (p. ej.: *Los invita él al cine* → *'They invite him to the movies').

Los resultados de VanPatten (1984) fueron corroborados por otros estudios (véanse LoCoco 1987; VanPatten y Cadierno 1993). Esta base empírica sirvió de estímulo para que VanPatten propusiera un principio general de procesamiento denominado el *Principio del Primer Sustantivo* (VanPatten 1996; 2004). De acuerdo a este principio, los aprendices tienden a interpretar el primer sustantivo (o pronombre) que encuentren como el agente de la oración.

Puesto que el estudio original de VanPatten (1984) se llevó a cabo con estudiantes principiantes de español, quedaba pendiente analizar cómo los aprendices se alejan de una estrategia basada en el orden de palabras SVO a medida que van mejorando su dominio del idioma. Lee y Malovrh (2009) diseñaron un estudio para determinar cómo el nivel de proficiencia, entre otras variables, incide en el procesamiento de oraciones tipo OVS. Los autores agruparon a los participantes en cuatro niveles; el grupo más avanzado lo conformaron estudiantes que cursaban su último año de estudios universitarios y que habían estudiado en el extranjero. Los resultados demuestran claramente que este grupo de aprendices avanzados es el único que es capaz de interpretar las oraciones OVS la mayoría de las veces (83,5%). Los grupos menos proficientes registraron porcentajes mucho más bajos, que oscilan entre el 50,8% y el 57,8%. Los datos indican una mejora drástica entre los niveles del tercer año y cuarto año de estudio (de 57,8% a 83,5%) pero no sabemos cuáles son los factores que impulsan el desarrollo lingüístico en dicha etapa. Lo que sí podemos concluir del estudio de Lee y Malovrh (2009) es que la habilidad de interpretar correctamente las oraciones OVS se adquiere relativamente tarde entre los aprendices angloparlantes.

El Principio del Primer Sustantivo parece lógico dados los problemas de interpretación que experimentan los aprendices anglófonos de ELE. No obstante, como principio universal, debería aplicarse a todos los aprendices independientemente de su lengua materna. Por ello resulta imprescindible considerar los resultados de estudios con aprendices de ELE cuya lengua materna no sea el inglés. Isabelli (2008) encontró que los hablantes de italiano registraron puntuaciones mucho más altas que los hablantes de inglés en una prueba auditiva parecida a la que había usado VanPatten (1984). Asimismo, Seibert Hanson y Carlson (2014) concluyeron que tenían una ventaja clara los hablantes de rumano en la interpretación de oraciones tipo OVS. Los datos de ambos estudios apuntan a la misma conclusión: los angloparlantes tienen más dificultad que los hablantes de otras lenguas romances (p. ej., el italiano y el rumano) con las oraciones que no se ajustan al orden SVO. En líneas generales, estos resultados cuestionan la validez del Principio del Primer Sustantivo como estrategia universal.

4.5 La *a* como marca de objeto: ¿La perciben los estudiantes de ELE?

Como vimos en la sección anterior, las secuencias OV(S) suelen confundir al estudiante principiante de español. Es importante señalar que esta dificultad no se limita a aquellas oraciones con un pronombre clítico en posición inicial. En su estudio original, VanPatten (1984) incluyó un par de oraciones con dos frases nominales, como en el ejemplo que sigue:

(10) Al chico lo invitan los chicos al cine.

VanPatten notó que oraciones como la del ejemplo 10 ocasionaban el mismo problema de interpretación que las demás oraciones con pronombres clíticos: los aprendices solían interpretar la primera frase nominal (*Al chico*) como el sujeto/agente del verbo. Esto llevó a VanPatten a concluir que los aprendices no solo pasaban por alto la morfología verbal (nótese que *invitan* es plural y por lo tanto el sujeto ha de ser plural), sino que también ignoraban la *a* que marca el primer elemento como objeto. Muchos estudios posteriores confirmarían la sospecha de VanPatten de que la *a* es otra fuente de dificultad para los aprendices de ELE, tanto en la comprensión como en la producción. Pero, antes de seguir, debemos aclarar la naturaleza de este uso de *a*, ya que se trata de una palabra que desempeña múltiples funciones en español.

La palabra *a* se emplea comúnmente como preposición, y por lo tanto aparece con un número nutrido de verbos de movimiento, como *ir, subir, volver* y *salir*. Vemos también este uso de *a* con algunos verbos de régimen preposicional, como *asistir a, oponerse a, empezar a,* etc. En los ejemplos siguientes se ilustran algunos usos preposicionales de *a* (también véase la sección 3.6).

11 *ir **a** Santa Cruz; acercarse **a** la ventana; estar **a** su lado; salir **a** la calle; acostumbrarse **al** clima; aprender **a** nadar; subirse **a** una montaña rusa*

Además del uso preposicional ya mencionado, *a* sirve para marcar formalmente el objeto de la oración. El uso de *a* es categórico (obligatorio) con los objetos indirectos, pero variable con los objetos directos. Dicho de otro modo, todo objeto indirecto viene marcado por *a*, mientras que solo algunos objetos directos llevan esta marca. Veamos algunos ejemplos:

12 *Le pasé los apuntes **a** Lucía.* (objeto indirecto marcado por *a*)
13 *Juan vio la película.* (objeto directo sin *a*)
14 *Juan vio **a** María.* (objeto directo marcado por *a*)

Al comparar los ejemplos 13 y 14 observamos que se emplea *a* delante de un objeto directo humano (p. ej., *María*), pero se omite delante de objetos inanimados (p. ej., *la película*). Es por ello que los libros de texto de ELE se valen del vocablo "*a* personal" para referirse al uso que se ilustra en el ejemplo 14. Los lingüistas, sin embargo, prefieren el vocablo "*a* acusativa", porque aseguran que las reglas que rigen la aparición de esta *a* son mucho más complejas que la oposición animado versus inanimado (véanse Aissen 2003; Torrego 1998). Por ejemplo, se ha destacado que el objeto, además de ser animado, tiene que ser específico para llevar la *a* acusativa. Un referente específico es uno concreto en la mente del hablante, como en el ejemplo 15 a continuación:

15 *Escondieron **a** un fugitivo. Era el hermano de Rosa.*
16 *Escondieron un fugitivo. Nunca supimos si era hombre o mujer.*

Los ejemplos de arriba (Alfaraz 2011, 216) demuestran que se emplea *a* cuando el hablante sabe quién era el fugitivo (ejemplo 15) y se omite cuando el hablante no conoce la identidad de la persona (ejemplo 16). Cabe resaltar que en ambos casos el fugitivo es un ser humano, pero este rasgo no es suficiente para motivar el uso de la *a* acusativa. También se da el caso a la inversa: es posible que un objeto inanimado lleve la *a* acusativa con el fin de evitar la ambigüedad entre el objeto y el sujeto, como en el ejemplo siguiente:

17 *El coche rojo sigue* ***al*** *azul.*

Nótese que si en el ejemplo 17 se omitiera la *a*, sería difícil saber cuál de los dos coches realiza la acción verbal. De hecho, se cree que la *a* acusativa surgió de la necesidad de distinguir entre las funciones gramaticales (sujeto versus objeto) dado que el español permite cierta variación en el orden de los constituyentes. Por consiguiente, se marca el objeto directo cuando este es capaz de realizar la acción del verbo, o sea, cuando podría confundirse con el sujeto. Naturalmente, los objetos directos humanos son los que reúnen las características de los sujetos, y por lo tanto los que llevan con frecuencia la *a* acusativa.

Estudios empíricos han demostrado que los hablantes nativos se valen de la *a* acusativa para identificar correctamente las funciones gramaticales en pruebas de interpretación (Kail y Charvillat 1988) y que la *a* aparece relativamente temprano en la adquisición del español como L1 (Rodríguez-Mondoñedo 2008). Por ejemplo, el análisis de Rodríguez-Mondoñedo demuestra que los niños hispanohablantes menores de tres años ya usan *a* de manera sistemática, es decir, con un alto nivel de exactitud (98%). Por el contrario, los aprendices de ELE evidencian una adquisición tardía de este marcador sintáctico. Varios estudios con aprendices cuya L1 es el inglés han comprobado que la omisión de la *a* acusativa es un error difícil de erradicar, inclusive con el beneficio de diferentes tipos de enseñanza explícita.

Montrul y Bowles (2009) diseñaron una intervención pedagógica para promover la adquisición de la *a* acusativa entre alumnos de nivel intermedio. Evaluaron a los alumnos por medio de dos pruebas: una de aceptabilidad y otra de producción escrita. Los resultados revelan una alta tasa de omisión de la *a* acusativa a pesar de la intervención pedagógica. En concreto, los participantes todavía tendían a aceptar oraciones agramaticales sin *a* (*Jorge ama Carolina) y omitían *a* en más del 50% de los contextos obligatorios en la prueba de producción escrita. Los resultados de Zyzik y Marqués Pascual (2012) también resaltan la dificultad de la *a* acusativa en el ámbito de ELE. Aunque uno de los grupos experimentales registró una mejora después de la intervención pedagógica, los resultados dejan mucho que desear: la tasa de omisión de la *a* acusativa en las pruebas de producción escrita oscilan entre el 50% y el 80%. Los resultados de ambos estudios sugieren que el uso apropiado de la *a* acusativa es mínimo cuando se trata de estudiantes de nivel intermedio. Zyzik y Marqués Pascual concluyen que, desde la perspectiva del hablante de inglés, la *a* parecerá un elemento redundante (o sea, innecesario) si es que uno se limita a producir oraciones que se ajustan al orden SVO.

Para finalizar, debemos mencionar que la omisión de la *a* acusativa también se da entre los hablantes de herencia. Montrul (2004b: 134) notó que los hablantes de herencia de nivel intermedio omitían la *a* acusativa en una prueba de narración (oral) en un 21,3% de los casos, como se ve en el ejemplo siguiente:

18 *Entonces el lobo trató de* ***atacar la niña****, y llegó un señor con una pistola y vio que el lobo* ***se había comido la niña****.*

En un estudio más amplio sobre el mismo tema, Montrul y Bowles (2009) incluyeron una prueba de aceptabilidad, la cual confirmó que los hablantes de herencia manifiestan errores con la *a* acusativa a nivel receptivo. En lo que se refiere a las oraciones agramaticales como **Patricia conoce mi hermana*, los resultados indican que muchos hablantes de herencia o bien aceptan este tipo de oraciones o no confían en sus propios juicios.[6]

4.6 La normalidad del orden OVS: Verbos psicológicos de la clase de gustar

En la sección 4.4 vimos que el orden OVS es muy común en español debido a la colocación de los clíticos delante del verbo conjugado (p. ej., ***La** rescataron los bomberos)*. Además de este tipo de secuencias con clíticos, hay en español una productiva clase de verbos psicológicos, o sea, de tipo sensorial o de afección, que siguen el patrón sintáctico de OVS. El ejemplo más citado será sin duda el verbo *gustar,* pero se podría apuntar a una larga lista de verbos que exhiben los mismos rasgos sintácticos y semánticos, o sea, una persona (O) experimenta involuntariamente los efectos (V) de un estímulo (S) que funciona como el sujeto (p. ej., *Me* [O] *gustan* [V] *los helados italianos* [S]). He aquí una lista de verbos de esta clase (RAE 2010, 35.3.1g):

aburrir	*descansar* (2135)	*herir*
agobiar	*disgustar*	*interesar* (715)
agradar	*divertir* (2726)	*irritar*
alegrar	*doler* (2294)	*molestar* (1945)
asombrar	*encantar* (2167)	*ofender*
asustar (2855)[7]	*entristecer*	*parecer* (85)
atraer (1656)	*entusiasmar*	*pesar* (418)
cansar	*espantar*	*picar*
complacer	*extrañar*	*preocupar* (1108)
desagradar	*gustar* (230)	*sorprender* (1564)

Conviene resaltar que estos verbos se construyen con un objeto indirecto (el experimentador) y un sujeto (el estímulo). Puesto que no hay objeto directo, se consideran oraciones intransitivas. El sujeto, que aparece comúnmente en posición posverbal, concuerda con el verbo. Comparemos los ejemplos que siguen:

19 *Le entusiasma la posibilidad de viajar al extranjero.*
20 *Le entusiasman los viajes al extranjero.*

Nótese que en el ejemplo 20 el sujeto posverbal (*los viajes al extranjero*) rige la concordancia con el verbo *entusiasmar*. En cambio, el sujeto (*la posibilidad de viajar al extranjero*) y el verbo en el ejemplo 19 están en singular.

Es interesante notar que los hablantes nativos siguen creando nuevos usos según ese patrón intransitivo OVS, como se ve en estos ejemplos del español coloquial: *a alguien le priva/chifla/mola*. Vázquez Rosas y Rivas (2007) explican que el patrón español OVS tiene raíces desde el latín, que usaba una expresión impersonal para los estados emotivos como *placet, displicet, lubet, collibet, dolet*, etc., ya que no es posible hablar de ningún agente que haya causado esta condición de ánimo. De nuevo, se resalta el carácter involuntario del proceso afectivo, psíquico o sensorial. Irónicamente, el verbo prototípico de esta clase, *gustar*, se usó de forma transitiva o de régimen preposicional hasta el siglo XVIII, cuando pasó a formar estructuras intransitivas de tipo OVS. Todavía no suena raro en México usar frases como *Tomamos un café si gustas* o *¿Gustan de un poco de salsa?* Pero estos usos suenan ligeramente arcaicos a otros hablantes nativos, ya que *gustar* se ha convertido casi exclusivamente en un verbo intransitivo.

Para los estudiantes de ELE cuya lengua materna es el inglés, estos verbos psicológicos son difíciles de adquirir, porque las estructuras correspondientes en su lengua materna son netamente transitivas: se construyen con un sujeto (el experimentador) y un objeto directo (el estímulo). Veamos en el Cuadro 4-1 el contraste entre la oración *Me gustan los perros* en español y su equivalente 'I like dogs' en inglés:

Dadas las diferencias estructurales entre *gustar* y 'like', los estudiantes de ELE cometen una gran variedad de errores, que pueden ser como los siguientes:

A **Me gusta los perros.*
B **Yo me gusta los perros.*
C **Yo gusto los perros.*
D **Yo gusto perros.*
E **Me gusta perros.*

Se debe notar que el ejemplo (e) es un calco exacto del inglés 'I like dogs'. Sin embargo, el sujeto en español tiene que llevar un determinante: ***los** perros*. Si consideramos la misma oración en tercera persona (p. ej., *A Miguel*

Cuadro 4-1. Construcción con verbos psicológicos en español y en inglés

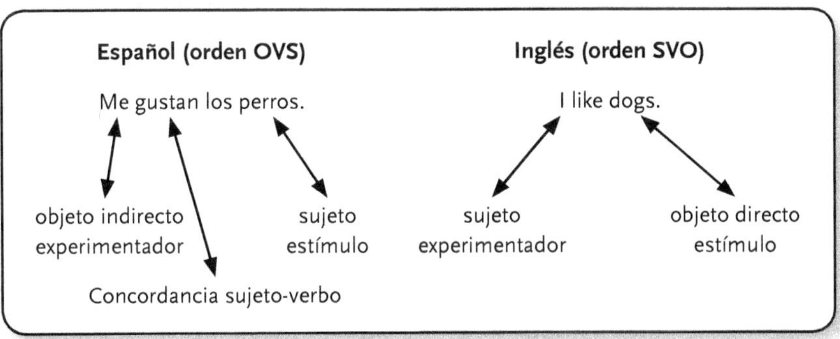

le gustan los perros), vemos la misma gama de errores, pero ahora con la ausencia de *a* para marcar el objeto indirecto:

F **Miguel gusta (los) perros.*
G **Miguel le gusta (los) perros.*

En un estudio experimental, Montrul (1998) comprobó que los estudiantes de ELE (L1 inglés) prefieren sobremanera las oraciones sin *a* en el contexto de los verbos psicológicos. Zyzik (2006) ofrece datos de producción oral que confirman la tendencia a omitir *a* para marcar el objeto indirecto. Zyzik explica que los aprendices de todos los niveles de proficiencia (de nivel principiante hasta el nivel avanzado) siempre utilizaban los pronombres clíticos *le* y *les* con el verbo gustar, pero reestructuraban la oración según el patrón transitivo del inglés, como se ve en los ejemplos 21 y 22 (Zyzik 2006, 127).

21 *Pero Camila no le gusta tirar su chaqueta en el armario.*
22 *Y el perrito le gusta la comida.*

En un estudio más reciente, De Prada Pérez y Pascual y Cabo (2011) evaluaron el conocimiento que tienen los hablantes de herencia acerca de los verbos psicológicos *gustar* y *encantar*. Una de las variables manipuladas en el estudio fue la concordancia entre el sujeto y el verbo (p. ej., *A mi vecina le gustan los gatos* versus *A mi vecina le gusta los gatos*). Los resultados indican que los hablantes de herencia aceptan la tercera persona singular (*gusta*) tanto para sujetos singulares como plurales, lo cual sugiere que se está debilitando la concordancia sujeto-verbo entre este grupo de bilingües.

A modo de conclusión, proponemos que el significado compartido entre *gustar* y 'like' es engañoso porque hace que las diferencias sintácticas sean difíciles de percibir. En español estos verbos codifican algo (S, estímulo) que crea la experiencia (V) frente al experimentador (O), y su manifestación prototípica es una secuencia OVS. Una vez que se conoce bien ese patrón, se vuelve más un problema léxico: es decir, el estudiante de ELE tiene que aprender la lista de verbos psicológicos y las colocaciones que se ajustan al mismo patrón (p. ej., *dar miedo, caer bien, hacer falta, parecer bien*, entre muchas otras). Como ya se dijo en el Capítulo 3, es difícil separar la sintaxis del aprendizaje de colocaciones.

4.7 ¿Son leístas los estudiantes de ELE? La adquisición de los clíticos de tercera persona

Ya se ha hecho referencia a la complejidad del sistema pronominal del español, especialmente en lo que respecta a los clíticos de tercera persona. La Tabla 4-4 resalta la oposición de caso que se codifica a través de los pronombres.

Estos elementos distinguen, en primer lugar, el caso y el número del referente; nótese que el género se distingue únicamente en el caso acusativo (*lo, los* versus *la, las*). Aunque aquí no podemos detenernos en una explicación detallada del concepto de caso, sí debemos explicar que el caso es un recurso gramatical que señala la función que un elemento realiza en la oración. En la evolución histórica de la lengua española el caso se ha perdido casi por completo y persiste solamente en el sistema pronominal y en la marcación de algunos objetos directos (la *a* acusativa). El caso *acusativo* marca al objeto directo de un verbo transitivo mientras que el caso *dativo* marca al objeto indirecto. Veamos algunos ejemplos de ambos tipos de objetos en el contexto de verbos de alta frecuencia:

23 **Objetos directos:** *beber* ***una taza de té****; perder* ***el dinero****; comprar* ***una casa****; firmar* ***el documento****; conocer a* ***los estudiantes****; llevar a* ***las niñas*** *al parque*, etc.

24 **Objetos indirectos:** *devolver las tareas a* ***los estudiantes****; echarle sal a* ***la sopa****; llevar flores a* ***su madre****; servir el vino a* ***los clientes****; quitarle el juguete al* ***perro***, etc.

Lo que tienen en común los elementos en **negritas** de los ejemplos de objetos directos es que son sustituibles por los pronombres de acusativo *lo, la, los* o *las*. En cambio, los elementos en **negritas** de los ejemplos de objetos indirectos son sustituibles por los pronombres de dativo *le* o *les* (aunque debemos recordar que los objetos indirectos aparecen frecuentemente duplicados y no sustituidos por *le* o *les*).

Aunque la sustitución por clíticos puede resultar útil para determinar si se trata de un objeto directo o indirecto, no aclara el asunto para aquellos

Tabla 4-4. El sistema pronominal de caso de tercera persona

	Caso acusativo		**Caso dativo**
	Masculino	*Femenino*	*Masculino y femenino*
Singular	*lo*	*la*	*le*
Plural	*los*	*las*	*les*

hablantes del español que son *leístas*. El *leísmo*, que se asocia típicamente con las variedades del centro-norte de la Península Ibérica,[8] consiste en emplear los pronombres de dativo (*le/les*) para referirse a un objeto directo humano, como en el ejemplo siguiente:

(25) *Conocí a Rafael → Le conocí.*

Hay acuerdo general en que el leísmo se observa con mayor frecuencia cuando el referente es masculino y animado, como en el ejemplo de arriba, y que también es más frecuente en singular que en plural. Resumimos el sistema leísta en la Tabla 4-5, adaptada de Parodi, Luna y Helmer (2012).

Curiosamente, los estudiantes de ELE—inclusive los que nunca han estudiado en el extranjero—también manifiestan la tendencia a emplear los pronombres de dativo (*le/les*) para objetos directos. En un estudio transversal con aprendices de distintos niveles de proficiencia, Zyzik (2006) señaló que la tasa de leísmo aumenta a medida que los aprendices mejoran su dominio del idioma. En concreto, los estudiantes de nivel intermedio usan los pronombres de dativo para codificar el objeto directo en un 22% de los casos; los de nivel intermedio-avanzado muestran un porcentaje aún mayor (37,5%) y los de nivel avanzado superan este porcentaje (46,2%). Más interesante aún es que los aprendices utilizan los pronombres *le/les* tanto para objetos directos masculinos como femeninos, pero no de manera aleatoria. El análisis de los contextos de uso demuestra que los casos de leísmo se dan principalmente cuando el referente es animado. Parece, pues, que los estudiantes de ELE crean un sistema leísta diferente al de la Tabla 4-5 a fin

Tabla 4-5. El sistema leísta (adaptado de Parodi, Luna y Helmer 2012)

	Caso acusativo (objeto directo)		**Caso dativo (objeto indirecto)**
	Masculino	*Femenino*	*Masculino y femenino*
Singular	*le*	*la*	*le*
Plural	*los [les]*	*las*	*les*

de codificar de manera sistemática la distinción *animado* versus *inanimado*. Zyzik (2006) acuñó el término *leísmo de L2* para describir la sobregeneralización de *le/les* por parte de los estudiantes de ELE.

La tendencia leísta entre alumnos de ELE fue corroborada por Geeslin et al. (2010) en su estudio longitudinal con alumnos angloparlantes que estudiaban en León, España. El aporte de dicho estudio es que se considera el *input* al que estaban expuestos los alumnos, ya que se encontraban en una zona principalmente leísta. En una prueba de preferencia, los hablantes nativos que conformaron el grupo de control (residentes de León), elegían *le/les* en el 54,4% de los contextos para marcar el objeto directo animado. Los alumnos de ELE se aproximan a este porcentaje desde su llegada a España (58,6%), aunque su preferencia por *le/les* oscila a lo largo de su estancia. A pesar de esta similitud, un análisis de los factores que inciden en el uso de *le/les* revela que los estudiantes de ELE difieren notablemente de los hablantes nativos. Mientras que los hablantes nativos utilizan *le/les* en base al género del referente (es decir, *le/les* para referentes masculinos y *lo/las* para referentes femeninos), los estudiantes de ELE no eran sensibles a este rasgo.

Para resumir, hemos visto que los aprendices de L2 (angloparlantes) muestran indicios de ser leístas, pero se trata de un leísmo diferente al que encontramos en España. El factor lingüístico que subyace al leísmo de L2 (Zyzik 2006) es la expresión de lo animado: los aprendices de ELE reorganizan el sistema pronominal para dar prominencia a la distinción entre referentes animados versus inanimados en vez de codificar la distinción de caso.

4.8 Conclusiones

En este capítulo hemos tratado diversos temas que se relacionan con la adquisición de la estructura de la oración. Las diferencias sintácticas entre el español y el inglés no son triviales (la Tabla 4-6 resume algunas de ellas) y repercuten tanto en la producción como en la comprensión de oraciones en la L2.

Tabla 4-6. Algunas diferencias sintácticas entre el español y el inglés

	Español	**Inglés**
Sujetos nulos	sí	no
Morfología verbal	rica	mínima
***A* acusativa**	sí	no
Orden SVO	flexible	rígido
Pronombres de objeto	clíticos preverbales	pronombres posverbales
Verbos como *gustar*	intransitivos	transitivos

En general, hemos visto que los aprendices anglófonos se aferran al orden SVO de su L1, lo cual se traduce en errores como el uso transitivo de verbos como *gustar* y la omisión de la *a* acusativa. No obstante, también se dan usos innovadores, como el leísmo de L2, cuya explicación no se encuentra en la transferencia de estructuras de la L1. En el Capítulo 5 examinaremos otros problemas que hay que estudiar al nivel de la oración o incluso del marco discursivo: el sistema temporal, el aspecto (pretérito/imperfecto) y la selección del modo.

Para reflexionar y discutir

1. Da ejemplos de sujetos en español que no sean agentes (recuerda que la noción de sujeto es gramatical mientras que la noción de agente es semántica).
2. ¿Cuál es la relación entre el sujeto nulo y la morfología verbal en español?
3. VanPatten (1984) encontró que los alumnos de ELE tenían mucha dificultad para interpretar oraciones de tipo OVS cuando el objeto inicial era un clítico. La tasa de errores era mayor con los objetos directos (*lo, las*) que con los indirectos (*le, les*). ¿Qué puede explicar dicho resultado?
4. ¿Por qué se dice que el significado que comparten *gustar* y 'like' es engañoso? Dadas las dificultades que plantean los verbos psicológicos para el estudiante de ELE, ¿cómo enfocarías la enseñanza de dicha estructura?
5. En este capítulo hemos visto que los aprendices de ELE se confunden con el uso de los clíticos de tercera persona (*le* y *les* frente *lo, los,* etc.). Sin embargo, esta confusión no es aleatoria, sino sistemática. ¿Por qué tienden los aprendices de ELE a usar *le(s)* por *lo(s)* y no viceversa? ¿Se puede explicar apelando a la transferencia del inglés?

Más a fondo

A. Examina una página web en español y haz un recuento de cuántas veces el sujeto ocurre antes del verbo y cuántas después del verbo. ¿Con qué frecuencia ocurren los sujetos nulos? ¿Qué conclusiones puedes sacar de tu análisis y qué consejo le darías al aprendiz de ELE?

B. En el mismo texto, busca ejemplos de los clíticos (pronombres átonos de objeto). Con los clíticos de complemento indirecto, ¿hay casos de duplicación?

Notas

1. Es bien sabido que en inglés es posible omitir el sujeto en oraciones coordinadas (p. ej., *He lives here and works nearby*). Además de este contexto sintáctico, se han documentado usos del sujeto nulo en inglés en ciertos géneros, como el de los diarios personales (Haegeman 2013).
2. No se debe confundir el *se* impersonal con la pasiva refleja, donde el verbo concuerda con el sujeto gramatical (que semánticamente es el objeto) y el agente no se expresa: *Se abren las puertas a las 8.* Con esta construcción pasiva, el sujeto gramatical suele ponerse en posición posverbal (VS), o sea, donde se espera encontrar el objeto; el agente se presume pero no se menciona. Sin embargo, algunos hablantes mezclan las dos construcciones, dando lugar a enunciados que se consideran agramaticales desde el punto de vista de la gramática prescriptiva: *Se afina pianos*.
3. No obstante, hay investigadores que no desechan por completo el PSN, sino que proponen refinar la hipótesis con el fin de reducir el número de propiedades que lo conforman (véase Rothman y Iverson 2007).
4. Se trata del Corpus Escrito del Español L2 (CEDEL2) http://www.uam.es/proyectosinv/woslac/collaborating.htm
5. Los mandatos positivos, claro está, siguen el orden VO: p. ej., *Tráigamelos*.
6. Se utilizó una escala del 1 (totalmente inaceptable) al 5 (perfectamente aceptable). Mientras que el grupo de hablantes nativos rechazó de manera contundente las oraciones agramaticales, los hablantes de herencia registraron puntuaciones medias de 3 o más (nótese que una puntuación de 3 indica que el participante no sabe si la oración es aceptable o no).
7. Las cifras indican si el verbo se encuentra en la lista de M. Davies (2006a) entre las primeras 3000 palabras más frecuentes en el español.
8. El leísmo en España ha sido estudiado a fondo (véanse Fernández-Ordóñez 2001; Klein-Andreu 2000). Se observan también casos de leísmo en América Latina, sobre todo en áreas donde el español está en contacto con lenguas indígenas (véase Klee y Caravedo 2005). Se presentan más ejemplos de la variación morfosintáctica en el Capítulo 6.

5

¿Por qué tantas terminaciones verbales en español?

5.1 Introducción

Para un alumno de ELE cuya lengua materna es el inglés, abruma la cantidad de flexiones o desinencias verbales que hay que aprender en español. Todo verbo español presenta seis formas distintas para indicar persona y número (p. ej., *canto, cant**as**, cant**a**, cant**amos**, cant**áis**, cant**an*** (se hablará del VOSEO en el Capítulo 6). Además, existen siete posibilidades de expresar el tiempo, el aspecto y el modo del verbo. Aunque hay algunas formas ambiguas desde el punto de vista morfológico (p. ej., *cantamos* puede ser presente o pasado), la mayoría de las formas verbales son únicas, es decir, especifican una combinación precisa de la persona, el número, el tiempo, el modo y el aspecto del verbo, ya sea una acción, un proceso o un estado. En el Capítulo 4 observamos que la morfología verbal del español es muy rica en comparación con la escueta morfología verbal del inglés. Muchos lingüistas creen que los sujetos nulos y el orden relativamente variado y flexible del español (e.g., tanto SVO como OVS) resultan directamente de esta riqueza morfológica. Sin embargo, todas las lenguas son capaces de expresar conceptos como *pasado, futuro, inicio, duración, puntualidad, mandato o irrealidad,* aunque no siempre se empleen señales explícitas a través de la morfología para anunciar estas funciones. En las secciones que siguen, ofreceremos una descripción de los conceptos de *tiempo, aspecto y modo*—una complejidad notable de formas que desafían al aprendiz de ELE—además de una explicación de cómo se adquieren estas marcaciones gramaticales.

5.2 El tiempo frente al tiempo

Como explicó hace años el lingüista William Bull (1971), la palabra *tiempo* en español es polisémica y sugiere tres interpretaciones enteramente diferentes:

1. El tiempo meteorológico: *Hace buen tiempo porque ha salido el sol.*
2. El tiempo natural (días, años, fases de la luna, etc.): *El tiempo mide la duración en horas, minutos y segundos como lo marca el reloj.*

3. El tiempo verbal: el presente, el futuro, el imperfecto, el pretérito indefinido, el pluscuamperfecto, el condicional, etc.

Para la gramática de ELE, solo el último significado de tiempo verbal nos interesa, porque permite orientar una acción, un proceso o un estado respecto al acto de hablar, el momento de la narración. El acto narrativo es un punto que ocurre en el tiempo natural, que puede ser el presente o el pasado, las únicas dimensiones posibles ¡porque el futuro no existe todavía según el tiempo natural! En contraste con el tiempo natural, los tiempos verbales indican si el referente del verbo ocurre antes del momento de hablar (*anterioridad*, véase el ejemplo 1 a continuación), al mismo tiempo (*simultaneidad*, véase el ejemplo 2) o después de ese punto narrativo actual o recordado (*posterioridad*, véase el ejemplo 3). Es decir, los tiempos verbales no indican el tiempo natural sino una *ordenación relativa*. Utilizamos el tiempo verbal futuro para expresar el acto de anticipar algo en el tiempo natural del presente, esto es, anticipamos ahora lo que puede pasar después con posterioridad.

❶ *¿Me ha llamado por teléfono el Dr. López?* (**anterior** *al momento narrativo*)
❷ *¿Quién llama? —Habla el Dr. López.* (**simultáneo** *con el momento narrativo*)
❸ *Me llamará mañana el doctor en algún momento.* (**posterior** *al momento narrativo*)

En la práctica, los eventos de una narración se suelen ordenar usando un punto de orientación que pertenece al tiempo actual: *ahora, en este momento, a esta hora*. En términos retóricos este marco de la actualidad se llama el *discurso directo* frente a todo lo re-narrado o recordado que constituye el *discurso indirecto*. Son los dos ejes que se usan para ordenar los eventos de una narración a través de los diferentes tiempos verbales que expresan anterioridad, simultaneidad o posterioridad, como se ve en el Cuadro 5-1 abajo.

El estudiante de ELE debe fijarse en varios aspectos de este esquema del sistema de tiempos verbales en español:

- Importa mucho si el momento de hablar es **actual** (en el presente del tiempo natural) o **recordado** (en el pasado; *dijo que*...); cabe notar que en la escritura académica no se suele alternar mucho el discurso directo e indirecto, pero en lo hablado todo es posible.
- *-ado/-ido*, el participo, siempre señala *anterioridad*.
- Las desinencias añadidas al infinitivo[1] (o sea, los tiempos verbales del futuro y del condicional) siempre indican *posterioridad*, la anticipación de un evento que ocurre después del momento de hablar.

Cuadro 5-1. El sistema de los tiempos verbales en español

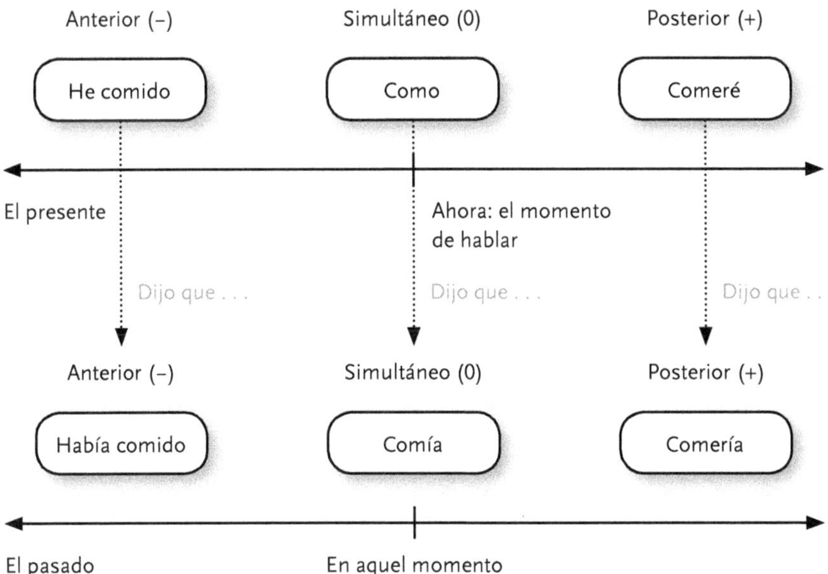

- Hay correlatos o pares entre los tiempos verbales en el sentido que cumplen la misma función (e.g., *anterioridad, simultaneidad, posterioridad*); solo difieren en cuanto al momento de la narración (ahora versus en aquel momento): *he comido~había comido; como~comía; comeré~comería; habré comido~habría comido.*

Faltan detalles. En la práctica, los hablantes nativos usan el tiempo verbal del presente para expresar tanto la simultaneidad (ejemplo 5 a continuación) como la posterioridad (ejemplo 6), y a veces hasta la anterioridad (ejemplo 4).

❹ *En 1492 Cristóbal Colón descubre América.* (**anterior,** el presente histórico)
❺ ¿Qué comes? (**simultáneo**)
❻ Mañana canto en la calle. (**posterior**)

Está claro que el uso del presente histórico, como en el ejemplo 4, crea una narración más dramática, más viva. Luego, para distinguir entre acciones habituales y las acciones verdaderamente en transcurso el español recurre al presente *progresivo* (*-ndo*): ***Estoy comiendo*** [acción en transcurso] *una manzana ahora pero normalmente no **como*** [acción habitual] *fruta a estas* *horas*. Finalmente, el uso del presente o del futuro para señalar posterioridad (p. ej., *Te llamo esta noche*; *Te llamaré esta noche*) se reemplaza con frecuencia por el futuro perifrástico formado con *ir* + *a* + infinitivo: *Te voy a llamar esta noche*. Sobre todo en el habla, predomina el futuro perifrástico, aunque en la escritura el tiempo futuro mantiene más su función de indicar posterioridad (Silva-Corvalán y Terrell 1989; Sedano 1994 y 2006). Si el tiempo futuro no se usa tanto para expresar eventos anticipados, ¿para qué se usa entonces? Abarcaremos ese tema dentro de la sección 5.6 más adelante, conjuntamente con el concepto del modo.

Quedan por mencionar dos tiempos verbales más: el futuro perfecto y el condicional perfecto (p. ej., *habré comido, habría comido*). Estos tiempos tienen dos marcas gramaticales aparentemente contradictorias: una para la posterioridad (*-é, -ás, -á*, etc.) y otra para la anterioridad (*-ado/-ido*). Resulta que hay dos puntos de orientación con estos tiempos verbales, y por lo tanto el evento ocurre antes de uno (una fecha de entrega) pero después del otro (el momento narrativo):

7 *Para el próximo martes, habr**é** termin**ado** el trabajo.*
8 *Me dijo que para el martes habr**ía** termin**ado** el trabajo.*

No hay ninguna contradicción, porque hacen faltan dos señales o desinencias verbales para situar el evento en el intervalo entre los dos puntos de orientación.

Ya se habrá notado que en el esquema de tiempos verbales del Cuadro 5-1 no aparece el pretérito indefinido (p. ej., *comí, comiste, comió*, etc.). Es porque todos los tiempos verbales del Cuadro 5-1 son tiempos verbales relativos, es decir, marcan el orden respecto al momento de hablar. En cambio, el pretérito indefinido es un tiempo absoluto, porque siempre marca la anterioridad sin relación al momento de hablar. Más bien refleja un aspecto perfectivo y puntual sin pareja, como se verá en más detalle a continuación.

5.3 El aspecto gramatical frente al aspecto léxico[2]

El aspecto gramatical es un concepto lingüístico que hace referencia a la organización interna de un evento (verbo); indica el *tiempo interior* de una acción, de un proceso o de un estado. En su esencia, un evento puede tener hasta tres etapas de organización interna: (1) un **inicio**, (2) un **transcurso** (o la duración entre los puntos del inicio y del final) y (3) un **final**. Estas etapas corresponden a una serie de términos usados por los lingüistas para indicar los posibles enfoques aspectuales de un evento: *inicio = aspecto iniciativo, incoativo, ingresivo; transcurso = aspecto durativo, imperfectivo, continuativo, iterativo; final = aspecto puntual, terminativo, perfectivo, delimitativo, cesativo*. Ya se ha hecho referencia brevemente al tema del aspecto en la sección anterior, en cuanto al contraste entre lo habitual (p. ej., *Como fruta todos los días)* y lo progresivo (p. ej., *Estoy comiendo una manzana).* El tiempo del presente simple puede indicar *aspecto habitual,* frente al presente progresivo, que hace hincapié en una acción que se va haciendo de forma progresiva: *aspecto progresivo.* Incluso se pueden combinar varios aspectos a la vez en español sin ninguna contradicción lógica. Por ejemplo, la oración *Estuve corrigiendo exámenes toda la noche* se refiere a una acción ya terminada, perfectiva y delimitada que se realizó en su momento de forma progresiva, es decir, poco a poco.

Casi todas las lenguas disponen de mecanismos gramaticales para señalar el aspecto de un evento, señalando en particular el contraste básico entre lo imperfectivo y lo perfectivo, incluso si no tienen desinencias temporales, como es el caso del hawaiano (Bull 1971). El español, con su sistema verbal tan rico, hace este contraste aspectual patente en el uso del imperfecto frente al pretérito (lo que los gramáticos llaman el *pretérito indefinido*). Por consiguiente, se puede decir que el español tiene dos tiempos verbales del pasado y que el sistema verbal español combina así las funciones del orden temporal (los tiempos verbales) con otras de rango aspectual. De ahí que el español manifieste un sistema *aspecto-temporal.*

Asimismo, todo verbo también se clasifica semánticamente según el concepto de ASPECTO LÉXICO. Por una parte, hay verbos cuya acción tiene que llegar a la etapa final para ser considerados como acciones realizadas; o sea, en español existen unas acciones que tienen que concluir un ciclo desde el inicio hasta el final, es decir, no se puede hacer una acción a medias con estos verbos: p. ej., *encender, apagar, abrir, descubrir, cerrar, golpear, poner, romper.*[3] Por otra parte, los verbos llamados *imperfectivos* se caracterizan por la idea de poder extender su duración sin fijar límites: p. ej., *bailar, correr, dormir, leer, pensar, querer, saber, tener un dolor de cabeza.* Cabe notar que el aspecto léxico va más allá del verbo e incluye también los argumentos; nótese el contraste entre *leer en el jardín* (imperfectivo) y *leer el ensayo* (perfectivo), o entre *fumar* (imperfectivo) y *fumar un cigarrillo* (perfectivo). Más adelante veremos cómo el concepto de aspecto léxico se aplica al proceso de adquisición del pretérito e imperfecto entre aprendices de español.

Cualquier verbo, de índole imperfectiva o perfectiva, puede conjugarse en el pasado con cualquiera de los dos aspectos gramaticales (o sea, el imperfecto o el pretérito indefinido) pero hay combinaciones preferidas o frecuentes y otras inesperadas o más sorprendentes. Estas combinaciones preferidas dan lugar al consejo tradicional y tan práctico para el alumno de ELE que los verbos imperfectivos, ya que describen y dan el trasfondo de la narración, normalmente van en el imperfecto mientras que las acciones por excelencia, los verbos perfectivos, van en el pretérito para llevar la trama adelante. Esta regla práctica no quita que un verbo imperfectivo se combine con el tiempo pretérito o viceversa, pero cambiará el sentido.

Consideremos a continuación unos ejemplos que no siguen el patrón más común.

9 *La actriz **abría** y **cerraba** las puertas de la casa como una loca.* (*abrir/cerrar* = verbos perfectivos)
10 *Lo **supe** a través del periódico.* (*saber* = verbo imperfectivo, 'descubrir')

En el caso del ejemplo 9, los verbos perfectivos *abrir* y *cerrar* van en el imperfecto para mostrar que las acciones se repiten muchas veces, o sea, esta combinación poco común pero aceptable indica una acción repetida. En el ejemplo 10, el verbo imperfectivo *saber* va en el pretérito porque se enfoca en el inicio del proceso de *saber* y no en el aspecto durativo del proceso de *saber*; es decir, la forma *supe* sugiere el significado 'descubrir', lo cual apunta al *aspecto iniciativo* del verbo *saber*. No ha cambiado el significado del verbo, como se suele decir en algunos libros de texto de ELE, sino que se ha cambiado el enfoque o el aspecto del evento *saber*—que normalmente pone en relieve la duración—a fin de que nos fijemos en este caso en el inicio del dicho evento. Otros verbos imperfectivos de esa naturaleza son *poder* → *pude* 'I managed to do [something]' y *querer* → *quise* 'I tried [but failed]'. En el caso de *no pude* (como en el ejemplo 11 a continuación), el pretérito comprende todas las etapas—inicio, transcurso, final—para captar este evento en su totalidad: 'no fui capaz de llevarlo a cabo'. En el ejemplo 12, la desinencia del pretérito enfatiza 'ese querer', un verbo de carácter durativo, y señala que ya se puso en acción llegando a su final (a pesar de no dar con un resultado positivo).

11 *Yo tenía en mente traerte clavelitos, pero no te los **pude** coger.*
12 ***Quise** llamarte anoche, pero tu teléfono comunicaba.*

No existen combinaciones ilícitas de verbos y tiempos verbales, sino contextos apropiados o no apropiados según lo que el hablante quiere comunicar y el contexto. El significado global de la expresión se deriva de la combinación del aspecto léxico del verbo, el aspecto gramatical (e.g., el pretérito frente al imperfecto) y cualquier otra condición adverbial o el contexto comunicativo, especialmente expresado por frases adverbiales (p. ej., *de 3 a 4* [un intervalo delimitado y terminado], *sin cesar* [iterativo], *repetidamente* [iterativo], *3 veces* [reiterado pero delimitado y ya terminado], *por un tiempo limitado* [delimitado y terminado]). Por contraste, una frase adverbial como *a las 5 de la tarde* no impone de por sí ninguna restricción ni durativa ni perfectiva; es un punto de orientación en el pasado, nada más: *A las 5 de la tarde, **decidí** regresar a casa; A las 5 de la tarde, todavía **pensaba** en sus* *palabras*. Muchos libros de ELE presentan los adverbios temporales como pistas para la selección de una forma u otra a fin de reducir la dificultad del asunto para el alumno, pero al hacerlo también fomentan asociaciones que no siempre se cumplen en el español nativo. Algunos investigadores (Baker y Quesada 2011; Quesada 2013) han notado que los aprendices de ELE tienden a depender demasiado de las frases adverbiales para guiarse en la selección de tiempo pasado, una estrategia que falla muchas veces.

En general, la regla práctica "el imperfecto se usa para descripciones y el pretérito para acciones" sigue siendo buen consejo para los principiantes de ELE, pero para los de los niveles intermedio y avanzado el instructor debe hilar más fino e incluir un examen más detallado del aspecto léxico. En todo caso, al hablar de eventos en el pasado, el hablante se ve forzado a cada paso a escoger entre el imperfecto y el pretérito tomando en cuenta la índole aspectual que aportan esos mismos verbos a raíz de su semántica. De nuevo, nos encontramos ante una dificultad lingüística tanto de naturaleza gramatical como léxica. Se trata de una complejidad notable que causa muchas dificultades para los estudiantes de ELE durante años de estudio de la lengua. En la próxima sección examinaremos cómo los alumnos de L2 llegan a controlar el aspecto, el patrón de desarrollo y sus errores más comunes. Asimismo, se recomendarán estrategias para el docente que puedan resultar eficaces para el currículum de ELE.

5.4 La adquisición del contraste pretérito/imperfecto

Son numerosos los estudios que han investigado el proceso de adquisición del contraste entre el pretérito y el imperfecto entre aprendices de ELE. Antes de pasar revista a los estudios más importantes en esta área, es importante recordar que los aprendices de nivel básico enfrentan la difícil tarea de aprender las desinencias verbales del español, que, como se explicó al principio de este capítulo, son muchas. No es de extrañar, pues, que los principiantes frecuentemente recurran al presente para narrar hechos en el pasado, como se ve en el siguiente ejemplo:

13 *Cuando conozco sus padres, estuve muy... ¿cómo se dice "scared"?* (Lubbers Quesada 2013, 70).

El estudio de Lubbers Quesada (2013) comprobó que los estudiantes de nivel básico (aquellos que terminaban el primer año de estudios de lengua) usan la morfología verbal del pasado en un 51% de los contextos obligatorios. Aunque los hablantes nativos también emplean el presente para describir situaciones verbales en el pasado, no lo hacen de forma aleatoria (Lubbers Quesada 2005). En lo que respecta a los aprendices principiantes,

Tabla 5-1. Clasificación de aspecto léxico según Vendler (1967)

Tipo de verbo	Rasgos	Ejemplos
Estado	[–dinámico] [–télico]	*tener hermanos, vivir en Madrid, ser de México, saber dos idiomas*
Actividad	[+dinámico] [–télico]	*bailar, correr, hablar, llorar, cantar, llover*
Realización	[+dinámico] [+télico]	*escribir un libro, construir una casa, comer una manzana*
Logro	[+dinámico] [+télico] [+puntual]	*empezar, llegar, salir, marcar un gol*

quienes intercalan el presente en sus narraciones porque todavía no manejan la morfología verbal, difícilmente podemos hablar de un uso sistemático del pretérito e imperfecto.

Hay acuerdo general en que la primera etapa de adquisición se caracteriza por la ausencia de marcas del pasado, es decir, el alumno recurre al presente o incluso al infinitivo para expresar una situación en el pasado. Para entender las etapas posteriores, debemos detenernos en el concepto de aspecto léxico. Como ya se mencionó, existe una distinción básica entre situaciones verbales que tienen un punto final inherente (en las cuales se usan los verbos denominados perfectivos o TÉLICOS) y situaciones que no tienen que llegar a un fin para realizarse (en las cuales se usan los verbos denominados imperfectivos o ATÉLICOS). Dentro de la categoría de verbos télicos, se suele distinguir entre aquellos que tienen duración (p. ej., *pintar una casa)* y los que carecen de duración, es decir, son puntuales (p. ej., *apagar la luz*). Existe, además, un contraste primordial entre los VERBOS ESTATIVOS (los que describen situaciones estables, sin cambios internos) y los VERBOS DINÁMICOS (los que describen situaciones con cambios internos). Esta clasificación semántica de verbos basada en los rasgos +/-dinámico, +/-télico, y +/-puntual se remonta a Vendler (1967) pero sigue siendo el marco referencial más usado en los estudios de la adquisición del español como L2. La Tabla 5-1 presenta un resumen de dicha clasificación con ejemplos de cada tipo de verbo.

La clasificación de situaciones verbales en cuatro tipos léxicos (estado, actividad, realización y logro) constituye el punto de partida para la Hipótesis del Aspecto Léxico (Andersen 1991). En resumidas cuentas, dicha hipótesis plantea que las propiedades semánticas de los verbos guían o condicionan la adquisición de la morfología verbal del pasado. Más concretamente, la hipótesis predice que el pretérito se adquiere primero con

Tabla 5-2. La adquisición de la morfología del pasado según Salaberry (2000)

Etapa	Descripción
0	Ausencia de marcas del pasado.
1	El pasado se codifica con el pretérito solamente.
2	El imperfecto aparece con ciertos verbos de estado (repertorio limitado).
3	El imperfecto se extiende a las actividades y a los verbos télicos.
4	Todo verbo puede ser marcado en el pretérito o imperfecto.

los verbos télicos (las realizaciones y los logros), luego se extiende a las actividades y, en su última etapa, a los verbos de estado. La adquisición del imperfecto sigue una evolución a la inversa: primero se marcan los verbos de estado, posteriormente se extiende a las actividades, y así sucesivamente hasta llegar a los eventos puntuales. En su esencia, la Hipótesis del Aspecto Léxico propone que las etapas iniciales se caracterizan por combinaciones prototípicas como se ha mencionado en la sección anterior (p. ej., imperfecto—verbos de estado; pretérito—verbos télicos). Entonces, el desarrollo lingüístico consiste en alejarse de lo prototípico hasta llegar a emplear el aspecto gramatical independientemente del aspecto léxico. De nuevo, es interesante notar que los usos prototípicos coinciden plenamente con el consejo práctico que se suele presentar en el aula de ELE: el imperfecto se usa para descripciones y el pretérito para acciones.

Mientras que algunas investigaciones empíricas apoyan las predicciones de la Hipótesis del Aspecto Léxico (Cadierno 2000; Camps 2005; Quesada 2006), los resultados de otros estudios cuestionan su validez (Salaberry 2000; 2005). Un resultado importante surge de los estudios de Salaberry, quien propone que los alumnos en un contexto académico pasan por una etapa en que utilizan el pretérito como marcador único del pasado. Es decir, el pretérito se adquiere primero y se utiliza como la opción por defecto. En contraste, el imperfecto aparece en una etapa posterior y su uso inicial se limita a un número reducido de verbos de estado. En la Tabla 5-2 se presenta la secuencia de desarrollo propuesta por Salaberry (2000, 172).

Si aceptamos que hay un marcador único del pasado en algún momento durante el proceso de adquisición (véase la etapa 1 en la Tabla 5-2), cabe preguntarse por qué los aprendices se inclinan por el pretérito y no el imperfecto. Dicho de otro modo, ¿por qué no emplear el imperfecto como la marca básica del pasado? A fin de cuentas, las conjugaciones del imperfecto son más simples y más regulares que las del pretérito.[4] Comajoan (2005) advierte que la preferencia por el pretérito puede surgir a raíz de la instrucción formal que reciben los alumnos, ya que la mayoría de los libros de texto de ELE presentan el pretérito antes que el imperfecto. Por su parte, Salaberry (2005, 144) explica que "el pretérito constituye, por excelencia, el marcador más típico a ser utilizado en todo tipo de narración esquemática. Es así que tanto instructores como alumnos recurren naturalmente al uso de narraciones que mantienen la integridad de la trama básica de una historia". Con esta cita, Salaberry alude a las funciones discursivas del pretérito y del imperfecto: mientras que el pretérito avanza la historia, el imperfecto sirve para describir y proporcionar información de segundo plano. De acuerdo a lo expresado por Salaberry, los aprendices, aun prescindiendo del imperfecto, todavía podrán contar una historia, reduciéndola a las acciones de primer plano.

Pero las narraciones reducidas a las acciones principales (p. ej., *llegué al restaurante, comí salmón, volví a casa*) distan mucho del discurso que producen los hablantes nativos. Lubbers Quesada (2013) comparó las narraciones orales de un grupo de hablantes nativos con las de tres grupos de aprendices de ELE (de nivel básico, intermedio y avanzado). A todos los informantes se les pidió hablar de un tema personal: la primera vez que se enamoraron. Los resultados de los hablantes nativos indican un alto porcentaje de verbos en el imperfecto (59,6%) mientras que ningún grupo de aprendices superó el 25% de verbos en el imperfecto. Estos datos demuestran que los aprendices de ELE recurren al pretérito mucho más que los nativos, incluso en las narraciones personales que normalmente favorecen el uso del imperfecto (Liskin-Gasparro 2000).

De todo lo anterior se desprende que el imperfecto se desarrolla más tardíamente en el proceso de adquisición (véase la Tabla 5-2). Muchos lingüistas sospechan que dicho retraso tiene que ver con la complejidad del imperfecto (Bardovi-Harlig 2005), que engloba tanto las acciones en transcurso (como en el ejemplo 14 a continuación) como las habituales (ejemplo 15).

14 *Cuando llegamos a la escuela los niños* ***jugaban*** *en el patio de recreo.* [acción en transcurso]

15 *Cuando era niño Rafael* ***jugaba*** *al fútbol.* [acción habitual]

Cabe notar que el imperfecto en el ejemplo 14 compite con otra manera de expresar las acciones en transcurso en español: el progresivo perifrástico: *estaban jugando.* Todo esto apunta a que el imperfecto es más complejo que el pretérito desde el punto de vista funcional, es decir, no hay una simple correspondencia entre la forma y la función.

Para entender cómo los aprendices de ELE incorporan el imperfecto a su sistema gramatical, volvamos a la Tabla 5-2. Salaberry postula que el imperfecto aparece con un número reducido de verbos de estado. Camps (2005) comprobó la veracidad de esta etapa al analizar la producción escrita de un grupo de estudiantes que cursaban el primer año de español. Camps encontró una fuerte asociación entre los verbos de estado y la morfología del imperfecto (el 48% de los verbos de estado aparecen conjugados en el

Cuadro 5-2. Usos verbales preferidos por hablantes nativos

Interpretación habitual	Interpretación iterativa
Cuando era pequeña, me gustaba ir con mis hermanos de excursión. Nunca le contábamos nada a mamá, y ella nunca se daba cuenta de nuestros viajes. El problema es que cuando era niña el tren del mediodía . . .	Cuando estaba en la universidad, tenía que ir todos los días en tren desde Toledo a Madrid. Carolina siempre me esperaba en la estación, así que no me aburría mucho en esa hora de trayecto. Sin embargo, el último año casi nunca caminamos juntas porque . . .
llegaba tarde con frecuencia y entonces mamá se enteraba que nos habíamos ido de excursión.	durante muchos meses el tren del mediodía **llegó tarde**.

Adaptado de Salaberry, 2013, pág. 266–68.

imperfecto), algo que predice la Hipótesis del Aspecto Léxico. Sin embargo, estos casos del imperfecto se dan principalmente con tres verbos de estado: *ser, estar* y *tener*. Más específicamente, los casos de *ser, estar* y *tener* en imperfecto constituyen el 71,5% de todos los verbos de estado en el corpus. Estos datos sugieren que un factor léxico subyace el proceso de adquisición de la morfología verbal: los aprendices crean asociaciones entre los verbos de estado de alta frecuencia y el imperfecto.

Hasta ahora nos hemos centrado en las etapas iniciales del proceso de adquisición de las formas del pasado. Pero en etapas avanzadas, tras años de estudio e interacción con hispanohablantes, esperamos que el no nativo consolide su conocimiento de estas formas verbales, llegando a la última etapa postulada por Salaberry (2000), en que todo verbo puede ser marcado en el pretérito o imperfecto. Dicho de otro modo, el hablante avanzado utiliza el pretérito o el imperfecto de acuerdo a su punto de vista sobre el evento y puede manipular el contraste para expresar significados diferentes. Sin embargo, algunos investigadores se han preguntado si los hablantes no nativos, incluso los más avanzados, denominados *casi nativos* (véase el Capítulo 1), difieren de los hablantes nativos en su conocimiento del contraste entre el pretérito y el imperfecto. Salaberry (2013) argumenta que sí hay diferencias entre los dos grupos cuando se examina a fondo su selección del pretérito o imperfecto en contextos menos prototípicos. El estudio de Salaberry se centra en la sutil diferencia entre las acciones habituales (expresadas con el imperfecto) y las acciones iterativas o repetidas (expresadas con el pretérito). Véanse los ejemplos del Cuadro 5-2.

Los hablantes casi nativos que participaron en el estudio eran todos estudiantes de posgrado que dictaban clases de español. Los resultados de Salaberry indican que en contextos habituales no hay diferencias entre los nativos y los casi nativos: ambos grupos prefieren el imperfecto en dichos contextos. Sin embargo, en contextos iterativos se revelan diferencias significativas: los hablantes nativos prefieren claramente el pretérito para señalar la repetición de una acción que tiene lugar en un período de tiempo delimitado en el pasado (p. ej., ***durante muchos meses** el tren del mediodía llegó tarde*) mientras que los casi nativos aceptan tanto el imperfecto como el pretérito en este contexto. Cabe mencionar que estas diferencias entre los dos grupos probablemente no se detectarían en la producción oral espontánea, pero sí salen a la luz en este tipo de prueba de interpretación (véase también Montrul y Slabakova 2003, quienes emplean este tipo de prueba pero con resultados distintos).

5.5 La selección del modo: el indicativo frente al subjuntivo

Tanto los instructores de ELE como sus estudiantes se preocupan (incluso se obsesionan) por el tema del subjuntivo. Esta actitud se resume a grandes rasgos en la idea de que no se habla bien el español a menos que se use bien el subjuntivo. Resulta extraña esta percepción cuando está demostrado que el uso del subjuntivo solo constituye un 6% de los usos verbales en el español hablado de México (Moreno de Alba 1978; Blake 1985) y un 7.2% para los textos escritos del *Corpus del español* (Collentine 2010). Sin embargo, el subjuntivo sigue recibiendo un nivel de atención preferente en el currículum de ELE (Eckerson 2014) y también en los estudios sobre el español como lengua de herencia.

Sin ir más lejos, cabe notar unos detalles decisivos en cuanto al subjuntivo: (1) las funciones del subjuntivo son muy variadas, difícilmente atribuidas a una sola explicación; (2) los factores que rigen su uso son de naturaleza semántica, sintáctica y pragmática a partes iguales; (3) algunos usos del subjuntivo son obligatorios y, por lo tanto, necesarios para el estudio del español, incluso en las primeras etapas; y (4) dominar todas las facetas del subjuntivo, especialmente los usos opcionales, lleva años de estudio y mucha experiencia con una comunidad de habla española. En realidad, es mejor no hablar del subjuntivo por separado sin hacer referencia a los otros usos temporales como un gran sistema de comunicación, como se verá a continuación.

En lo que se refiere a la sintaxis, el mismo nombre *subjuntivo* nos informa que se trata de unas desinencias verbales que se encuentran incrustadas en las cláusulas subordinadas: *sub-junctivus* ('juntado por debajo [del verbo principal], subordinado'). Es decir, el subjuntivo casi siempre aparece dominado por una cláusula principal con su verbo matriz.[5] Bien se sabe que las cláusulas subordinadas pueden ser de tres tipos, como se muestra en los ejemplos a continuación:

Cláusulas nominales

16 *Quiero [que me* ***hagas*** *las compras en el mercado.]* 'I want you [to shop for me at the store]'.

17 *No me gusta [que* ***hables*** *mal de mí.]* 'I don't like [you saying bad things about me]'.

18 *Es dudoso [que* ***rectifique*** *su error este gobierno.]* 'It's doubtful [this government will fix its error]'.

Cláusulas adverbiales

19 *Viajaremos a Europa [cuando nos* ***graduemos****.]* 'We will travel to Europe [when we graduate]'.

20 *No te lo daré [aunque me lo* ***pidas*** *de rodillas.]* 'I won't give it to you [even if you beg me/if you ask me on your knees]'.

Cláusulas adjetivales

21 *Busco una casa [que no* ***tenga*** *por hacer muchas reparaciones.]* 'I'm looking for a house [with few repairs needed/needing few repairs]'.

En primer lugar, se notará de las traducciones en los ejemplos 16 a 21 que no hay una marcación morfológica consistente en inglés que corresponda al concepto del subjuntivo en español. Para comunicar las funciones de estos ejemplos, el inglés puede emplear un complemento infinitivo en vez de una cláusula subordinada (como en el ejemplo 16), un complemento de gerundio (como en el ejemplo 17: 'you saying bad things about me'), o una cláusula reducida (como en el ejemplo 21: 'a house needing few repairs'). Ninguna de las traducciones para los ejemplos 16 a 21 usa la conjunción *that* para separar explícitamente la cláusula principal de la subordinada, mientras que en español nunca falta el complementante (*que* u otra conjunción) entre las dos cláusulas. Además, en los ejemplos 16, 17 y 18, el uso del subjuntivo en español corresponde simplemente al presente o el futuro en inglés. Con tantas diferencias, el alumno anglohablante de ELE tendrá ideas muy vagas del modo subjuntivo en términos estructurales y morfológicos. Pasemos a analizar las diferencias semánticas.

Observando los ejemplos 16–21 presentados arriba, se observará en segundo lugar que el criterio semántico favorable al uso del subjuntivo varía según los contextos sintácticos mencionados, de manera que los alumnos de ELE no pueden menos que fijarse en la función de cada cláusula (e.g., nominal, adverbial, adjetival), cosa que no se suele hacer en inglés porque no ocasiona ninguna consecuencia gramatical. Hablando de la semántica del subjuntivo, los intentos de reducir los usos del subjuntivo a una sola explicación abundan, pero conviene comenzar primero con una definición semántica del modo.

Según la Real Academia Española (2010, 25.1.1a) el modo refleja la "actitud del hablante" hacia la información administrada en la cláusula subordinada. Con la palabra *actitud* se quiere inferir que el hablante, desde su punto de vista, presenta el contenido de la cláusula subordinada como si fuera la verdad (modo indicativo) o como si fuera virtual (modo subjuntivo). El hablante tiene un control absoluto sobre la interpretación verídica del contenido de la cláusula subordinada; decide cómo presentar el contenido y con qué actitud, subrayando su presentación ya sea con el indicativo o con el subjuntivo.

A menudo en los libros de ELE se enseña el subjuntivo a base de una estrategia léxica donde se le ofrece al alumno largas listas de verbos y conjunciones adverbiales que se asocian ('trigger') con el subjuntivo. No extraña nada que el alumno se sienta abrumado por estas listas de predicados asociados con el subjuntivo.

Gili Gaya (1961) ofreció una explicación semántica del subjuntivo que se basa en un contraste entre información *real* o *irreal*. Según este gramático, la noción de irrealidad capta la esencia del modo subjuntivo, incluso para los eventos anticipados (futuros) o contingentes cuando van expresados en las cláusulas subordinadas: p. ej., *Cuando me **vaya** a la cama..., Después de que te **gradúes**..., A menos que lo **termines**..., Para que me lo **compres**....* Sin embargo, esta formulación sencilla no ilumina por qué se emplea el subjuntivo en una oración como la del ejemplo 17 ya mencionado: *No me gusta que hables mal de mí.* A fin de cuentas, la calumnia (i.e., 'hablar mal de alguien') en este caso ha sido real, ya acabada y verdadera. ¿Por qué se conjuga el verbo subordinado (*hablar mal*) en el modo subjuntivo después del verbo principal (*no me gusta que...)*?

Terrell y Hooper (1974) trataron de resolver este problema con el análisis de Gili Gaya a través de otra propuesta semántica. Postularon un contraste entre las ASERCIONES—que van en el modo indicativo—y las *no-aserciones,* que seleccionan el modo subjuntivo. Según su análisis, se usa el subjuntivo en un caso como el del ejemplo 17 después de un verbo de emoción (p. ej., *[no] gustar*) porque el hablante *presupone* (pero no asevera) la verdad del contenido para poder comentarlo luego. Presuponer el contenido no es lo mismo que aseverarlo; solo la aserción implica una actitud de ver las cosas como verosímiles, como la verdad. En el ejemplo 17 el hablante no ofrece ninguna aserción de la verdad del contenido; es un comentario sobre el contenido, que es algo distinto. Es la situación semántica de todos los verbos llamados FACTIVOS como *[no] lamentar, [no]) gustar, [no] molestar, [no] alegrarse de, [no] ser natural, [no]) ser bueno,* etc. Con estos predicados, el hablante da por entendida la veracidad de la cláusula subordinada, y por lo tanto no se asevera el contenido de la cláusula.[6] Siendo un comentario, carece de valor de aserción y va en el subjuntivo.

Conviene mencionar aquí que existe una amplia gama de variación en cuanto a la selección del modo con estos verbos factivos por parte de los mismos hablantes nativos de muchos dialectos, especialmente en los registros menos formales (Silva-Corvalán 2001, 146; Blake 1987). A veces el hablante prefiere enfatizar el valor informativo (i.e., la información nueva) sobre el valor evaluativo (i.e., el comentario) y de ser así, usa el indicativo en vez del subjuntivo, como se ve en los siguientes ejemplos que ofrece Guitart (1987):

22 *Me molesta que en la comisión no hay ningún venezolano.* [valor informativo, una aserción]

23 *Me molesta que en la comisión no haya ningún venezolano.* [valor evaluativo, una no-aserción]

Este tipo de variación modal se registra históricamente también desde la Edad Media (Jensen y Lathrop 1973).

Camacho Guardado (2013a; 2013b) ofrece la explicación semántica más reciente y persuasiva basándose en el marco teórico de la GRAMÁTICA COGNITIVA. Esta investigadora busca explicar no solo el subjuntivo sino también el uso de los otros tiempos verbales—en particular el futuro y condicional—para expresar algo desconocido pero posible, lo cual llama lo APROXIMATIVO: *¿Dónde está Miguel?—Estará enfermo* [el hablante no lo sabe a ciencia cierta pero le parece muy probable según sus experiencias]. Según esta investigadora, todo hablante crea su propio marco de referencia, el mundo de sus experiencias, que le guía al presentar el contenido durante una conversación. Por una parte, lo que está dentro de su marco es *lo conocido,* y todos los tiempos verbales asociados con lo conocido (véase la Tabla 5-3) con su orientación temporal: anterior, simultánea o posterior con momento de hablar en el tiempo natural (*ahora* o *en aquel entonces*). Por otra parte, está *lo desconocido* o lo aproximativo—el futuro y el condicional—para las cosas muy posibles pero aún no confirmadas. Camacho Guardado, entre otros, considera lo aproximativo como un modo igual al modo indicativo y subjuntivo. Por último, está *lo virtual,* algo que todavía no forma parte de una realidad tangible. La Tabla 5-3 resume la explicación modal de Camacho Guardado en conjunto con el resto del sistema verbal.

La sombra parcial en la Tabla 5-3 indica *lo virtual*: todas las acciones, los procesos o los estados que todavía no entran en las experiencias del hablante. Por definición, los verbos conjugados en las cláusulas principales forman parte de todo lo conocido, lo aseverado. Los verbos de *lo desconocido/lo aproximativo* en las cláusulas principales todavía no reflejan unas experiencias del hablante en concreto, pero podrían ser verdaderas; son muy probables. Finalmente, *lo virtual* en las cláusulas subordinadas no

Tabla 5-3. El sistema verbal/modal del español

	Momento de hablar: Antes		**Momento de hablar: Ahora**	
Lo conocido	*había cantado*	*canté/ cantaba*	*he cantado*	*canto*
Lo desconocido/ Lo aproximativo	*habría cantado*	*cantaría*	*habré cantado*	*cantaré*
Lo virtual	*hubiera cantado*	*cantara/ cantase*	*haya cantado*	*cante*

forma parte todavía de las experiencias del hablante, y por lo tanto va en el subjuntivo.

Ahora bien, apliquemos este esquema a la siguiente conversación entre amigos, los ejemplos 24 a 30 a continuación, adaptada a las sugerencias pedagógicas de Camacho Guardado (2013a; 2013b), combinando tanto las diferentes estructuras sintácticas (cláusulas nominales, adverbiales y adjetivales) como los factores semánticos/pragmáticos (lo conocido, lo desconocido o lo virtual), pero siempre tomando la perspectiva de cada hablante como punto de partida.

24 **Roberto:** *Vi a Manuel y María juntos en el parque.* ***Es obvio que son novios. Sé que los padres se oponen a su relación.*** [cláusula nominal; *lo conocido*: para Roberto es la verdad que los dos son novios y que los padres no aprueban la relación]

25 **Luisa:** ***No creo que lo sean.*** [cláusula nominal; *lo virtual*: esta idea no cabe dentro de las experiencias de Luisa; rechaza la verdad de la idea]

26 **Marta:** ***Serán amigos,*** *no más.* [cláusula principal; *lo desconocido*: esta idea no está comprobada todavía para Marta, pero le parece muy probable]

27 **Consuelo:** *Me gusta* ***la relación que tienen los dos.*** *Se quieren tanto.* [cláusula adjetival; *lo conocido*: para Consuelo es una relación que comparten los dos de verdad]

28 **Carla:** ¡Ay! *Siempre he querido tener* ***un novio que me ame así.*** [cláusula adjetival; *lo virtual*: ese "novio" no forma parte de las experiencias de Carla hasta el momento; ¡quizás nunca!]

29 **Jorge:** ***Cuando Manuel se gradúe de la universidad,*** *piensan casarse.* [cláusula adverbial; *lo virtual*: la graduación de Manuel todavía no es parte de las experiencias de Jorge (ni de Manuel); quizás nunca se gradúe a pesar de todas las buenas intenciones]

30 **Roberto: *Aunque sus padres no aprueben,*** *deberían consentir el matrimonio.* [cláusula adverbial y concesiva; *lo virtual*: Roberto no sabe de verdad si los padres aprueban el noviazgo o no, pero para Roberto no importa lo que piensen los padres; tienen que aprobar el matrimonio entre los dos]

Lo bueno de la propuesta de Camacho Guardado reside en poder relacionar el subjuntivo con todos los otros tiempos verbales del sistema español, especialmente con los usos aproximativos del futuro y del condicional, una función ignorada a menudo o relegada a una nota al pie de la página en los libros de texto de ELE. A través de la Tabla 5-3, el alumno de ELE puede ver todas las estrategias comunicativas a su disposición para relatar una historia (claro está que hay que añadir el pretérito indefinido también para expresar lo perfectivo, tal como se explicó en la sección anterior). Al comenzar a hablar, cada hablante adopta una actitud frente al contenido de las cláusulas principales y subordinadas, lo cual determina el uso del indicativo, del aproximativo o del subjuntivo. Si un evento cabe dentro de las experiencias o marco del hablante, como en el caso de lo conocido, se usan los tiempos indicativos de este sistema aspecto-temporal. Si no se suma a las experiencias del hablante, el evento introducido por una conjunción (*que, cuando, hasta, para que, a menos que, aunque*, etc.) va en el modo subjuntivo, ya sea como parte de una cláusula nominal, adverbial o adjetival. Si el evento es desconocido desde la perspectiva del hablante, pero muy posible o probable, se usa el modo aproximativo (el futuro o el condicional).

Sin duda alguna, los verbos de comentario/emoción (i.e., los factivos) presentan mayores dificultades para los estudiantes de ELE y quizás deben ser lo último que se explica en el currículum. Irónicamente, muchos libros de texto ponen estos verbos factivos en primera fila con las explicaciones del subjuntivo, como si fueran lo más prototípico, a pesar de que no es así ni ahora ni lo fue nunca en la historia de la lengua (Blake 1987). Desde el punto de vista teórico, los eventos no realizados (i.e., virtuales) en cláusulas subordinadas—como en los ejemplos 16, 18, 19 y 21—constituyen lo más claro y accesible para comprender el concepto del subjuntivo, y deben ser el pan de todos los días, incluso para los principiantes. Lógicamente los usos con verbos factivos—como en el ejemplo 17, donde el hablante expresa un juicio valorativo—son los casos más difíciles de asociar con la semántica del modo subjuntivo. Si se dice, *Me alegro de que Roberto haya venido a la fiesta*, el invitado, Roberto, ha venido a la fiesta de verdad; ¿dónde está la irrealidad? Para estas situaciones, el hablante siempre puede evitar el uso del subjuntivo por completo sin cometer ningún error: *¡Roberto ha venido! ¡Qué alegría!* En la próxima sección analizaremos el desarrollo del subjuntivo por parte de los estudiantes de L2 y los hablantes de herencia, para arrojar luz sobre el desarrollo de las normas de uso en la práctica.

5.6 El desarrollo del subjuntivo en el contexto de ELE

A raíz de la exposición del subjuntivo en la sección anterior, parece mejor no concebir el modo *subjuntivo* como si constituyera un concepto gramatical uniforme. Se compone de varias estructuras sintácticas (casi todas en cláusulas subordinadas) que reflejan diferentes actitudes semánticas (lo irreal, lo futuro, lo virtual, mandatos indirectos, pedidos, duda, juicios valorativos, concesiones, etc.), en conjunto con ciertas colocaciones léxicas y situaciones pragmáticas no muy fáciles de resumir. Sin embargo, los libros de texto de ELE suelen presentar el tema del subjuntivo como si se tratara de un concepto global; a veces pasa lo mismo en estudios de L2 y en algunas investigaciones de los hablantes de herencia. No cabe duda que los hablantes de herencia controlan ciertos usos del subjuntivo mejor que otras funciones; en particular, los hablantes de primera generación (nacidos en país de habla hispana) parecen emplear correctamente sobre todo los mandatos y las peticiones (como en el ejemplo 16 presentado anteriormente); las expresiones de duda (ejemplo 18); algo menos, los eventos subordinados que no se han realizado todavía (ejemplo 19); y las descripciones de cosas no existentes, como en el ejemplo 21 (véase Silva-Corvalán 1994). Parece claro que los hablantes de herencia de la segunda y tercera generación no siguen al pie de la letra las normas del español más formal y académico. Silva-Corvalán (2001) informa que estos hablantes de segunda y tercera generación solo usan el subjuntivo en contextos obligatorios un 75% y 52% de las veces, respectivamente.[7] Montrul (2009) ha encontrado resultados semejantes a los de Silva-Corvalán, aunque prefiere dividir a los hablantes de herencia no por generaciones sino por niveles de proficiencia alta, media y baja. Los de proficiencia media y baja, sobre todo, muestran los efectos de un desarrollo lingüístico no terminado. Es decir, exhiben los patrones de una adquisición incompleta o cortada. En ese sentido tienen algo en común con los alumnos adultos de ELE.

Sin embargo, es de esperar que los hablantes de ELE experimenten aún mayores dificultades con el subjuntivo que los bilingües, especialmente durante los tres primeros años de aprendizaje (hasta el nivel B2/C1 o el nivel avanzado según la escala de ACTFL). Collentine (2010) plantea la HIPÓTESIS DE DEFICIENCIA SINTÁCTICA, que explica los fallos del subjuntivo por parte de los aprendices a base de su desarrollo incompleto de la sintaxis y por las dificultades cognitivas de procesar una segunda lengua. Es decir, los aprendices del nivel intermedio están en una fase *presintáctica*, donde no pueden formular libremente oraciones compuestas con cláusulas subordinadas, y por lo tanto sería en vano pedir que emplearan bien el subjuntivo en sus conversaciones espontáneas. De hecho, Isabelli y Nishida (2005) observaron que los estudiantes del nivel intermedio que estudian en el extranjero usan más oraciones compuestas en sus conversaciones, y por lo tanto su uso del subjuntivo aumenta y mejora notablemente en comparación con los estudiantes de ELE que no tienen experiencia en un país hispanohablante. La experiencia en el extranjero (véase el Capítulo 8) parece ayudar a superar algunas deficiencias sintácticas que dificultan el uso correcto del subjuntivo por parte del aprendiz de ELE.

La Hipótesis de Deficiencia Sintáctica nos hace pensar en las posibles transferencias del inglés que ya vimos en la sección anterior (y que se ilustran en los ejemplos 16 a 21), ya que en el sistema verbal de esta lengua apenas se halla rastro morfológico del subjuntivo. Además de la sintaxis misma, tanto Collentine (1995; 1997) como Gudmestad (2006; 2012) han mostrado que los estudiantes de ELE se fijan poco en las formas regulares del presente del subjuntivo, ya que difieren en solo una vocal temática (i.e., *e/a*), mientras que las formas irregulares (p. ej., *tenga, venga, traiga, oiga, sea*, etc.) destacan acústicamente mejor. Es decir, las formas irregulares son más sobresalientes o destacadas. Por lo tanto, la distinción vocálica de las formas regulares con *e/a* resulta insuficientemente notable para despertar la atención del aprendiz de ELE, cuyas vocales centrales en inglés (sobre todo el *schwa* /ə/) no tienen correspondencia con el español. Confirmando estos resultados, Leow, Egi, Nuevo y Tsai. (2003) comprobaron que la notabilidad ('saliency') de las formas del presente perfectivo del subjuntivo (p. ej., *Me gusta que* ***hayas venido***) es mayor que las formas sencillas del presente. Tomando en cuenta la falta de notabilidad del presente del subjuntivo en conjunto con su valor comunicativo relativamente bajo, Collentine (2010) llegó a la conclusión de que en las primeras etapas de aprendizaje importa más la categoría semántica de ciertos verbos de la cláusula matriz (lo que se llama en inglés *trigger verbs*); como se suele presentar el subjuntivo en muchos libros de texto de ELE: a través de un listado de verbos que rigen el subjuntivo.

Sin embargo, Gudmestad (2008; 2012) y Geeslin y Gudmestad (2008) advierten que los resultados de los estudios experimentales con aprendices de ELE pueden variar mucho según el tipo de la tarea que se les exija a los informantes, lo cual parece confirmar de nuevo la Hipótesis de Deficiencia Sintáctica de Collentine (2010), o sea, las dificultades cognitivas que experimentan en las primeras etapas con enfrentarse con la subordinación. Quizás los aprendices de ELE puedan usar el subjuntivo bien en oraciones sueltas de tipo ejercicios de la clase y en los materiales docentes, pero cuando los aprendices de ELE tienen que producir enunciados espontáneos sin preparación, recurren a un discurso primordialmente paratáctico (p. ej., *y... y... y... pero... pero... pero...*) para enlazar las ideas de forma coordinada sin emplear cláusulas subordinadas.

Dada la complejidad del subjuntivo, entonces, conviene matizar con cuidado las descripciones de las capacidades tanto de los alumnos de ELE como de los hablantes de herencia. En vez de postular una pregunta global de investigación de tipo "¿Saben usar bien el subjuntivo?", convendría especificar cuáles de las muchas funciones del subjuntivo saben usar los hablantes según un análisis detallado que incluye todos los factores sintácticos, semánticos y pragmáticos. El subjuntivo se presta a unas sutilezas pragmáticas y sociolingüísticas muy sofisticadas, lo cual le da un papel muy importante en la comunidad hispanohablante. Será por eso que recibe tanta importancia por parte de los instructores y los libros de texto de ELE. Sin embargo, requiere años de estudio para dominar bien las normas del uso, como es el caso con otros rasgos del español académico. El MCER parece reconocer estas dificultades y por eso sugiere no presentar el subjuntivo hasta el nivel B1 o B2, lo cual sería después de aproximadamente 480 horas de instrucción de ELE.[8] Por contrario, casi todas las investigaciones experimentales ya mencionadas se enfocaron en los estudiantes del nivel intermedio con solo unas 250 horas de contacto. En pocas palabras, no están capacitados todavía para controlar el subjuntivo.

Para llegar a un alto nivel de proficiencia con el inglés académico, Cummins (1979) calculó que hacían falta unos 5 a 7 años de estudio. Seguramente el subjuntivo español siga ese mismo patrón, aunque es algo que requiere más atención de los investigadores de ELE. Sabiendo todo esto, las finalidades curriculares de cada programa en las primeras etapas deben contar con unos logros factibles y razonables desde la perspectiva del alumno de ELE. No cabe duda de que la claridad de instrucción en todos los niveles siempre ayudará al estudiante de ELE en este tramo tan largo de aprendizaje del subjuntivo, ya que se sabe que la instrucción explícita beneficia al alumno de ELE, siempre y cuando sea breve, precisa y clara, como nos ha advertido MacWhinney (1997).

5.7 Conclusiones

No hay duda de que aprender una L2 requiere procesar mucho *input* y mantener mucho contacto con la lengua y con los que hablan ese idioma en un contexto natural. Sin embargo el currículum del aula de ELE puede encarrilar a los alumnos por un buen camino, siempre que las intervenciones del instructor sean precisas, interesantes y breves. Para las funciones y mecanismos gramaticales que no existen en la lengua materna del alumno de ELE, ayuda saber que los tiempos verbales especifican una relación de orden (anterior, simultáneo, posterior); que el aspecto surge tanto de la semántica del verbo (i.e., AKTIONSART) como de las desinencias del imperfecto/pretérito; y que el subjuntivo siempre implica una actitud no aseverativa (un plano virtual) en cuanto al contenido de la cláusula subordinada. Es un punto de partida, una armazón sobre la cual comenzar. Como se muestra claramente en los estudios citados en este capítulo, les llevará a los estudiantes de ELE mucho más tiempo consolidar estos temas en la práctica a medida que vayan ampliando su conocimiento de vocabulario, de colocaciones y de situaciones pragmáticas y culturales.

Pero, ¿qué cultura, qué dialecto o qué variedad es mejor para formular el currículum de ELE? ¿Dónde se habla mejor el español en el mundo hispano? Ese es el tema del próximo capítulo, e importa contestar esta pregunta sencilla en vista de los 21 países que hablan el español hoy en día. En un mundo donde la importancia de la diversidad es innegable, la contestación se hace manifiesta: la variedad del hablante con quien se quiere comunicar, como se explicará a continuación.

Para reflexionar y discutir

1. Explica de qué manera los tiempos verbales definen el orden temporal de los eventos.
2. ¿Cuál de las dos opciones para expresar el futuro es más común: el futuro morfológico (*iré*) o el futuro perifrástico (*voy a ir*)? ¿Qué implicaciones tiene esto para la enseñanza?
3. Los libros de texto de ELE suelen explicar que los verbos como *querer, tener, saber, conocer* y *poder* "cambian de significado" dependiendo de si se usan en el pretérito o el imperfecto.
   a. supe, tuve, quise, pude, conocí
   b. sabía, tenía, quería, podía, conocía
   Explica los diferentes sentidos de los verbos en (a) y (b) apelando a la noción de aspecto.
4. La mayoría de los libros de texto de ELE presentan el pretérito antes que el imperfecto. ¿Crees que es una decisión acertada? ¿Qué argumentos existen a favor de presentar primero el pretérito? ¿Qué pasaría si se presentara primero el imperfecto?
5. ¿Por qué es erróneo hablar del subjuntivo como si fuera una sola estructura? Explica por qué el subjuntivo es a la vez un "problema" fonético, morfológico, sintáctico, semántico y pragmático.

Más a fondo:

A. Busca una página web en español que narre una historia en el pasado. Haz una lista de diez verbos que tengan aspecto léxico (*aktionsart*) perfectivo y otros diez verbos que tengan aspecto imperfectivo.
B. Ahora busca tres verbos de cada lista en un texto narrado en el pasado *online* para ver en qué tiempo ocurren (pretérito o imperfecto). ¿Cómo

se compagina el aspecto léxico con el aspecto gramatical (los tiempos del pretérito o del imperfecto)?

Notas

1. Se explica con la ayuda de la historia de la lengua española, porque el futuro (y su pareja, el condicional) viene de una perífrasis latina: *comere habeo* ('tengo que comer') → *he de comer/comer he* → *comeré.*
2. Los lingüistas suelen usar el término AKTIONSART para referirse al aspecto léxico.
3. Bull (1971) los llama *verbos cíclicos.*
4. Nótese que los paradigmas del pretérito están repletos de irregularidades mientras que en el imperfecto hay solo tres verbos irregulares (*ser, ir* y *ver*).
5. Aun las oraciones como *Ojalá/Quizás venga mañana* se pueden considerar como un tipo muy especial de incrustación con la elisión del verbo principal pero claramente indicando el significado de 'es posible que venga mañana'.
6. Ya que estos verbos denominados *factivos* presuponen la veracidad de su complemento, la negación del predicado principal no afecta la selección del modo: *Me gusta/No me gusta que hables mal de ella.* Con las aserciones, la negación exige un cambio de modo: *Creo que* ***tienes*** *razón/No creo que* ***tengas*** *razón.*
7. Silva-Corvalán (2001) incluye en estas cifras el uso del subjuntivo con las cláusulas de *si*, las llamadas hipotéticas (*si vienes tarde..., si vinieras tarde..., si hubieras venido tarde...*), pero preferimos tratar este uso como un minisistema por separado, siguiendo el análisis de Bull (1971). Lavandera (1975) y Silva-Corvalán (1994) han dejado claro que existe mucha variación dialectal con las hipotéticas entre formas del subjuntivo (*-ra*), del condicional (*-ría*) y del imperfecto (*-ba/-ía*).
8. Es interesante notar que, según ACTFL y las guías de proficiencia, se debe presentar el subjuntivo en el primer año de estudio, mientras que en el Marco Común Europeo de Referencia (MCER) no entra hasta el nivel B1, al final del segundo año.

6

¿Qué variedad de español debemos enseñar en el aula?

6.1 Introducción

Según datos demográficos que maneja el Instituto Cervantes (2014), el español es la lengua materna de unas 470 millones de personas distribuidas por todo el mundo. De ahí que el español sea la segunda lengua del mundo en cuanto a hablantes nativos (tras el chino mandarín) y la tercera lengua más usada en Internet por número de internautas. El español goza de estatus oficial o cooficial en veintiún países. El español convive con lenguas indígenas en muchos de estos países, donde los hablantes o bien son bilingües o se relacionan con hablantes bilingües a diario. Destaca el caso de Paraguay, donde el 77% de la población habla guaraní (sumando bilingües y monolingües) y más del 50% de la población es bilingüe.[1] Asimismo, hay millones de hispanohablantes en países donde el español no es lengua oficial, siendo Estados Unidos el ejemplo más obvio, con una población hispanohablante que ronda los 37 millones.[2]

Dado el elevado número de hablantes y la extensión geográfica de la lengua, no debe causar sorpresa que haya diferencias entre las distintas variedades del español. No hay que ser lingüista para afirmar que un mexicano suena diferente a un argentino y que ninguno de los dos habla de la misma manera que un cubano. Basta ingresar en cualquier foro en Internet para leer las discusiones en torno a las palabras que tienen acepciones muy diferentes según el país en que se usen (p. ej., *paleta:* en España es un término peyorativo para alguien inculto, normalmente del campo; en México es un helado que va metido en un palito). Las diferentes maneras de pronunciar las palabras también llaman la atención y a veces delatan el origen geográfico del hablante (p. ej., un hablante que pronuncie la *z* de *zapato* con un sonido fricativo interdental [θapato] ha de ser español). Hay también diferencias gramaticales que afectan a la morfología y la sintaxis del idioma, pero son pocas en comparación con la abundante VARIACIÓN FONÉTICA y léxica. Al panorama de la variación se suman las diferencias pragmáticas que tienen que ver con las convenciones lingüísticas que rigen lo que se considera apropiado o no en determinadas situaciones (p. ej., el uso de *tú* o *usted*). La variación se observa en todos los planos o niveles de la lengua, pero las diferencias de vocabulario y de pronunciación son rápidamente perceptibles por dos razones: son numerosas y no hay que ser especialista para reparar en ellas. Además, como señala Silva-Corvalán (2001), las diferencias de pronunciación y las diferencias léxicas generalmente van de la mano.

Describir la variación en el mundo hispanohablante requeriría un libro aparte; en este capítulo repasamos algunos ejemplos de variación como trasfondo para la cuestión que nos ocupa: ¿Cómo enfrentar la variación en el aula de ELE? Nuestro acercamiento se basa en el hecho de que existe una amplia base común que comparten todas las variedades de la lengua española, es decir, una *norma hispánica general*. Con este término nos referimos a la lengua que se emplea en la escritura, en los medios de comunicación, en la investigación y en la prosa científica, en todo tipo de situaciones formales (p. ej., los tribunales, los discursos políticos, etc.) y la que sirve de modelo para la enseñanza del idioma. El concepto de norma hispánica general, que coincide con lo que la Real Academia Española (2005) denomina el *español estándar*, tiene una función unificadora ante la diversidad del español: es "el código compartido que hace posible que hispanohablantes de muy distintas procedencias se entiendan sin dificultad y se reconozcan como miembros de una misma comunidad lingüística" (*Diccionario panhispánico de dudas*).

Ahora bien, el concepto de norma hispánica general guarda una relación estrecha con la noción de NORMA CULTA. La norma culta de cada país hispanohablante es la variedad de prestigio, la que manejan las personas que pertenecen a niveles altos y medio-altos del espectro sociocultural y que han cursado estudios superiores. Se reconoce ampliamente la pluralidad de normas cultas en español: cada país tiene su propia variedad de prestigio, la cual corresponde normalmente al habla culta de la capital. El sistema educativo juega un papel fundamental en crear conciencia de la norma culta, mediante la enseñanza de reglas prescriptivas (o sea, reglas de buen uso del idioma) y también por el contacto intenso con la lengua escrita. Por estas razones, la educación tiende a nivelar las diferencias entre los dialectos (Silva-Corvalán 2001). Esto nos ayuda a entender un hecho importante sobre la variación en el mundo hispano: las divergencias entre las normas cultas de distintos países son pocas en comparación con las diferencias que puede haber entre la norma culta y el habla popular de una misma región. En otras palabras, es en el habla popular donde destacan las diferencias, por la abundante cantidad de palabras locales y expresiones coloquiales (p. ej., los llamados *mexicanismos, chilenismos,* etc.).

Para resumir, conviene aclarar la relación entre las normas cultas y la norma hispánica general. Las normas cultas representan las variedades de prestigio de cada país (p. ej., la porteña, la bogotana, la limeña, etc.).

La norma hispánica general se puede concebir como una KOINÉ,[3] una variedad común en la que confluyen todas las normas cultas de los distintos países de habla hispana (véase Demonte 2001). De este modo, la norma hispánica general no se asocia con ningún país en particular sino que representa "el esqueleto de la lengua, en el que todos se ven representados pero nadie de manera exclusiva" (Andión Herrero 2007, 3). Retomamos la importancia de la norma hispánica general al final de este capítulo, donde se plantean recomendaciones para la enseñanza de ELE. Pero primero repasamos algunos términos clave, para poder hablar de la variación con más precisión.

6.2 Geolectos, sociolectos y registros

Aunque se estima que hay unos 470 millones de hablantes nativos de español, podemos afirmar que ninguno de estos hablantes habla *el español* en realidad porque la lengua es un sistema lingüístico abstracto. Todo hablante de español habla un *dialecto,* o una variedad que comparte con otros miembros de su comunidad de habla. Dicho de otro modo, un dialecto es la manifestación concreta o tangible del concepto abstracto que denominamos *lengua.* Para entender mejor la relación entre lengua y dialecto, nos parece oportuna la metáfora de Baker (2001): los dialectos de una lengua son tipos de pan (p. ej., el pan francés, el pan rústico, el pan integral, el pan de molde, etc.) El pan es una categoría de alimentos que comprende un conjunto de variedades; cuando se elige un pan en la panadería hay que pedir uno concreto. De la misma manera, cuando se habla una lengua, esta se realiza en un dialecto particular. Se puede postular una estructura jerárquica en la que la lengua aparece en la cumbre y los diversos dialectos se ramifican de ella, como se muestra en el Cuadro 6-1 (adaptado de Silva-Corvalán 2001, 18).

En la lingüística se da por sentado que ningún dialecto es más correcto o mejor que otro. Hay dialectos que gozan de mayor prestigio que otros (véase el concepto de norma culta), pero la noción de prestigio está ligada con factores sociales y la valoración subjetiva que se tiene de las personas que hablan dicho dialecto. Por ejemplo, en España ha existido tradicionalmente una evaluación negativa del dialecto andaluz. Es importante recordar que este tipo de valoración carece de fundamento científico; refleja actitudes, opiniones, prejuicios o estereotipos que se asocian con un grupo de hablantes. De igual manera, existen formas lingüísticas que son evaluadas negativamente, generalmente porque se asocian con grupos sociales con escaso nivel socioeconómico (p. ej., la forma *haiga* en vez de *haya* para el subjuntivo del presente del verbo *haber*).

Hasta ahora se ha usado la palabra *dialecto* en el sentido general para referirse a una variedad de la lengua compartida por hablantes de la misma zona geográfica, como se ve en el Cuadro 6-1. Para ser más precisos, los dialectos geográficos se denominan GEOLECTOS. Es conveniente usar ese

Cuadro 6-1. Relación jerárquica entre lengua y dialectos

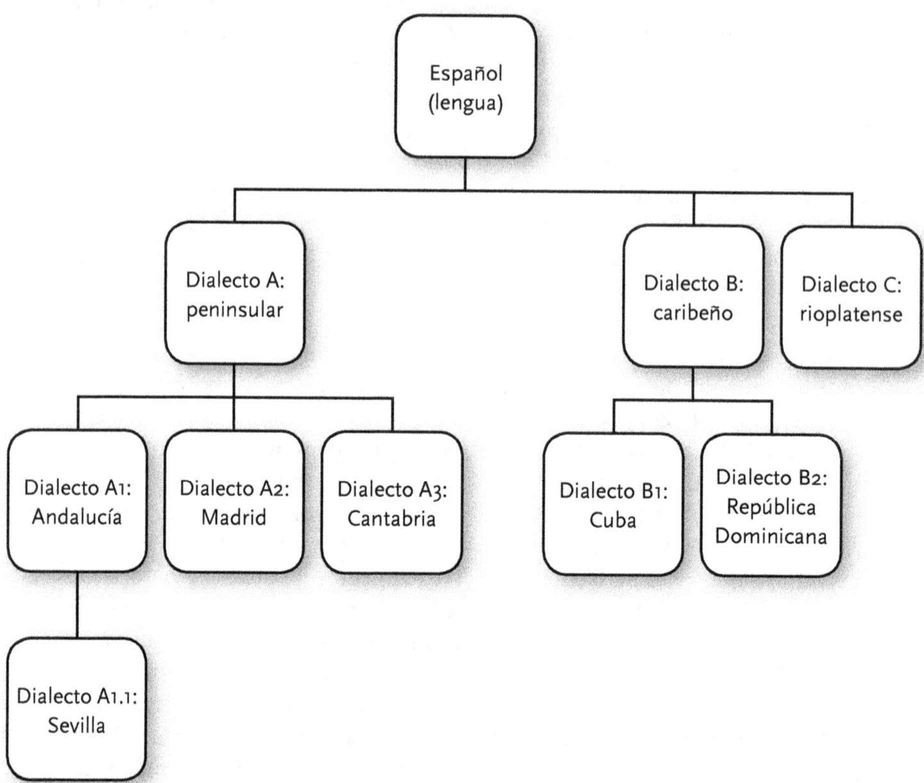

término porque permite reconocer que la variación también se da en otra dimensión: la social. Es decir, los hablantes emplean la lengua en función de sus características sociales (el sexo, la edad, el nivel socioeconómico, etc.). Muchos fenómenos lingüísticos muestran ESTRATIFICACIÓN SOCIAL, es decir, el uso de una forma u otra varía según el nivel socioeconómico de los hablantes.[4] Un ejemplo de ello es la pronunciación de la /r/final de sílaba en la ciudad de Caracas, Venezuela. En el habla de Caracas se puede escuchar la elisión de la /r/en palabras como *comer* (dando lugar a [komé]) pero, como nos explica Díaz-Campos (2014), dicha elisión no ocurre por igual en todos los sectores de la población. El patrón que se observa es que los grupos socioeconómicos más bajos eliden la /r/mucho más que los hablantes de nivel socioeconómico medio o alto, como se muestra en el Cuadro 6-2.

De los datos en el Cuadro 6-2 podemos entender que un rasgo lingüístico como la elisión de la /r/llegue a asociarse con hablantes pertenecientes a

Cuadro 6-2. Elisión de la /r/ final de sílaba en Caracas, Venezuela, según el nivel socioeconómico (adaptado de Díaz-Campos 2014, 4)

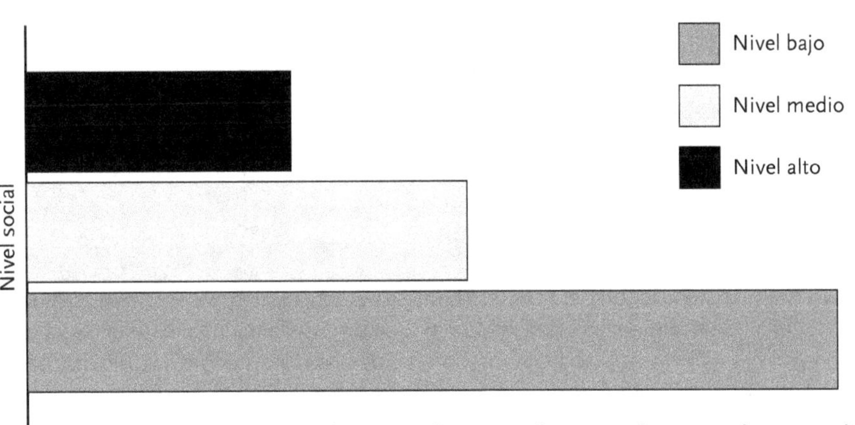

un grupo social determinado. Por eso al hablar de variedades sociales de la lengua que se desarrollan en el mismo lugar geográfico utilizamos el término *sociolecto*.

Además de hablar el español con características propias de su región (geolecto) y su grupo social (sociolecto), los hablantes pueden modificar su manera de hablar de acuerdo con la situación en que se encuentren. Hay situaciones que exigen un lenguaje formal y un estilo cuidadoso, como las entrevistas de trabajo, las conferencias en la universidad y los discursos públicos. Por otra parte, las conversaciones con familiares y amigos de confianza representan situaciones informales donde predomina el lenguaje coloquial y un estilo despreocupado. Esta dimensión de la variación lingüística, la del contexto situacional, es lo que se conoce como *registro*. No cabe duda que la capacidad de manejar distintos registros forma parte de la competencia sociolingüística del hablante y seguramente está relacionada con la noción de *proficiencia lingüística extendida* (véase el Capítulo 1). Asimismo, la noción de registro es sumamente útil para entender los retos que enfrentan muchos hablantes de herencia en el ámbito académico; aunque se desenvuelven con facilidad en el entorno familiar, tienen poca experiencia con el registro académico. Cabe también precisar que la lengua varía según la MODALIDAD, es decir, el modo oral versus el modo escrito. Hay una gran variedad de registros escritos, algunos que se asemejan al habla espontánea (por ejemplo, un correo electrónico dirigido a un amigo) y otros que se alejan mucho de la oralidad (por ejemplo, un ensayo argumentativo). Es precisamente en los registros escritos formales y/o académicos donde se nivelan las diferencias entre los geolectos; al leer un texto académico en español es prácticamente imposible detectar la procedencia geográfica del autor. Este hecho refleja la gran homogeneidad que existe entre las normas cultas de la lengua española, sobre todo en la modalidad escrita. En contraste, en la modalidad oral, las diferencias de pronunciación se perciben enseguida, cuestión que tratamos en la siguiente sección.

6.3 Variación en la pronunciación

No es una exageración decir que lo primero que notamos al conversar con un hablante de español, ya sea nativo o no nativo, es su acento; con el vocablo *acento* nos referimos a todas las características de pronunciación, que incluyen tanto la realización de sonidos aislados—como [p], [s], [a], etc.—como los aspectos SUPRASEGMENTALES o prosódicos (por ejemplo, la acentuación de las palabras, la entonación y el ritmo). Entre hispanohablantes, la pronunciación delata el origen geográfico del individuo y muchas veces sirve para determinar su nivel socioeconómico. La importancia de la dimensión fonética no debe subestimarse en lo que respecta a las actitudes lingüísticas y el prestigio. En el ámbito de ELE, las dificultades de pronunciación pueden ocasionar la inseguridad lingüística, que para algunos estudiantes se traduce en pocas ganas de expresarse oralmente. A continuación examinaremos algunas de las características más sobresalientes de la variación fonética/fonológica en el mundo hispano[5] y ofrecemos algunas recomendaciones para el aprendiz que quiera asemejar su pronunciación a la de los nativos.

Comencemos con una diferencia notable en el sistema de las consonantes entre los hablantes *no seseantes* (los que hablan la variedad castellana del centro-norte de España) y los *seseantes*, que es la variedad de la gran mayoría. Es decir, en la variedad castellana se hace una distinción entre la fricativa alveolar sorda /s/y la interdental sorda /θ/. En lo escrito, la /s/se representa con una letra *s* y en el habla tiene una realización *espesa* o RETROFLEJA, [s̺] (la punta de la lengua va más bien para arriba en la boca); mientras que la interdental /θ/se representa con *z, ci* o *ce*. Para todos los hablantes seseantes, tanto las eses como las zetas escritas se pronuncian como una fricativa alveolar sorda /s/y la lengua apunta abajo. Si se contempla el sistema fonológico en su totalidad, esta diferencia entre la pronunciación seseante o no seseante parece poca cosa y rara vez ocasiona problemas de comprensión. Para los latinoamericanos, muchos andaluces[6] y los canarios, la pronunciación de los siguientes pares de palabras suena igual, mientras que los hablantes de castellano hacen una distinción entre /s/y /θ/: *caso/cazo, casar/cazar, coser/cocer, ves/vez, siervo/ciervo, tasa/taza*. Los hablantes seseantes, que constituyen más del 90% del mundo de habla española, usan el contexto para saber cuál es cuál, o sea, para distinguir entre las dos posibilidades.

La decisión por parte del alumno de ELE de elegir un acento seseante o no seseante es personal, aunque puede haber preferencias o presiones sociales por una u otra variedad según dónde se viva o con quién uno se relacione. Ha habido algunos estudios recientes que se interesan por la adquisición de la zeta entre estudiantes de ELE que pasan una temporada en España. Curiosamente, los datos revelan un índice muy bajo de producción de la zeta incluso después de haber estudiado en España. Knouse (2012) recogió datos de quince estudiantes que estudiaron en Salamanca durante seis semanas; la producción de la zeta por parte de estos alumnos ni siquiera alcanzó el 2%. Una estancia más larga en el país no necesariamente promueve la pronunciación de la zeta, como lo demuestran los datos de Ringer-Hilfinger (2012): Entre un grupo de estudiantes que pasó un semestre en Madrid, la producción de la zeta alcanzó apenas un 2,8%. La misma autora señala que los aprendices eran conscientes de la pronunciación /θ/pero a la vez se mostraban reticentes a incorporar este fonema en su propia pronunciación.

En el pasado, también se hacía una diferencia en el castellano entre la fricativa *y* /j/frente a la lateral palatal *ll* /ʎ/. Hoy en día las generaciones jóvenes y la gente que vive en las ciudades grandes las pronuncian igual: como una fricativa /j/. Esto se llama YEÍSMO; es decir, casi todo el mundo hispano es *yeísta* ahora.

Ahora bien, existen de verdad diferencias regionales y sociales, sobre todo en cuanto a la pronunciación de las consonantes en posición final de la sílaba. Por ejemplo, en Andalucía, Extremadura, las Islas Canarias y el Caribe, una *-s* al final de la sílaba se aspira o se elimina con una frecuencia muy notable (¡pero no absoluta!): por ejemplo, [éh.toh.ní.ñoh] (estos niños). En Chile, además del uso de VOSEO (véase la sección siguiente), algunos hablantes eliminan también la *-s* al final de la palabra, dando lugar a frases como *¿Me cachai po*? (*¿Me entendés, pues*?). Por supuesto, al principio cuesta acostumbrarse a un acento semejante, pero luego no representa un impedimento para la comunicación.

En muchas variedades del español, otras consonantes en posición final de sílaba (posición implosiva) y final de palabra sufren un debilitamiento esporádico: *verdad* > [verdá], *Madrid* > [madrit ~ madrí], *comer* > [komé]. Mencionamos de paso otras variantes dialectales que no deben causar mayores dificultades para la comunicación una vez que uno se acostumbre al acento:

- La *y* y la *ll* tienen una realización rehilada como /ʃ/o /dʒ/en muchos países del cono sur (por ejemplo, Uruguay y Argentina).
- La vibrante múltiple *rr* puede *asibilarse* o sonar como /ʃ/: *la radio* [la ʃadio].

- La *-d-* intervocálica se elimina con frecuencia en el morfema del participio pasado: *-ado* > [-ao], *cansado* [kansáo]; *-ido* > [-ío], *perdido* [perdío].
- La fricativa velar tensa /x/de la jota que fuera de España se pronuncia con una aspiración faríngea no velar, /h/.

De nuevo, este conjunto de variantes dialectales no ocasiona ningún cambio de significado referencial; son diferencias fonéticas que no provocan grandes trastornos comunicativos. Sirven más bien para marcar diferencias sociolingüísticas y dialectales. No cabe dentro de esta sección una exposición pormenorizada de todas las variantes dialectales (sería tema de todo un curso sobre la dialectología y sociolingüística en el mundo hispano), pero para más detalles se puede consultar a Moreno Fernández (2014), Lipski (2007) y Moreno de Alba (1995).

Algunos estudiantes de ELE, sobre todo los que desean estudiar en España, se preguntan si hay una diferencia entre el *castellano* y el *español.* En muchos países, los términos *español* y *castellano* son sinónimos. Desde la perspectiva histórica, todas las variedades del español se basan en la variedad castellana, porque los castellanos dominaban la política de la Edad Media durante la Reconquista, no los aragoneses ni los asturianos ni los catalanes ni los gallegos. Sin embargo, hemos visto que los hablantes del sur, de donde procedían la mayoría de los hombres que se asentaron en un primer momento en América, eran seseantes (no hacían la distinción entre la fricativa alveolar /s/y la fricativa interdental /θ/). La pronunciación seseante es la preferencia de la gran mayoría del mundo hispano. De nuevo, ninguna variedad se debe considerar superior a otra.

Ahora bien, en cuanto a la producción oral (véase Dalbor 1997, 297–307), el aprendiz de ELE tiene que prestar atención a la pronunciación de las vocales españolas /a, e, i, o, u/. En español, son todas tensas y nunca relajadas como pueden ser en inglés. En inglés, hay vocales tensas, pero que se realizan como diptongos (p. ej., *bee* [iy], *bay* [ey], *bite* [ay], *boat* [ow], *boot* [uw]), y otra serie de vocales relajadas y más abiertas que tienen una realización difícil de interpretar desde el punto de vista de un hispanohablante que las escucha. Por lo tanto, si el aprendiz de ELE sustituye la *o* cerrada española con la pronunciación relajada de la *o* abierta inglesa [ɔ], se neutraliza la diferencia entre palabras como *hombre* y *hambre.* El que escucha no sabe si el aprendiz ha dicho *hombre* o *hambre* porque la *o* abierta y relajada del inglés no corresponde a nada en el sistema español.

Además, las vocales en las sílabas *átonas* (i.e., 'unstressed') inglesas se reducen a una realización centralizada: el famoso sonido *schwa* del inglés [ə], que no tiene equivalente en el español en absoluto. Por ejemplo, el uso de *schwa* por parte del aprendiz de ELE elimina los contrastes vocálicos al final de los verbos en el presente confundiendo las formas del indicativo y del subjuntivo (p. ej., *necesita* suena igual que *necesite*). Por lo tanto, puede que el hablante nativo no entienda lo que quiere decir el aprendiz de ELE.

Asimismo, el aprendiz de ELE suele ignorar el contraste intervocálico entre la vibrante simple *-r-* y la múltiple *-rr-*, lo cual borra la diferencia entre pares mínimos como *caro/carro, cero/cerro, jara/jarra, para/parra, pero/perro, moro/morro*. Aunque la pronunciación de la vibrante simple o la múltiple cambia el significado de la palabra en los ejemplos mencionados, para el estudiante anglófono quizás sea más importante tener en cuenta que la vibrante retrofleja del inglés, [ɹ], no se parece a ninguno de los sonidos vibrantes del español, y por consiguiente produce un efecto acústico muy diferente.

Lord (2005) ha investigado si la instrucción explícita puede mejorar la pronunciación de los aprendices de nivel intermedio avanzado/B1. Sus resultados parecen apuntar a una respuesta afirmativa, aunque los datos se derivan solo de una prueba de lectura. Habría sido preferible tener datos procedentes de conversaciones espontáneas porque eso sería más representativo del conocimiento implícito de los estudiantes. También sugirió Lord que la enseñanza de la pronunciación tal vez pudiera producir una mejora incluso con principiantes. Sin embargo, los aprendices en los primeros niveles llevan una carga cognitiva muy pesada, así que la eficacia de la instrucción explícita para mejorar la pronunciación queda sin resolver por el momento, a la espera de más evidencia.

6.4 Variación léxica

Como se mencionó en la sección 6.1, las diferencias de vocabulario que existen entre los geolectos del español saltan a la vista, dando la impresión de que el español hablado en una zona determinada es radicalmente diferente al español hablado en otra región; véase el mapa del Cuadro 6-3.

Las divergencias léxicas se constatan en todas las áreas temáticas, incluyendo los medios de transporte (p. ej., *el camión, el autobús, el colectivo, la guagua*, etc.), los nombres de los alimentos (p. ej., *la batata, el camote*), los aparatos domésticos (p. ej., *el ordenador, la computadora*), la ropa (p. ej., *la chaqueta, la chamarra*), el dinero (p. ej., *la plata, la lana, la guita*), y las personas (p. ej., *chamaco, muchacho, chaval* y muchos otros, como muestra el mapa del Cuadro 6-3). La variación léxica se nota asimismo en las expresiones para expresar acuerdo (p. ej., *vale, bueno, sale*) y en las formas convencionales de atender el teléfono (p. ej., *bueno, diga, aló*).

Con tantas opciones para nombrar las cosas, el estudiante de ELE pensará que no puede entrar en una tienda de ropa, ni pedir comida en un restaurante, ni tampoco utilizar el transporte público, sin correr el riesgo de equivocarse. Son bien conocidas las anécdotas de malentendidos lingüísticos que se deben al uso indebido del vocabulario, exageradas tal vez por

Cuadro 6-3. Palabras que significan "niño" en distintos geolectos del mundo hispanohablante

unas pocas palabras con connotación sexual (p. ej., *coger* en algunas partes de América Latina en contraste con su acepción más corriente en España). Ante tal cantidad de variación léxica, surge la pregunta: "¿Qué palabras debe aprender el estudiante de ELE?". En el Capítulo 3 explicamos que las palabras más útiles desde la perspectiva del aprendiz son aquellas que conforman el vocabulario de alta frecuencia, es decir, las tres mil palabras más frecuentes. El hecho de que haya diferencias léxicas no cambia en absoluto nuestra postura: el conjunto de palabras de alta frecuencia sigue teniendo gran relevancia para el aprendiz de ELE. Ello se debe a dos hechos que explicaremos en esta sección: (1) la base léxica compartida es mucho más grande que el número de divergencias y (2) los hispanohablantes nativos conocen (de manera receptiva) un gran número de vocablos que no necesariamente forman parte de su vocabulario activo.

En lo que concierne a la base léxica compartida, todo parece indicar que hay un alto grado de compatibilidad léxica entre los geolectos. Lope Blanch (2000; 2001) hizo un análisis de un corpus representativo del habla culta de Madrid para determinar en qué medida el vocabulario empleado resultaba extraño o ajeno para el habla culta mexicana. De un corpus oral de más de 133.000 palabras, hubo solamente 91 vocablos que podrían clasificarse como madrileñismos inusitados en México. Los ejemplos aportados por Lope Blanch incluyen palabras como *asignatura, carné, constipado, jersey, mogollón, taco, tapas* y *veranear*. El autor matiza que muchas de las 91 palabras tienen equivalentes claros en el español mexicano (p. ej., *carné = credencial; jersey = suéter; mogollón = montón*) mientras que otras se usan en México pero con un significado distinto (p. ej., *taco* es una palabra de uso común en México pero no con el sentido de "palabrota" o "grosería" del corpus español). Algunas palabras reflejan diferencias culturales entre los países, como es el caso de *veranear*, verbo que capta perfectamente la costumbre española de salir masivamente de vacaciones en esa temporada. Por más interesantes que sean estas diferencias léxicas, destaca el alto grado de compatibilidad: el 99,9% de las palabras utilizadas por hablantes madrileños son también usadas y conocidas por los mexicanos. Los datos de Lope Blanch coinciden plenamente con los hallazgos de Ávila (1994), quien estudió el vocabulario utilizado por locutores en la radio y televisión mexicanas. En base a un corpus de más de 11.000 palabras, Ávila concluyó que el 98,4% del vocabulario de la emisora radiofónica coincide con el léxico hispánico general. En otras palabras, solo el 1,6% de las palabras emitidas en este medio de comunicación se considerarían mexicanismos que quizás sean desconocidos fuera de México.

Para entender a fondo el tema de la diversidad léxica, debemos tener presente la diferencia entre el conocimiento receptivo y el conocimiento productivo del vocabulario (véase la sección 3.4). Como se mencionó anteriormente, los hispanohablantes conocen muchas palabras que no necesariamente emplean en su comunidad de habla. Por ejemplo, en España se utiliza la palabra *acera*, sustantivo que corresponde a *banqueta* en México y a *vereda* en Argentina. Cabe preguntarse si los mexicanos que dicen *banqueta* y los argentinos que optan por *vereda* también entienden la palabra *acera.* López Morales (2006) da por sentado que sí, explicando que una importante mayoría de hispanohablantes entiende lo que él llama el *término neutralizador* o palabra perteneciente al español general. En la misma línea, Demonte (2001) enumera una serie de vocablos que reflejan el conocimiento compartido de los hispanohablantes; en la lista figuran palabras como *autobús* (frente a *camión, guagua* y *ómnibus*), *empleada* (frente a *criada* y *mucama*), *estacionamiento* (frente a *aparcamiento, parqueo* y *garaje*) y *gasolina* (frente a *bencina* y *nafta*). Según Demonte (2001), este léxico homogéneo "no significa necesariamente pérdida de los vocablos específicos, que seguramente permanecerán; puede suponer, en cambio, un enriquecimiento del caudal expresivo de los hablantes, que tendrán a su disposición un lexicón más amplio, tanto activo como pasivo". Con ello quiere decir que las palabras que sean exclusivas de una zona (p. ej., *recámara* en México) conviven con las palabras de uso más general (p. ej., *cuarto, dormitorio*) o incluso con las de otras regiones (p. ej., *habitación* en España).

Estas observaciones quedarían incompletas sin mencionar el papel que tienen los medios de comunicación masiva (la televisión, el Internet, la radio) en la difusión del vocabulario a lo largo y ancho del mundo hispanohablante. López Morales (2006) comenta casos de españoles que usaban con toda normalidad palabras como *chévere*; también afirma que la palabra *grifo*, antes prácticamente desconocida en Latinoamérica, ahora forma parte del vocabulario receptivo de muchos hablantes en Centroamérica y México. Estos ejemplos aislados son indicios de procesos mayores de globalización. Según López Morales, España envía al resto del mundo su programación regular (a través de Televisión Española Internacional y Antena 3) y en muchos países, como Puerto Rico, estos programas logran alcanzar niveles altos de audiencia.[7] Asimismo, las telenovelas latinoamericanas, sobre todo las colombianas, venezolanas y mexicanas, son transmitidas en España desde hace muchos años, de manera que palabras propias de América Latina—como *llamado, abusador, loqueras, agarrar* y *malagradecido*—han pasado a la competencia pasiva de los televidentes españoles.

Los casos de variación léxica generalmente no constituyen un impedimento para la comunicación entre hispanohablantes de diferentes países, sobre todo entre hablantes cultos. Desde luego, puede surgir la necesidad de aclarar el significado de una u otra palabra y es posible que haya momentos donde el vocabulario "produce una interrupción temporal en la comunicación" (Otheguy 2008, 227). Afortunadamente el contexto casi siempre ofrece claves semánticas para descodificar palabras nuevas. Por ejemplo, es difícil imaginar que un mexicano no entienda el verbo *veranear* en un contexto concreto como el siguiente: "... la bella ciudad de Viña del Mar, uno de los lugares preferidos para *veranear* en el sur de América, ofrece bellas playas, buenos restaurantes y una amplia gama de hoteles...".[8] En algunos casos, las palabras difieren en cuanto a la morfología derivativa (p. ej., *friolento* versus *friolero*; *resbaladizo* versus *resbaloso*; *aprendiz* versus *aprendiente*), pero comparten la misma raíz, lo cual seguramente facilita la comprensión.

Volviendo a la cuestión de qué palabras debería aprender el estudiante de ELE, nuestra recomendación sigue siendo la misma: cuanto antes debe aprender las palabras de alta frecuencia del español general (véase el diccionario de Davies 2006a). Una vez aprendidas esas palabras, el estudiante puede dedicarse al aprendizaje de las palabras específicas del país o la región hispanohablante donde quiera continuar sus estudios. Por ejemplo, si quiere pasar una temporada en México le conviene aprender palabras como *recámara, banqueta, chamba, chela, güero, padre* (por mencionar solo algunas) para poder relacionarse con hablantes nativos. Desde luego, será más fácil aprender dichas palabras en la comunidad de habla donde se usan de manera habitual (véase el Capítulo 8 sobre la adquisición de la L2 en el extranjero).

6.5 Variación gramatical

En contraste con la abundante variación léxica, la gramática del español manifiesta una gran coherencia en todo el mundo hispanohablante. Es decir, la mayoría de las construcciones gramaticales son iguales en todas las regiones, lo que Lope Blanch (2000, 32) denomina "el edificio común de la lengua española". De igual manera, Demonte (2001) sugiere que "la variación sintáctica es un pequeño lago calmo y controlable".[9] En este apartado trataremos la variación gramatical, entendida como el uso de formas o estructuras diferentes (p. ej., *dijiste* versus *dijistes*) en contextos semejantes. Se trata de formas o estructuras paralelas, es decir, el uso de una forma u otra no se asocia con un cambio de significado. En algunos casos de variación gramatical, como en el ejemplo anterior, la GRAMÁTICA PRESCRIPTIVA condena una de las formas (*dijistes*), considerándola incorrecta (esta calificación atañe a cuestiones de prestigio lingüístico). Sin embargo, las formas tachadas de *incorrectas* no ocurren al azar: o están ampliamente documentadas en la evolución histórica de la lengua, o bien responden a motivos lingüísticos y/o sociolingüísticos. A continuación enumeramos algunos de los fenómenos de variación gramatical más conocidos en el campo de la lingüística hispánica:

- El *queísmo: Estamos seguros que la situación va a mejorar* (versus *Estamos seguros de que la situación va a mejorar*). También el *dequeísmo*: *Resulta de que... Pienso de que...* (versus *Resulta que... Pienso que...*).

- Variación en las oraciones relativas: *La chica que salí con ella* (versus *La chica con la que salí*).
- La pluralización de *haber: Hubieron muchos accidentes en la carretera* (versus *Hubo muchos accidentes en la carretera*).
- La distribución del pretérito y del presente perfecto: *El jefe no ha llegado* (versus *El jefe no llegó*).
- La duplicación de los clíticos de objeto directo: *Lo veo a Juan* (versus *Veo a Juan*).
- El *leísmo* y otros fenómenos que afectan al uso de los clíticos: *Le conocí el año pasado* (versus *Lo conocí el año pasado*).
- La ausencia de inversión en las interrogativas: *¿Dónde tú compraste esa bicicleta?* (versus *¿Dónde compraste tú esa bicicleta?*).
- Variación en la frecuencia de uso de los sujetos explícitos: *Tú no estudias porque tú no quieres* (versus *No estudias porque no quieres*).
- Variación en el empleo de algunas preposiciones: *Se casó hasta los 40 años* (versus *Se casó a los 40 años*).
- Las formas de tratamiento y las formas verbales de segunda persona: *Vosotros vais* (versus *Ustedes van*). También la alternancia *tú eres, vienes, etc.* (versus *vos sos, venís*, etc.)

No pretendemos que esta sea una lista exhaustiva de la variación gramatical en español; se omiten, por ejemplo, aquellos fenómenos que se dan por el contacto del español con otras lenguas (véase Klee y Lynch 2009). Tampoco hemos incluido casos de variación léxica que tienen consecuencias sintácticas, como verbos intransitivos que se convierten en transitivos (p. ej., *regresar* es usado comúnmente como verbo transitivo en México con el sentido de "devolver"). Cabe notar que los fenómenos enumerados anteriormente difieren en cuanto a su distribución geográfica. Algunos, por ser delimitados geográficamente, pueden ser vistos como rasgos distintivos de ciertos geolectos. Este es el caso de la ausencia de inversión en las preguntas (rasgo que caracteriza al español caribeño) y el *leísmo* (rasgo que se asocia con la variedad castellana del centro-norte de España). En cambio, hay fenómenos—como la pluralización de *haber* y el *dequeísmo*—que se extienden por todo el mundo de habla hispana e incluso han llegado a formar parte de la norma culta de algunas zonas. En los incisos 6.5.1 y 6.5.2 de esta sección, profundizamos en dos de los fenómenos de variación gramatical: las fórmulas de tratamiento y la pluralización de *haber*.

6.5.1 Las fórmulas de tratamiento

Las fórmulas de tratamiento dividen el mundo hispanohablante en dos grandes geolectos. Por un lado, en el español peninsular[10] se mantiene la distinción entre *vosotros* (informal) y *ustedes* (formal) en la segunda persona del plural. El pronombre *vosotros* no se da en América Latina salvo en discursos arcaizantes—por ejemplo, en misas—y por consiguiente, el pronombre *ustedes* sirve tanto para situaciones formales como informales. Por su parte, el español americano se puede clasificar según el arraigo del *voseo*, que se define come el uso del pronombre *vos* en lugar de *tú* para dirigirse a un solo interlocutor en el tratamiento familiar o de confianza. En las zonas tuteantes predomina el *tú* (México, Perú, Cuba, República Dominicana, Puerto Rico); en las zonas voseantes predomina el *vos* (Argentina, Uruguay, Paraguay); y hay muchas zonas donde conviven el voseo y el tuteo (Chile, Bolivia y Honduras, entre otros). La distribución actual del voseo se debe a una confluencia de factores históricos y sociales (véase Benavides 2003), pero la clave parece ser el grado de contacto entre la región americana y la Península a partir del siglo XVI: aquellas zonas de América Latina que tuvieron poco contacto con España pudieron conservar el voseo precisamente porque estaban al margen de las normas lingüísticas peninsulares. De esta manera, el voseo puede considerarse un ARCAÍSMO que perdura en aproximadamente dos tercios del territorio latinoamericano.

Lipski (2014) sitúa las divergencias en las formas de tratamiento bajo la rúbrica de la variación léxica y no gramatical. No obstante, está claro que dicha variación léxica (p. ej., *vos* versus *tú*) repercute en la morfología verbal. En la actualidad, las diferentes regiones voseantes de América Latina no son uniformes en cuanto al uso de las formas verbales que acompañan al pronombre. Hay por lo menos tres tipos de voseo: el voseo auténtico (p. ej., *vos comés*), el voseo mixto pronominal (p. ej., *vos comes*) y el voseo mixto verbal (p. ej., *tú comés*). Existen otras combinaciones, como el uso del pronombre *vos* junto con las formas verbales de la segunda persona plural (*vos cantáis, vos podéis*), variante típica del estado de Zulia en Venezuela. Cabe mencionar el caso particular de Chile, donde las terminaciones verbales conservan el diptongo [ai] para los verbos en *-ar: cantái* (nótese la elisión de la [s] final), mientras que los verbos en *-er* se realizan con la terminación *í(s)*: *tener—tenís*; *saber—sabís*, etc. Asimismo, en Chile se constata la forma verbal *erí(s)*, surgida de *eres*, que parece ganar terreno sobre la forma tradicional *soi*, sobre todo entre los jóvenes de la clase media alta (González 2002).

Además de las particularidades morfológicas que presenta, el voseo forma parte de un complejo panorama sociolingüístico. Por ejemplo, en Argentina el voseo es de uso generalizado: se extiende por todas las capas sociales y culturales, se usa en textos literarios y forma parte indiscutible de la norma culta. En cambio, en Chile el voseo fue el blanco de una fuerte campaña educativa que intentó erradicarlo en el siglo XIX, como lo expresa la siguiente cita del gramático Andrés Bello (1970, 93):

> El *vos* de que se hace tanto uso en Chile en el diálogo familiar, es una vulgaridad que debe evitarse, y el constituirlo con el singular de los verbos, una corrupción insoportable.

Dada la estigmatización de *vos,* fue disminuyendo el uso de dicho pronombre (a favor de *tú*) entre los hablantes cultos y semicultos, pero se conservaron las conjugaciones de la segunda persona plural. Hoy en día en Chile la combinación *tú* más voseo (p. ej., *tú hablai*) es el trato preferido en el registro informal donde hay confianza y familiaridad entre los hablantes. En contraste, la combinación *vos* más voseo (p. ej., *vos hablai*) tiene una carga pragmática doble: se asocia con la agresión verbal o expresa situaciones humorísticas (véase Rivadeneira y Clua 2011).

6.5.2 La pluralización de *haber*

La conjugación del verbo *haber* en la construcción impersonal, equivalente del inglés 'there is/there are', ejemplifica la tensión que existe a veces entre la gramática prescriptiva o normativa (que emite juicios de valor, como *correcto* o *incorrecto*) y la visión lingüística o GRAMÁTICA DESCRIPTIVA, que intenta captar lo que se dice en realidad. De acuerdo con la gramática prescriptiva, se trata de una construcción impersonal que carece de sujeto. Por lo tanto, el sintagma nominal (SN) que acompaña al verbo desempeña la función gramatical de objeto directo. Veamos un ejemplo de Brown y Rivas (2012, 320), extraído de un corpus oral de Puerto Rico:

❶ *A Utuado fui en,... hombre hace tiempo que no voy. Y este año* ***no hubo fiestas patronales*** *debido a, el alcalde de Utuado dijo debido y que a los sucesos del 11 de, de septiembre no hubo fiestas patronales en Utuado....*

En este ejemplo *haber* es conjugado en tercera persona singular (*hubo*) aunque el SN es plural (*fiestas patronales*). No hay concordancia entre el verbo y el SN porque dicho SN es un objeto directo y no el sujeto. Prueba de ello es que se podría reemplazar *fiestas patronales* por un pronombre de objeto directo (*no* ***las*** *hubo*). En suma, las formas de *haber* aceptadas como correctas según la versión prescriptiva son aquellas que mantienen el verbo siempre en singular: *hubo, había, ha habido,* etc. Sin embargo, y como es bien sabido, en muchas variedades del español se da la pluralización de *haber* cuando el SN es plural. Los hablantes optan por establecer concordancia entre el verbo y el SN, dando lugar a formas como *hubieron, habían* y *han habido.*[11] Dicha pluralización se contempla en el ejemplo 2 a continuación, también de Brown y Rivas (2012, 321)

❷ *Hubieron fi-,* ***hubieron fiestas*** *en todos los pueblos menos en ese.*

Existen motivos lógicos que subyacen a la pluralización de *haber*. La mayoría de los lingüistas coincide en que los hablantes optan por las formas plurales *(habían, hubieron,* etc.) a fin de hacer la concordancia entre el verbo y el SN, siguiendo así el patrón más general en español. Es decir, la pluralización de *haber* es un caso de ANALOGÍA o regularización según la cual un verbo impersonal se convierte en un verbo intransitivo. Nótese que todos los verbos intransitivos (p. ej., *vivir, aparecer, salir, crecer*) concuerdan con el SN que funciona como el sujeto de dichos verbos. Por ejemplo, en la oración *Crecen girasoles en ese campo,* es normal que haya concordancia entre el verbo (*crecer*) y el SN (*girasoles*). De la misma manera, el hablante que diga *Habían girasoles en ese campo* está realizando el mismo tipo de concordancia entre el verbo y el SN (que ahora pasa a ser el sujeto). Freites Barros (2004, 34) resume la cuestión al decir que "en la conciencia lingüística de los hablantes prevalece la estructura oracional básica sujeto-verbo que obliga al establecimiento de la concordancia".

Las gramáticas prescriptivas, cuyo objetivo es fijar las reglas de uso de una lengua (a través de pautas que deben acatarse para escribir y hablar bien), consideran incorrectas las formas plurales del verbo *haber* impersonal, como en el ejemplo 2 presentado anteriormente. El *Diccionario panhispánico de dudas* (RAE 2005) reconoce que la pluralización "es uso muy extendido en el habla informal de muchos países de América y se da también en España, especialmente entre hablantes catalanes", pero a la vez recomienda que "se debe seguir utilizando este verbo como impersonal en la lengua culta formal, de acuerdo con el uso mayoritario entre los escritores de prestigio" (*haber, verbo impersonal).*

A pesar de las recomendaciones de las gramáticas prescriptivas, es un hecho que la pluralización de *haber* está ampliamente difundida por el mundo hispano. Una ojeada a los estudios publicados sobre el tema indica que en muchos países de América Latina la frecuencia de *haber* plural supera el 50% (véase Bentivoglio y Sedano 2011). Por ejemplo, en el corpus de Puerto Rico que analizan Brown y Rivas (2012), las formas plurales son más frecuentes que las singulares (58%). Castillo-Trelles (2007), quien encontró un índice del 53% en sus datos de México, señala que la pluralización va ganando terreno en la norma culta mexicana, ya que se escucha en los medios de comunicación, incluso en contextos formales. En algunas zonas de Venezuela la tasa de pluralización llega al 82% (Freites Barros 2004).

6.6 La variación pragmática

En la sección 6.5 resaltamos que los hispanohablantes comparten, a grandes rasgos, la misma gramática. Es decir, tienen a su alcance las mismas estructuras sintácticas para crear oraciones gramaticales. Sin embargo, la cuestión que aquí nos ocupa es si dichas estructuras se utilizan de la misma manera y con el mismo valor comunicativo en todo el mundo de habla hispana. Este es el ámbito de la *pragmática*, rama de la lingüística que se interesa por estudiar el uso del lenguaje en situaciones concretas (véase también el

Capítulo 8). Empecemos con un ejemplo sencillo: el sufijo diminutivo en palabras como *cafecito, momentito, bolsita,* etc. Si bien es cierto que el diminutivo existe en todas las variedades del español, la frecuencia de uso del diminutivo varía enormemente según la región. Es más, el diminutivo no es percibido de la misma manera por todos los hablantes nativos. Por ejemplo, en el contexto de una petición, el diminutivo es un mecanismo MITIGADOR en el sentido de que sirve para suavizar una imposición. Veamos cómo un hablante de Costa Rica hace uso del diminutivo para pedir permiso para faltar al trabajo (Félix-Brasdefer 2010, 3001):

3 *Quería saber si tal vez usted me daba un chancecito para poder ir al concierto, es que hace tiempo que lo estoy esperando... a ver si usted me da un permisito hoy.*

Lo interesante es que el diminutivo en las peticiones, como en el ejemplo 3, provoca diferentes reacciones por parte de hablantes mexicanos y españoles. Curcó y de Fina (2002) señalan que los mexicanos perciben el diminutivo como cortés, mientras que los españoles lo evalúan como menos cortés e incluso le atribuyen un valor irónico en ciertas circunstancias.

Las diferencias pragmáticas entre las variedades del español implican que los hispanohablantes tienen diferentes rutinas o convenciones para realizar ciertos actos de habla y para expresar la cortesía. Estas diferencias se han estudiado poco en comparación con la variación fonética, léxica y gramatical, pero cada vez cobran mayor relevancia los estudios que se proponen comparar dos o más variedades del español desde la lente de la pragmática (véase Pinto y De Pablos Ortega 2014 para un excelente resumen). A continuación describimos algunas de las diferencias pragmáticas más sobresalientes entre el español de España y las variedades del español de América Latina. Optamos por dicha comparación porque queremos examinar qué aspectos pragmáticos contribuyen a la impresión de que los españoles tienen un estilo comunicativo más directo o brusco que los latinoamericanos (Márquez Reiter 2002; Placencia 2011).

La investigación en torno a las peticiones revela que los españoles optan por utilizar estrategias directas en las interacciones transaccionales (por ejemplo, entre cliente y dependiente en una tienda). Pinto (2005) explica que la manera convencional de pedir una bebida en un bar en España consiste en el uso de imperativo (p. ej., *Ponme otra*) seguido de un mitigador opcional (p. ej., *anda, por favor,* etc.). Aunque los latinoamericanos también recurren al habla directa en este tipo de contexto, suelen suavizar sus peticiones con una gama de mitigadores. Placencia (2005), quien grabó las interacciones entre dependiente y clientes en pequeños comercios en Madrid (España) y Quito (Ecuador), encontró que en ambos países predominan las peticiones directas en el contexto de pedir algo en una tienda. Sin embargo, sus datos revelan un índice mucho más alto de mitigación entre los quiteños (p. ej., diminutivos como *tres lechecitas* y fórmulas de cortesía como *tenga la bondad*). Asimismo, Placencia resalta que los saludos en Quito suelen ser más formales (*buenos días—cómo está*) y las conversaciones son más largas, es decir, la petición ocurre tras varios turnos conversacionales. En contraste, las interacciones en Madrid se caracterizan por un intercambio de saludos informales (*hola—hola*), seguido por la realización del pedido (*dame tres barras de pan*).

Otro estudio que investiga la variación pragmática es el de Márquez Reiter (2002), quien se centró en las peticiones indirectas, es decir, aquellas que se realizan mediante una pregunta (p. ej., *¿Podrías atender el teléfono mientras salgo a hacer un mandado?*). Los resultados de Márquez Reiter indican que tanto los españoles como los uruguayos recurrieron a la petición indirecta, pero hubo diferencias entre los dos grupos en el uso de la mitigación. Entre los uruguayos hubo más tendencia a la mitigación, que hacía que sus peticiones cobraran una cualidad tentativa, como en los ejemplos que siguen:

4 *Disculpe, señor, ¿no me cambia de asiento?* (Uruguay)
5 *Perdone, ¿le importaría sentarse en otro lado?* (España)

Los uruguayos usaron los títulos con notable frecuencia (p. ej., *señor, profesor, Sr. gerente*) mientras que los españoles evitaron el uso de títulos. Mientras que los españoles preferían la fórmula *¿no te/le importaría...?*, los uruguayos optaron por la interrogación negativa para realizar sus peticiones: *a ver si no me podía ayudar....* Hubo también diferencias léxicas que repercutían en la pragmática: los españoles emplearon de manera frecuente *oye/oiga* para llamar la atención del interlocutor, lo cual podría considerarse impertinente o demasiado directo para los uruguayos.

Para resumir, los estudios sobre la variación pragmática en el mundo hispano revelan que los españoles hacen poco uso de la mitigación, lo cual da la impresión de que sus peticiones son más directas. Aunque vimos que los latinoamericanos (ecuatorianos y uruguayos) suelen emplear más mitigación, dicha generalización no se aplica a todos los países latinoamericanos. Pinto y De Pablos Ortega (2014) explican que el español caribeño (de Cuba y la República Dominicana) destaca por sus características del habla directa en comparación con otros países latinoamericanos.

6.7 Implicaciones pedagógicas

En este capítulo hemos venido subrayando la unidad de la lengua española a pesar de la gama de variación regional y social que caracteriza al mundo hispano. Compartimos plenamente las palabras de Lipski (1997, 131), quien sostiene que "puede existir la unión en medio de la diversidad y también puede existir la diversidad sin una jerarquía universal de lo correcto y lo incorrecto". Al reconocer que la variación no supone una contradicción para la unidad de la lengua española, estamos mejor preparados para contestar la pregunta central de este capítulo: "¿Qué variedad de español debemos enseñar en el aula?". Partimos de la suposición de que la meta de la enseñanza es preparar al aprendiz para comunicarse con el mayor número de hablantes posible y que, por consiguiente, se debe otorgar un lugar central a la norma hispánica general. Es la lengua común, lo compartido por la mayoría de los hablantes cultos, que debe primar en la enseñanza, sobre todo en un contexto donde el español no es lengua oficial, como por ejemplo en Estados Unidos.

Ahora bien, la norma hispánica general no debe ser el único componente del modelo lingüístico al que están expuestos los alumnos. En este sentido nos parece muy útil la propuesta didáctica de Andión Herrero (2007), en la que figuran tres elementos: la lengua estándar (lo que nosotros hemos denominado *norma hispánica general*), la variedad preferente y las variedades periféricas. En el modelo de Andión Herrero, *la variedad preferente* es aquel geolecto que se ha seleccionado como modelo principal para la producción de los aprendices. En un contexto de inmersión, donde los aprendices estudian el idioma en un país hispanohablante, es lógico que la variedad preferente sea la de la comunidad (por ejemplo, si el curso se realiza en Buenos Aires la variedad preferente será la rioplatense). En un contexto de español como lengua extranjera, la variedad preferente será la del profesor, quien es el portador de su propia identidad dialectal. Para finalizar, *las variedades periféricas* son los demás geolectos que difieren de la variedad preferente, pero que tienen cabida en el curso a fin de ampliar el conocimiento receptivo del aprendiz. Esta fórmula queda representada en el Cuadro 6-4.

El modelo del Cuadro 6-4 deja patente que la variedad preferente y la variedad estándar están, por su naturaleza, superpuestas. Las variedades periféricas, en cambio, tienen menos relieve en el aula porque no se espera que los alumnos imiten los rasgos de dichas variedades; sirven para proveer un *input* más abundante y más heterogéneo, para que los alumnos lleguen a tener conciencia sobre las diferentes realizaciones de la misma lengua. Pongamos un ejemplo concreto: un grupo de alumnos estadounidenses se inscribe en un curso de español en Salamanca (España). La variedad preferente será la que rodea a los estudiantes fuera del salón de clase: la variedad peninsular del centro-norte de España, que incluye una serie de rasgos que quedan al margen de la norma hispánica general (p. ej., el *vosotros* como forma de tratamiento, el fonema fricativo interdental /θ/y el leísmo). En este contexto, el español rioplatense se consideraría una variedad periférica en el sentido de que los rasgos propios de dicho geolecto (el voseo, la aspiración de la /s/final de sílaba, etc.) pueden presentarse como *input*

Cuadro 6-4. Relación entre variedades del español en la enseñanza de ELE (según Andión Herrero 2007)

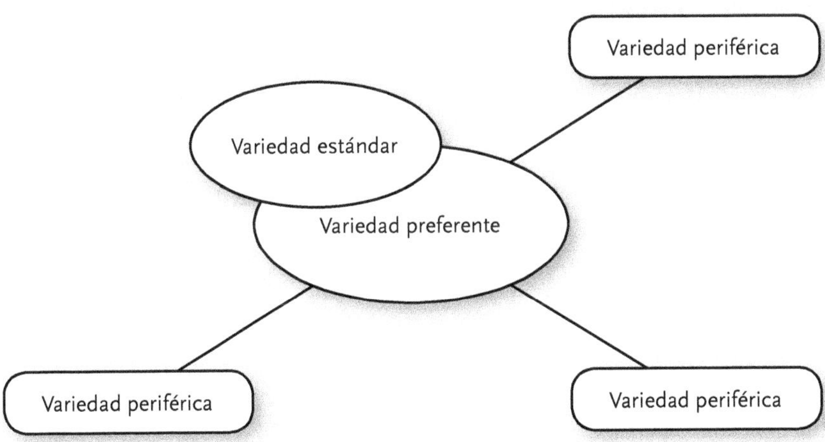

o comentarse en clase, pero no constituyen el modelo concreto para el aprendiz.

La discusión anterior resalta la importancia de distinguir entre las destrezas de la *producción* (la expresión oral y escrita) y la *recepción* (la comprensión auditiva y lectora) en la adquisición de una L2. Nos parece fundamental que los aprendices sean expuestos a muestras de habla de diferentes regiones del mundo hispano. No va a perjudicar ni confundir al alumno escuchar el *vosotros* de su profesor de origen español ni la /y/rehilada de su profesor de origen argentino. En este sentido, los que estudian el español en las aulas de Estados Unidos se encuentran en una situación afortunada porque es normal que tengan profesores de diferentes procedencias, y por lo tanto que escuchen diferentes variedades de la lengua. El *input* del aula puede enriquecerse por medio de muestras audiovisuales, tales como se encuentran en Piñar (2005) y el *Catálogo de voces hispánicas* del Instituto Cervantes (Moreno Fernández 2010). Debemos tener presente que la exposición a un rasgo dialectal no conlleva la expectativa de imitar dicho rasgo en la producción. Incluso los estudiantes que pasan una estancia en el extranjero no siempre terminan por incorporar los rasgos de la región, como vimos con el caso de la zeta española (Knouse 2012).

Además de respetar la distinción entre la producción y la recepción, el tratamiento de la variación lingüística en el aula debe atender al nivel de los alumnos. En el nivel básico, parece razonable y convincente presentar las formas gramaticales de mayor alcance y las palabras de más alta frecuencia. Es decir, la enseñanza del español a nivel principiante se mantiene lo más posible en los marcos de la norma hispánica general. A medida que los alumnos van desarrollando su dominio del idioma, estarán en mejores condiciones para entender el uso de variantes regionales y/o socialmente marcadas. Recordemos que un dominio avanzado del idioma presupone que el hablante tiene un conocimiento receptivo de las diferentes normas del español (geolectos, sociolectos, diferencias entre el registro coloquial versus el formal).

Nuestra recomendación es que la variación se incorpore paulatinamente y que se armonice con los procesos de aprendizaje de una L2. Sirva de ejemplo el leísmo, fenómeno gramatical que caracteriza la variedad castellana y por ende la norma culta peninsular. La investigación en el campo de adquisición del español como L2 indica que los aprendices tienden a ser *leístas* porque asocian el pronombre *le* con referentes animados (véase el Capítulo 4). Por consiguiente, el docente no debe extrañarse cuando sus estudiantes digan *le vi* aunque los libros de texto prescriben el uso de los pronombres de objeto directo—*lo, la, los, las*—en este contexto. Es un caso interesante porque el interlenguaje de los aprendices coincide (parcialmente) con la norma de una variedad que no es necesariamente la del docente. En vista de las dificultades que plantean los pronombres de objeto para el aprendiz, es lógico aceptar el uso de *le* por *lo* en este contexto y de paso señalar que muchos hablantes nativos lo dirían así.

Los ejemplos de variación que se exponen en este capítulo ponen de manifiesto que los profesores de español deben contar con cierto conocimiento de las principales variedades de la lengua. No estamos sugiriendo que el profesor de ELE tenga que ser especialista en dialectología ni sociolingüística, pero creemos fundamental que el profesor maneje los conceptos básicos de la variación para poder responder a las preguntas que surjan en el aula. A falta de tal formación, el profesor puede verse sorprendido por casos de variación dialectal que no sabe explicar, y en el peor de los casos, recurrir a explicaciones que fomenten estereotipos o prejuicios lingüísticos.

6.8 Conclusiones

Pensar que una lengua no tenga variación es una anomalía para cualquier lengua viva, o sea, una lengua que se practica a diario en las comunidades. La lengua española está presente en muchas comunidades y culturas distintas dentro de la Península Ibérica y en el continente americano. A pesar de las diferencias léxicas y algunos rasgos fonológicos y fonéticos entre sí, el mundo hispanohablante mantiene una unidad sorprendente. La variedad particular que se usa en el aula de ELE realmente no importa con tal de que se mantenga cierto registro educado, formal o académico, ya que las diferencias en estos registros tienden a minimizarse. Como siempre, hay más flexibilidad en lo oral que en lo escrito y eso es bueno precisamente porque ayuda a conservar la unidad lingüística mientras que se presta a la creatividad individual y la libre expresión de la identidad. Esta tensión entre la unidad y la creatividad se refleja también en las páginas web y en "las TIC": los medios de tecnología, información y comunicación que son el tema principal del siguiente capítulo.

Para reflexionar y discutir

1. ¿En qué país se habla el mejor español? ¿Hay una sola norma culta en el mundo hispano? Explica tu respuesta.
2. ¿Por qué hablamos de geolectos y sociolectos en vez de simplemente usar el término *dialecto?* ¿Cuál es la diferencia entre dialecto y registro? Da ejemplos.
3. ¿Por qué crees que los estudiantes de ELE que estudian en España generalmente no incorporan la zeta a su pronunciación, según nos demuestran los resultados de Knouse (2012) y Ringer-Hilfinger (2012)?
4. Consulta varias fuentes en Internet para averiguar en qué países de habla hispana se prefiere el término *castellano* y en qué países se prefiere *español.*
5. ¿Qué le dirías a alguien que te preguntara si es correcto o incorrecto usar la forma plural de *haber* en contextos tales como *Habían varias personas...*?

Más a fondo

A. Ve algunos vídeos del *Catálogo de voces hispánicas*. Elije dos o tres vídeos de variedades que no conozcas bien (por ejemplo, si nunca has oído hablar a un paraguayo, ve el vídeo del hablante paraguayo). Haz una comparación de las variedades centrándote en los rasgos fonéticos, gramaticales o léxicos. ¿Hay diferencias entre las variedades que impidan la comprensión? http://cvc.cervantes.es/lengua/voces_hispanicas/
B. Consulta con varios hispanohablantes para saber qué palabras utilizan para nombrar las siguientes cosas: *bathing suit; steering wheel; swimming pool; bookshelf; bathtub, blanket.* ¿Qué descubriste acerca de la variación léxica después de realizar esta breve encuesta?
C. ¿Es el *Spanglish* una lengua, un dialecto, un registro, un estilo de habla? ¿Dónde se escucha y quiénes lo emplean? ¿Se debe usar el *Spanglish* en las redacciones o ensayos académicos? ¿Crees que

el término *Spanglish* puede perjudicar a los hispanohablantes que viven en Estados Unidos? Compara tus ideas con las de Otheguy (2008), quien aborda la cuestión del *Spanglish* desde una perspectiva lingüística.

Notas

1. Datos del censo nacional (Gobierno de Paraguay 2012).
2. Este dato proviene de una encuesta realizada por el Pew Hispanic Center en 2011 (González-Barrera y López 2013). No es tarea fácil dar con una cifra exacta de hispanohablantes en Estados Unidos, por varias razones. Primero, como bien se sabe, el ser hispano no implica necesariamente que uno hable español (se estima que un 75% de los hispanos de Estados Unidos hablan español). Segundo, en los datos no se contabilizan los casi 10 millones de inmigrantes indocumentados de origen hispano.
3. La palabra *koiné* significa "común" en griego. Una koiné es el resultado del contacto o convivencia de hablantes de dos o más dialectos.
4. En el campo de la sociolingüística, el nivel socioeconómico se determina en base a un conjunto de factores, como la escolarización, la ocupación y los ingresos.
5. Para un conocimiento detallado de la variación fonética y fonológica, véase el Capítulo 14 de Hualde (2014).
6. En zonas rurales de Andalucía también se encuentran hablantes *cecesantes* que usan una variante /$\overset{\theta}{\text{s}}$/tanto para las eses como para las zetas escritas. La Real Academia Española clasifica esta pronunciación como subestándar.
7. A modo de ejemplo, López Morales (2006) dice que, durante casi un año, el programa de mayor audiencia en la isla era *¿Quién sabe donde?*, de la televisión española.
8. http://www.sociber.cl/pags_esp/shipyard.html
9. Esta cita está extraída de una ponencia y por lo tanto carece de número de página; véase: http://congresosdelalengua.es/valladolid/ponencias/unidad_diversidad_del_espanol/1_la_norma_hispanica/demonte_v.htm.
10. El español de Canarias se suele agrupar con el de América Latina.
11. Cabe notar que la forma del presente (*hay*) no presenta variación, es decir, no existe una variante plural (aunque véase Montes Giraldo 2000). Se ha constatado también una variante plural en primera persona (*habemos*) que es equivalente a *somos.*

7

¿Ayudan las nuevas tecnologías a aprender lenguas?

7.1 Introducción: ¿Qué son las TIC?

La *enseñanza de lenguas a través del ordenador* o *ELAO* es un término inclusivo que se refiere a cualquier actividad donde el aprendiz se acerca a las finalidades pedagógicas de un currículum de L2 por medio de la computadora (Levy y Hubbard 2005; G. Davies 2011). El nombre *ELAO* (o *CALL* en inglés) tiene un uso extendido entre los instructores de L2, en las organizaciones internacionales y dentro de las revistas de investigación, tales como *CALICO Journal, ReCALL, CALL* y *Language Learning & Technology*. En general, las nuevas tecnologías y sus aplicaciones llevan el nombre de las *TIC*: *Tecnologías, Información y Comunicación*. Durante los años 60 y 70, ELAO comprendía solo los programas de tipo mecánico (lo que se llamaba antes despectivamente *drill-and-kill*), pero ahora, además de los programas tutoriales, abarca las búsquedas y las tareas por Internet, la instrucción a distancia o en línea, las aplicaciones móviles, la comunicación mediante la computadora (CMC), los intercambios a través de las redes sociales, los videojuegos y el uso de un corpus o una base de datos para fines de ASL.

La importancia de las TIC se debe al hecho de que aprender una L2 es un proceso diferente a la adquisición de una L1, como nos han explicado ya Bley-Vroman (2009) y DeKeyser (2000), entre otros (véase el Capítulo 2). De nuevo, los aprendices adultos raras veces llegan al mismo nivel de proficiencia en la L2 que un niño que aprende una L1; también los adultos llegan a niveles distintos en la L2, o sea, no muestran convergencia alguna; y por fin, hace falta evidencia negativa para aprender una L2, mientras que las correcciones no parecen tener la misma importancia en el proceso de adquirir una L1.

Por consiguiente, el tiempo dedicado al proceso de aprendizaje y la riqueza de ese contacto importan tremendamente en el caso de los aprendices de una L2, ya que todo adulto tiene una vida ajetreada, mientras el bebé no hace más que comer, dormir, llorar y aprender su L1 día y noche. Las TIC pueden aumentar los momentos de contacto con la L2 fuera de lo que es el entorno tan limitado de las clases presenciales, las cuales constituyen alrededor de solo 150 horas al año, o sea, unas 600 horas de contacto durante toda la carrera universitaria, lo cual es apenas suficiente para lograr el nivel avanzado (ACTFL) o la etapa de B1/B2 (MCER) en una lengua romance, pero totalmente insuficiente para dominar otras lenguas con sistemas de escritura más difíciles (por ejemplo, el chino, el japonés, el árabe). Malcolm Gladwell en su libro *Outliers* (2008) calcula, a grandes rasgos, que una persona necesita unas 10.000 horas de contacto y práctica para convertirse en experto en alguna materia o en un conocimiento práctico (como es el hablar una L2); mucho más de los cuatro años de una carrera universitaria. Cualquiera que sean las críticas de las ideas de Gladwell,[1] no cabe duda que dominar una L2 requiere una gran inversión de tiempo. Por lo tanto las TIC prometen contribuir al desarrollo del aprendiz de L2.

En términos teóricos, el ELAO se sitúa plenamente dentro del marco de la hipótesis del reconocimiento ('noticing'), la Hipótesis Interaccionista y la instrucción explícita (véase el Capítulo 2), como se explicará a continuación. Por un lado, el ELAO tutorial, bien diseñado, le ofrece al aprendiz una instrucción explícita ilustrada con imágenes, animación y/o vídeo, además de la oportunidad de llevar ese conocimiento explícito a la práctica. Por otro lado, el ELAO social estimula interacciones sociales con otros hablantes donde habrá momentos para entrar en negociaciones del significado semejantes a lo que describe la teoría interaccionista. Un inventario grande de herramientas digitales existe para apoyar estas dos formas de ELAO.

En el caso del ELAO tutorial, se aprecia en particular la interactividad de un programa que engancha la atención del aprendiz para que se fije en los aspectos formales de la L2 (la hipótesis del reconocimiento de Schmidt 1994). Es decir, el ELAO tutorial sigue las pautas y las nociones básicas de la Hipótesis Interaccionista (véase el Capítulo 1), donde el aprendiz tiene que hacerse un partícipe activo ensayando las nuevas estructuras y consolidándolo todo en busca de más fluidez en la L2. Lógicamente casi todo programa de ELAO tutorial quiere etiquetarse como *interactivo*, pero le toca al docente decidir cuáles de esos programas realmente cumplen con ese rótulo. De nuevo, el papel del instructor es fundamental en el entorno educativo de ELAO.

En cuanto al uso de ELAO social, todo depende del diseño de las tareas, y por lo tanto la Hipótesis Interaccionista también sigue guiando los intercambios entre los participantes. Guillén (2014) usó el término *ELAO social* para captar una visión amplia de las posibilidades pedagógicas de colaboración a través de la red, especialmente con referencia al APRENDIZAJE DE LENGUAS EN TÁNDEM, donde dos personas de lenguas maternas diferentes se enseñan una a la otra. No hay duda de que algunas herramientas de CMC fomentan mejor las interacciones entre los hablantes, pero siempre resulta más significativo lo que tienen que hacer los participantes y, sobre todo, las amplias oportunidades para entrar en negociones de significado.

Robinson (2001; 2011) ofrece un análisis exhaustivo de la estructura de las tareas apropiadas para estimular un profundo procesamiento cognitivo de las nuevas formas de la L2. Este investigador hace hincapié en la secuencia de las tareas que se asignan, acentuando la *corrección* y la *complejidad* del lenguaje que produce el aprendiz. Según él, con tal de que las tareas permitan un tiempo suficiente no solo para inventar el contenido sino también para planear el uso de las formas lingüísticas implicadas por ese tema, el aprendiz puede experimentar tanto una mejora de la precisión como de la complejidad de su expresión, ya sea por vía oral—grabando vídeos—o por vía escrita, por medio de los chats o las composiciones. Es decir, regresamos de nuevo al enfoque por tareas (sección 2.4). Si las actividades del ELAO social tienen un enfoque por tareas bien pensado, saldrán con éxito tanto en el aula como en el foro digital (para una aplicación creativa al entorno de ELAO, véanse González-Lloret 2003; González-Lloret y Ortega 2014). En pocas palabras, el marco teórico ideal para llevar a cabo las actividades de ELAO debe ser netamente interaccionista. Por consiguiente, el acceso al Internet, los programas tutoriales, las videoconferencias, las redes sociales, las aplicaciones móviles, los videojuegos y todo aquello que promueve el contacto con la L2 aumenta la cantidad de tiempo que el alumno dedica al estudio de la L2.

A pesar de estas ventajas tan obvias, persisten ciertas confusiones e incluso algunos miedos acerca de las TIC por parte de los instructores de ELE (véase también Blake 2013). Algunas personas confunden las nuevas tecnologías con el concepto de metodología. Sin embargo, una clase de L2 sin un buen plan metodológico no se mejorará recurriendo a la tecnología. La tecnología ayuda a realizar las actividades del currículum, pero no puede reemplazar los conceptos curriculares.

Asimismo, mucha gente teme los cambios incesantes implicados por el uso de las TIC. La gente tiende a rechazar o ignorar las últimas innovaciones a raíz del gran esfuerzo que requieren en su implementación. Cada institución debe proveerle a su profesorado un ciclo de entrenamiento técnico para enfrentarse con este desafío real, ya que no faltarán los avances continuos de las TIC.

Por último, existe un miedo de que las TIC reemplacen a los instructores. Independientemente del ambiente educativo—o sea, presencial u *online*—el papel del instructor sigue siendo clave para guiar al estudiante y para formular el marco pedagógico, aunque puede ser que el instructor que sabe mucho de las TIC reemplazará al que no sabe de las TIC.

7.2 Los tipos de ELAO

Hay muchos tipos de cursos que incorporan las TIC y ELAO en el currículum, pero a grandes rasgos se puede hablar de dos categorías: (1) el ELAO tutorial, donde la computadora juega un papel mediador entre los

Tabla 7-1. El paradigma pedagógico según el formato de instrucción: presencial versus *online* (adaptado de Guillén 2014)

Función o papel	Clase presencial	Clase *online*
Instructor	Vital: dirige al aprendiz	Vital: anima al aprendiz
Estudiante	Se deja dirigir	Tiene que ser más autónomo
Horas de estudio individual	3 horas por semana	6 horas por semana
Interacciones con el instructor	Limitadas (3 a 5 respuestas al día)	Más extensas e intensas (45 minutos a la semana a través del chat sincrónico)
Ambiente de aprendizaje	Existe mucha presión por parte de los compañeros	Promete ser más colaborativo

materiales pedagógicos y el alumno; y (2) el ELAO social (Guillén 2014), donde la computadora es el medio comunicativo para poner en contacto a un estudiante con otro. Un instructor puede liderar un curso asistido por las TIC dentro del aula, a través de un curso híbrido con más o menos la mitad de las clases en el aula y la otra mitad en la red, o por medio de un curso *online* apoyado por los dos tipos de ELAO, tutorial y social.

En Estados Unidos, se estima que un 32% de los cursos universitarios se imparten a través de formatos híbridos o totalmente *online* (Allen y Seaman 2013). Es decir, estos formatos ya forman parte de las opciones normales de la educación universitaria. El número de universidades *online* va en aumento en el mundo hispano (e.g., la Universidad Isabel I (http://www.ui1.es/oferta-academica), la Universidad Abierta y a Distancia de México (http://www.unadmexico.mx/).

También hay que acentuar la importancia de las interacciones humanas y el papel de ELAO social a través de los formatos *online*. Bien se sabe que hay muchos beneficios de la ZONA DE DESARROLLO PRÓXIMO (Vygotsky 1986), o sea, el planteamiento de que cada individuo puede lograr más si trabaja con otros. Desde luego, hablar una lengua (una L1 o una L2) constituye un acto netamente social. Por consiguiente, cabe preguntarse si estos nuevos formatos—especialmente el curso totalmente ofrecido *online*—va cambiando el actual paradigma educativo. En términos globales, la respuesta sería que no, pero hay diferencias notables, como se indica en la Tabla 7-1 (adaptada de Guillén 2014).

De cualquier modo, no se suprime de ninguna manera la necesidad de un instructor competente. Sin embargo, el curso de L2 *online* cambia sutilmente el enfoque para hacer más hincapié en el estudiante, quien tiene que asumir más responsabilidad de su propio progreso. No estaría fuera de lugar hacer notar que no todos los estudiantes están listos para este desafío, ni lo quieren. O sea, algunos no buscan una mayor responsabilidad ni más autonomía en cuanto a su desarrollo lingüístico; un curso *online* no es para todos.

7.3 La investigación sobre ELAO

Hay tres ramas principales de investigación sobre el tema de ELAO: (1) los estudios comparativos que buscan determinar si ELAO tiene tanta eficacia como la instrucción presencial; (2) los estudios que investigan cómo los estudiantes usan los programas de ELAO, a quiénes benefician más y qué rasgos individuales afectan a los resultados y el proceso de adquisición de una L2 por medio de ELAO; y (3) un examen de las mejores prácticas y el mejor entrenamiento en las TIC para los instructores.

Desde luego, los estudios comparativos atraen mucho a los administradores e incluso a los instructores que están en contra de emplear las TIC en la enseñanza de lenguas. Estos dos grupos exigen pruebas fidedignas antes de implementar ELAO en el currículum, con toda la inversión de tiempo y dinero que eso implica. Con frecuencia se oye la pregunta—muy simplista, a nuestro modo de ver—"¿Cuáles son mejores: las clases presenciales o las clases con ELAO?". Como ya hemos visto, las opciones no son excluyentes: se pueden implementar clases presenciales asistidas por ELAO con resultados muy beneficiosos para los estudiantes. Pero la cantidad de variables incontrolables en una investigación sobre ELAO—por ejemplo, programas de estudio desiguales, instructores diferentes, la validez de los exámenes de proficiencia, el corto plazo del tratamiento experimental, las distintas capacidades cognitivas de los informantes y la motivación de cada participante—hacen muy difícil probar que un método específico supera al otro. Con frecuencia los estudios comparativos dan resultados que no muestran ninguna diferencia estadísticamente significativa entre el grupo de control y el grupo experimental. De los estudios llevados a cabo con esta finalidad comparativa, parece ser que las clases asistidas por ELAO son, como mínimo, tan buenas como las puramente presenciales (véanse Grgurovic, Chapelle y Mack 2013; Blake et al. 2008; Blake 2013).

Promete más otra línea de investigación que se preocupa por cómo se usa ELAO desde la perspectiva cognitiva y social del participante. El estudio de Arispe (2012) ofrece un buen ejemplo de este acercamiento porque documenta cómo los alumnos usan *LangBot*, un programa "amigo" que responde automáticamente a las preguntas léxicas que se hacen a través de cualquier aplicación móvil de Instant Messenger (IM). *LangBot* ofrece definiciones, usos en contexto sacados de Wikipedia en español y pruebas basadas en las propias búsquedas de cada alumno. A los alumnos les gustó sobre todo el sinfín de autopruebas a las que podían acceder durante la semana. Tanto los alumnos principiantes como los intermedios avanzados progresaron en cuanto a su conocimiento léxico, pero solo los intermedios avanzados lograron resultados realmente impresionantes y significativos. Un estudio de este tipo pone en evidencia los rasgos de un *app* que les gusta mucho a los estudiantes y el momento ideal en su desarrollo de L2 para emplearlo.

Arispe y Blake (2012) hicieron otro estudio para determinar qué rasgos de personalidad (véase la escala de *Big Five* en John, Naumann y Soto 2008) se asocian más con el éxito en un curso *online*. Los rasgos personales como *enfoque abierto*, *carácter extravertido* o *personalidad amable* no exhibieron ninguna correlación con el éxito en este curso *online*. El factor más importante fue la *conducta concienzuda*; es decir, los estudiantes que llevan un ritmo de trabajo metódico día tras día obtienen más éxito. Este resultado parece bastante intuitivo, si no obvio, a los instructores veteranos, pero confirma estadísticamente la importancia de mantener una disciplina diaria con el curso *online* y sugiere la importancia de entrenar a los estudiantes en estrategias educativas que deben contemplar antes de meterse en el entorno *online*. Hay mucho que queda por investigar en cuanto a las diferencias individuales entre los aprendices y mucho que documentar en cuanto a cómo se emparejan mejor los beneficios especiales de las TIC con las preferencias de los alumnos.

Otros investigadores han recurrido a una base de datos para almacenar las respuestas y los errores más frecuentes de los alumnos de L2 para así crear un sistema de retroalimentación más rico que el que suelen ofrecer las aplicaciones de ELAO. Este sistema de seguimiento se llama *i-ELAO* (*i-CALL*) según Amaral y Meurers (2011) y Heift (2010). El sistema E-Tutor de Heift (2007; 2010), acude a un banco de respuestas de más de cinco mil alumnos. Esta investigadora descubrió tres tendencias o tipos de conducta entre sus estudiantes digitales: (1) *los navegadores* ('browsers'), sobre todo principiantes que hojean los ejercicios digitales pero no los hacen; (2) *los miradores* ('peekers'), intermedios que hacen los ejercicios pero miran las respuestas mientras tanto para ayudarse, ya que no tienen todavía mucha confianza; y (3) *los inflexibles* ('adamants'), avanzados que lo terminan todo y nunca echan un vistazo a las respuestas porque tienen mucha confianza. Desde luego, este tipo de investigación puede ser muy útil para guiar el diseño de ELAO para un grupo de alumnos en particular.

Los videojuegos también provocan mucho interés en el campo de ELAO pero hasta la fecha hay pocos estudios y poca evidencia para evaluar su impacto sobre el desarrollo de una L2 (Peterson 2013). Los videojuegos adaptados para ELE tienden a restringirse a un registro lingüístico bastante limitado, ya que las rutinas de los videojuegos imponen reglas muy estrictas.

De hecho, aprender las reglas de un videojuego como *World of Warcraft* implica una faena bastante ardua en sí y no todo alumno será capaz de hacerlo o tendrá interés en emplear todo ese tiempo. Sin embargo, Gee (2007) ha puesto de relieve el enorme potencial educativo que representan los videojuegos. Es un tema, claro está, que pide mucha más investigación (Thorne, Black y Sykes 2009).

El entrenamiento tecnológico de los instructores, por otro lado, es un tema que se ha estudiado mucho, con amplias publicaciones (Hubbard y Levy 2006). Por supuesto, los instructores tienen que familiarizarse con las TIC desde un punto de vista totalmente técnico (es decir, cómo funcionan las herramientas), pero importa más que aprendan una nueva metodología asistida por la TIC donde los estudiantes tengan un papel más activo y ejerzan más control sobre la dirección de su propia educación (Blake 2013, 109). Esta nueva retórica pedagógica exige un proceso constructivista, una dialéctica entre instructor y estudiante que incluye el proceso de conceptualización del estudiante en la lección. Un cambio a una enseñanza enfocada en el alumno (i.e., 'student-centered classroom') no ocurrirá sin un cambio en el acercamiento del instructor, con o sin las TIC.

7.4 Las mejores herramientas y prácticas de ELAO

Sabiendo de antemano que las TIC cambian muy rápido, ofrecemos la siguiente lista de programas y sus aplicaciones más apropiadas para el aula de ELE, pero con el aviso de que esta lista se tendrá que actualizar constantemente. El instructor puede servirse también de los sitios web dedicados a profesores de ELE que ofrecen foros y recursos abundantes: e.g., marcoele .com, TodoELE.org, Cervantes.es, Elcastellano.org. De nuevo, lo importante sigue siendo el cómo se emplean estas herramientas, o sea, la manera en que los estudiantes tienen que interactuar con los materiales y en conjunto con los otros participantes. En pocas palabras, el diseño de las tareas y la metodología resultan más significativos que las herramientas TIC en sí.

- **Socrative** Hacer encuestas o exámenes en clase
- **Prulu** Crear diálogos moderados con una lógica compuesta
- **Gloster** Permitir que los estudiantes hagan presentaciones a base de imágenes y texto
- **Pinterest** Presentar ideas a través de imágenes
- **TagGalaxy** Relacionar palabras del mismo campo semántico con imágenes en alemán, francés, español e inglés
- **Wordplay** Hacer juegos de vocabulario
- **Lingua.ly** Estudiar vocabulario a través de la red con un glosario con texto y audio
- **Quizlet** Implementar ejercicios y exámenes *online*

- **Google**
  - *Mapas*: Crear rutas de visitas anotadas con texto, fotos y vídeos
  - *Docs*: Redactar de forma colaborativa de tipo "wiki"
  - *Presentaciones*: Presentar conferencias de tipo *PowerPoint*
  - *Formularios*: Realizar encuestas, exámenes o pesquisas por la red
  - *Hangout* (*Google Plus*): Hablar de forma sincrónica con hasta nueve personas a la vez en conjunto con las otras herramientas de Google
- **Wikispaces** Crear bitácoras (*blogs*) y administrarlas *online*
- **Nearpod** Controlar la pantalla de otros iPad u otras computadoras
- **YouTube** Dejar que los estudiantes suban vídeos a la nube
- **Zaption** Crear conferencias anotadas con vídeo y texto
- **Voicethread** Añadir sonido a las presentaciones
- **Skype** Chatear de forma sincrónica.

Frente a tantas opciones tecnológicas, no debe extrañarse de que el instructor se quede a la deriva, sin saber cómo aplicar estas herramientas al currículum de ELE. Por suerte, el acercamiento del enfoque por tareas puede ofrecerle una guía a todo instructor. Por ejemplo, el instructor puede crear un vídeo con imágenes, audio y texto, o encontrar materiales auténticos por Internet a través de YouTube u otro corpus como *ELEclips* (http://eleclips.agilicedigital.com/) o el *Corpus del español en Texas* (https://www.coerll.utexas.edu/spintx/), y luego usar estas herramientas de las TIC para implementar actividades que exijan que los estudiantes hagan comparaciones, compartan información, solucionen un problema de información o identifiquen ciertas construcciones o frases léxicas apropiadas para su nivel (por ejemplo, que encuentren todos los nombres femeninos, todos los cognados, que cambien la perspectiva de la primera persona a la tercera persona o que reescriban un diálogo en forma de discurso indirecto). Las tareas más comunes son hacer un listado, poner en orden, comparar, contrastar, buscar una solución y llevar a cabo un proyecto creativo. Dependiendo del tipo de herramienta, la interacción con los materiales o la colaboración con otros estudiantes se hace oralmente o por escrito; se almacena en una base de datos o se le manda al estudiante, ofreciéndole glosas/definiciones/pistas ('clues') o no. Hay una riqueza de posibilidades, pero es el instructor quien tiene que decidir y luego dejar que los estudiantes ejerzan su creatividad en busca de su propia voz bilingüe.

Es obvio que el papel del instructor no disminuye con el uso de estas herramientas a pesar de que el alumno ya tiene más control sobre la dirección de su educación y más autonomía. De todas formas, el instructor tiene que guiar, más que dictar, la dirección de la enseñanza. La implementación más radical de este nuevo paradigma educativo con las TIC se ve en la estructura de un curso totalmente impartido *online*, que es el tema de la siguiente sección.

7.5 La estructura de un curso *online*

Las plataformas virtuales de aprendizaje ('e-learning') ofrecen un conjunto de herramientas bastante semejantes, pero se distinguen entre sí en cuanto a la comodidad del uso y la disponibilidad de las videoconferencias. No todas las plataformas virtuales permiten que los usuarios graben vídeos en el acto ('on the fly'). Canvas.instructure.com, Blackboard.com y BrightSpace.com, sí tienen esa función de CMC sincrónico y por eso son entornos atractivos para llevar a cabo la enseñanza *online*. La Universidad de California optó por Canvas.com para impartir sus cursos *online*. A través del sitio oficial de la esta universidad (http://www.uconline.edu/), los estudiantes de ELE del primer nivel siguen un horario semanal con los siguientes pasos:

- **Primer día** *Input* de la lección [videoconferencia con diapositivas]
- **Segundo día** Actividades de vocabulario y gramática en contexto [libro de texto virtual con actividades en Canvas]
- **Tercer día** Actividades de comprensión auditiva [lección hecha con Adobe Captivate que emplea una entrevista/videoclip]; Actividades de expresión oral [se graba un vídeo en Canvas]
- **Cuarto día** Actividades de interacción oral en directo en grupos de 3 personas [videoconferencia]
- **Quinto día** Actividades de escritura [Canvas]
- **Fin de semana** Pruebas finales de la lección [Canvas].

En las evaluaciones al final del curso, casi todos los estudiantes reconocieron la importancia de las sesiones de chat sincrónico y las apreciaron, a pesar del nerviosismo que habían creado al principio. Se confirman las ideas de Vygotsky: una lengua está incrustada en lo social y en una comunidad de hablantes, y los aprendices logran más trabajando en conjunto. Hasta algunos observaron (véanse los siguientes comentarios) que hay más interacciones en un curso virtual diseñado así que en la clase presencial:

- "El nivel del interacción entre los estudiantes, el profesor y el asistente fue muy alto en un curso completamente a distancia".
- "Aprendimos a hablar, leer y escribir y todo ello a través de la computadora".
- "El curso está muy bien organizado y muy bien presentado. Pienso que hay más interacción que en un curso presencial".
- "Los módulos sirvieron como una guía y ayudan a mantenerse organizado a lo largo del curso".

Todos los comentarios apuntan a la importancia del instructor, directa o indirectamente. Sin la buena organización y un conocimiento a fondo de las posibilidades disponibles a través de las TIC, no tendría éxito la experiencia de aprendizaje *online*.

7.6 El uso de un corpus *online* en el currículum de ELE

Ya hemos hablado del valor que se puede sacar de las recopilaciones de discurso oral grabadas en vídeo—e.g., *ELEclips* (http://eleclips.agilicedigital.com/), el *Corpus del español en Texas* (https://www.coerll.utexas.edu/spintx/) o los vídeos de YouTube—que a veces ofrecen también información acerca de la gramática, el léxico y la cultura. Asimismo, para la escritura están disponibles otros corpus puramente textuales como el *Corpus del Español* de M. Davies (http://www.corpusdelespanol.org/, 2002), el *Corpus de Referencia del Español Actual* (CREA, http://www.rae.es/recursos/banco-de-datos/crea, 2008) de la Real Academia Española, el diccionario/buscador de la traducciones Linguee (www.linguee.es), y hasta Google, que tiene una gran cantidad de documentos digitales redactados en español por hablantes nativos.

Lo bueno de estos corpus digitales de textos es que ponen al alcance un gran almacén de ejemplos de uso real de la lengua, una fuente auténtica de información sobre la L2 en múltiples contextos (Pitkowski y Vásquez Gamarra 2009). Sin embargo, el desafío para los profesores de ELE consiste en entrenar a los alumnos a cómo exprimir el jugo de estos corpus, ya que estos no se hicieron con fines didácticos (Kennedy y Miceli 2001). Por un lado, hay que saber bastante sobre la gramática española para poder buscar ciertas cosas en estos almacenes digitales (e.g., la forma *había* puede ser un verbo auxiliar o un verbo impersonal y cabe preguntarse si el estudiante sabrá discernir entre estos usos). Por otro lado, la disponibilidad informatizada permite unas búsquedas rápidas y cómodas para el estudiante moderno de ELE. Para progresar con el aprendizaje del español, el estudiante necesita investigar lo más idiosincrático, lo más contextual; precisamente lo que no se suele incluir en los libros de texto: los contextos donde se usan los verbos reflexivos y los de régimen preposicional (p. ej., *invitar a, chocar con, aprovechar, aprovecharse de,* etc.; véase Benavides 2015), los adjetivos que normalmente acompañan a un sustantivo en particular,[2] o las palabras de transición.

Para los que se interesan por la adquisición del léxico, los corpus digitales son un tema central desde hace muchos años. Por ejemplo, Cobb (1999) describe cómo los alumnos pueden usar un corpus con el fin de aprender mucho vocabulario en poco tiempo; y Horst, Cobb y Nicolae (2005) hacen lo mismo centrándose en el vocabulario académico. En vez de dar a los alumnos un listado de palabras para aprender o memorizar, los alumnos mismos buscan las palabras clave en el corpus con el objetivo de inferir su significado. La gran ventaja de este tipo de búsquedas es que permiten ver la palabra en contexto, o mejor dicho, en muchos contextos diferentes. Por otro lado, Cobb (1999) advierte que este tipo de aprendizaje puede agobiar a los estudiantes que tienen poco dominio del idioma, ya que podrían confundirse con tanta información léxica acerca de una palabra. Veamos el ejemplo de una simple búsqueda para la palabra *negocio* en el corpus Lextutor (Cobb 2000). La búsqueda rinde 76 resultados, algunos de los cuales se reproducen a continuación:

> *Se dedican al **negocio** de los bienes raíces; sacar el **negocio** adelante; en montar su propio **negocio**; tu **negocio** en línea; el dueño del **negocio**; además de hacer un mal **negocio**; se ha convertido en un **negocio***

Una vez realizada la búsqueda, ¿qué ha de hacer el estudiante con la información? ¿Podrá inferir el significado de *negocio* a partir de los ejemplos? En el estudio de Cobb (1999) los estudiantes tenían que elaborar su propio diccionario que recogía uno o dos ejemplos del corpus para cada palabra y también la traducción de la palabra a la lengua materna.

Desde luego, hay otras opciones pedagógicas para ampliar el conocimiento léxico con la ayuda de un corpus digital. Como se ha resaltado en el Capítulo 3, conocer una palabra conlleva también saber con qué palabras ocurre normalmente. Para los estudiantes más avanzados, esto implica estudiar los contextos de uso de aquellas palabras que pueden reconocer pero no usar de manera activa (es decir, palabras que conocen parcialmente). Sirva de ejemplo el verbo *ejercer*. La búsqueda en Lextutor (Cobb 2000) rinde 29 resultados, entre ellos: *parece **ejercer** una influencia positiva; no podrá **ejercer** su profesión durante casi cuatro años; quieren **ejercer** su derecho a la libertad de expresión*. Se les puede pedir a los estudiantes que elijan dos o tres ejemplos del corpus para compartir con sus compañeros en clase. Así, entre todos, darán con las colocaciones más comunes para este verbo transitivo. En fin, con un entrenamiento bien pensado, los corpus digitales de textos prometen mucho apoyo para los niveles intermedios y avanzados.

7.7 Conclusiones: ELAO, instrucción explícita y el papel del instructor

A lo largo de este libro, se ha recalcado que la instrucción explícita tiene un papel importantísimo en el desarrollo y adquisición de una L2. N. Ellis (2008), sobre todo, cree que el sistema de conocimiento explícito se comunica con el implícito de tal manera que sería posible hacerle ver al estudiante de ELE otra realidad diferente a la de su lengua materna. Luego, hará falta reforzar estas nuevas asociaciones de tal forma que le salgan al alumno sin pensar, o sea, convertir el conocimiento explícito en algo del sistema implícito. Obviamente, esto requiere muchas horas de contacto y otras tantas de práctica. Para eso los programas tutoriales (i.e., ELAO tutorial) vienen como anillo al dedo. La comunicación mediante computadora—ELAO social—también se justifica por sí sola por la cantidad de intercambios y coloquios que se pueden llevar a cabo a través de la red. La combinación de los dos tipos de ELAO en un curso *online* hace que la educación a distancia sea una opción muy responsable y viable en el ambiente educativo actual.

Desde luego, a todo instructor de ELE le gustaría pensar que su papel de instructor es decisivo para el progreso del aprendiz. Sin embargo, tal afirmación no garantiza la superioridad de la clase presencial, donde el instructor suele ser el protagonista principal. Por un lado, es un prejuicio innato por parte de todo instructor pensar que no hay mejor formato que el presencial, pero no se sostiene esta idea con evidencia ya que los aprendices de ELE pueden aprender a través de muchos formatos con tal de que reciban mucho *input* y muchas oportunidades para interactuar en la L2. Por otro lado, sería un error pensar que las nuevas tecnologías por sí solas ofrecen el mejor entorno para el aprendizaje. Sin duda alguna le toca al instructor determinar cómo mejor emplear las TIC en su currículum; para poder hacer esto, los instructores tienen que entrenarse en las TIC para darse cuenta de todas las posibilidades. En ese sentido, el papel del instructor sigue siendo central en todos los formatos que emplean las TIC.

Los estudios comparativos nos aseguran que ELAO ofrece una alternativa eficaz, pero no necesariamente mejor, a la enseñanza presencial siempre y cuando se emplee con astucia; hará falta mucha más investigación para saber qué estudiantes aprovechan mejor este entorno digital. Asimismo, el entrenamiento tecnológico de los profesores tiene que ser una prioridad en su preparación profesional, tanto en las nuevas aplicaciones de ELAO tutorial como sus usos sociales (CMC). En fin, el instructor debe usar todos los medios habidos y por haber a fin de intensificar el contacto del estudiante con la L2.

Para reflexionar y discutir

1. ¿Cuánto tiempo pasas en Internet en español? ¿Qué haces en Internet en español: e-mail, búsquedas, programas, redes sociales, Facebook? ¿Cómo usarías Internet para el aula de ELE?
2. Haz una lista de los puntos positivos y negativos de tomar una clase de ELE *online*.

3. En este capítulo se mencionó el uso de los corpus para fines pedagógicos (e.g., Linguee.com). ¿Se trata de una herramienta apropiada para estudiantes de todos los niveles, o solamente para los más avanzados?
4. Considera las cuatro destrezas producción oral, comprensión auditiva, comprensión lectora y escritura, y decide si se prestan todas a el ELAO. En otras palabras, ¿hay algunas destrezas que sean más fáciles de mejorar por medio de el ELAO?

Más a fondo

A. La información de Internet no es transparente sino que implica premisas y prejuicios culturales de los que hicieron la página. Busca una página web en español que presente algo cultural del mundo hispano. Luego, haz una lista de toda la información cultural que tiene que saber un aprendiz de L2 para interpretar correctamente las palabras y la información.
B. Diseña una actividad por tareas que implique el uso de la tecnología.

Notas

1. A pesar de la popularidad del libro de Gladwell, sus afirmaciones se han puesto en tela de juicio. Por ejemplo, Hambrick et al. (2014) señalan que las habilidades innatas (e.g., la aptitud o la inteligencia) tienen mucho que ver en la trayectoria de los expertos.
2. Esto es lo que ofrece Bosque (dir., 2006) en su *Diccionario combinatorio práctico,* pero no está disponible en un formato informatizado.

8

¿Por qué es importante irse al extranjero para estudiar una L2?

8.1 Introducción

Hemos recalcado a lo largo de este libro, y especialmente en el Capítulo 2, la importancia del *input* para el desarrollo de una L2: tanto la cantidad como la calidad (o la intensidad) de los estímulos que recibe el aprendiz. Ya vimos que el entorno en la clase deja mucho que desear en cuanto al *input* necesario para lograr un dominio sólido de una L2 durante el período normal de la carrera universitaria (Muñoz 2008). Según N. Ellis (2008), mientras que se puede sacar mucha ventaja a la enseñanza explícita dentro del entorno de la clase, este medio no apoya muy bien el proceso de aprendizaje implícito, lo que cubre la mayor parte de lo que se tiene que automatizar para hablar una L2 con fluidez. De nuevo, nos encontramos con ese concepto impreciso pero a la vez útil: la fluidez. Primero, ¿cómo se define la fluidez? Es una preocupación central de este capítulo. Segundo, ¿puede el entorno de inmersión en un país de habla española fomentar la capacidad de mantener el diálogo fluido mucho más que la enseñanza en el aula de ELE?

En este capítulo ofreceremos una aproximación al concepto de fluidez en conjunto con unas medidas para evaluarla, además de examinar las ventajas que ofrecen los programas de inmersión. A la vez hablaremos de otros temas que se asocian con una proficiencia avanzada de una L2: (1) un demostrado nivel de comprensión auditiva, a pesar de los ruidos y las distracciones presentes en el ambiente; (2) un amplio conocimiento pragmático de la cultura de la L2, que incluye la capacidad de dar consejos, de demandar algo, de rechazar ofertas y de pedir disculpas con cortesía usando una fraseología adecuada para las diferentes situaciones sociales; y por último (3) una comprensión cultural de la sociedad de la L2, lo que contribuye también al desarrollo de una nueva identidad en la L2, o sea, un sentido pleno de ser bilingüe. Para comenzar, conviene entender cuán extendido está el estudio universitario en el extranjero.

Curiosamente, alrededor de un 56% de los estudiantes universitarios en Estados Unidos declara un interés en estudiar en el extranjero, pero solo un 14% lo pone en acción (Open Doors 2012; Davidson 2007, pág. 279, cita 45% y 3%, respectivamente). Sin embargo, el estudio en el extranjero sigue aumentando paulatinamente por parte de los alumnos estadounidenses (Open Doors 2014). En el año académico 2012–2013, unos 290.000 alumnos estudiaron en el extranjero, un aumento del 2% desde el año anterior, pero esta cifra solo representa un 1% de la población universitaria en su totalidad. El país destinatario más grande es Inglaterra (12,5%), lo cual no implica ningún contacto con una L2. Los que estudian lenguas extranjeras representan solo un 5% de los que salen fuera de Estados Unidos, aunque un 10% más estudia temas de humanidades. En cuanto a la lengua española, un 26% llevó a cabo programas o en España (9%) o en el Caribe y América Latina (17%). Los programas de verano resultan ser los más populares (38%) y duran dos semanas o más. Los programas de un semestre están muy en demanda también (37%). Solo un 3,1% de los alumnos estadounidenses se quedan en el extranjero para todo el año académico. Cabe preguntar, entonces, cuál de estos formatos provee la mejor experiencia en el extranjero en cuanto al desarrollo lingüístico.

A base de más de 20 años de recopilar datos sobre el estudio de la lengua rusa como L2 en el extranjero, Davidson (2007) concluye que hay más progreso siempre y cuando el alumno se quede por un año, y aún más progreso si el alumno sale al extranjero con un alto nivel previo al programa, lo que sería, en este caso ruso, tres años de estudio universitario (véase también Baker-Smemoe et al. 2014). Un 56% de los estudiantes de ruso en programas de verano no registran ninguna mejora al final del programa en cuanto a su comprensión auditiva, frente a un 46% en programas de un semestre y un 15% de los que están en programas de un año. Es decir, quedarse más tiempo ayuda más al proceso de adquisición, cosa que no debe sorprender.

En cuanto a la lectura, Davidson informa que un 81% de los que se fueron a Rusia con un nivel intermedio y se inscribieron en programas de un año llegaron al nivel avanzado, frente a solo un 44% en programas de un semestre y un 39% en programas de verano. Algo semejante pasa con la proficiencia oral: con un año de estudio, la mitad de los estudiantes suben al nivel avanzado en el habla, pero solo un 7% de los que están en programas de semestre se beneficia de semejante avance.

Asimismo, Freed (1995), Lafford (2006), y Lafford y Collentine (2006) han mostrado con creces que la estancia en el extranjero no siempre conlleva un avance correspondiente en la corrección gramatical. Los resultados de Davidson (2007) y Cubillos, Chieffo y Chunbo (2008) apuntan a lo mismo cuando se trata de programas de poca duración, especialmente para los niveles más básicos. Hasta algunos educadores cuestionan el valor de invertir en estos programas de corta duración, a pesar de la demanda por parte de los estudiantes por este tipo de estancia corta en el extranjero. Sin embargo, Davidson (2007) nos advierte que todo programa en el extranjero promete motivar al estudiante a que regrese al país donde se habla esa L2, y de esa manera se podría prolongar el contacto con la L2, lo cual favorece el proceso de adquirir una L2 sin lugar a dudas. Lafford y Uscinski (2014) sugieren que la fluidez mejora con el estudio en el extranjero incluso cuando los exámenes más tradicionales no reflejan avances en cuanto a las cuatro destrezas (producción, comprensión, lectura, escritura). A continuación pormenorizaremos los rasgos esenciales del concepto de la fluidez.

8.2 La fluidez

El concepto de la fluidez en el campo de ASL es un componente de la expresión oral que guarda una relación estrecha con las propiedades temporales del habla. Para Ortega (2001) la fluidez incluye "características de duración tales como la rapidez al hablar y la longitud, frecuencia y distribución de pausas, así como manifestaciones de problemas de procesamiento, tales como repeticiones, correcciones y abandono o interrupción de enunciados" (pág. 212). Cabe destacar que tal caracterización de la fluidez se opone al sentido amplio con el que se usa el vocablo fuera de la academia, esto es, la fluidez como equivalente de competencia oral o dominio del idioma. Rechazamos este sentido amplio del término porque confunde la *proficiencia* (una capacidad global) con la fluidez propiamente dicha (un componente específico de la expresión oral).

Para determinar el grado de fluidez de un hablante, se puede recurrir a dos técnicas. La primera es subjetiva, esto es, la percepción de fluidez por parte de un grupo de evaluadores, quienes pueden ser hablantes nativos o no nativos. Los evaluadores escuchan unas muestras de habla y les asignan un valor mediante una escala numérica (normalmente de cinco niveles). Estudios previos han demostrado que en la percepción de la fluidez intervienen varios factores, entre los cuales se destacan dos aspectos temporales: la velocidad del habla y el promedio de palabras producidas entre pausas. Sin embargo, como señalan Kormos y Dénes (2004), la percepción subjetiva de la fluidez es afectada también por factores lingüísticos como la corrección (la ausencia de errores).

La segunda opción para medir la fluidez es estrictamente objetiva: consiste en cuantificar algunos aspectos temporales de la muestra oral. En términos generales hay tres indicadores principales de la fluidez oral (Wood 2001):

- la velocidad del habla
- las pausas (su duración y distribución)
- longitud media de unidad de habla entre pausas

De las medidas enumeradas, hay consenso en que la velocidad del habla (definida como número de palabras o de sílabas producidas por minuto) es el indicador más consolidado de la fluidez. Con respecto a las pausas, se suele distinguir entre pausas vacías (silenciosas) y pausas rellenas; estas últimas se manifiestan en el uso de muletillas como *este, eh, bueno, pues,* etc.[1] Asimismo, las pausas que duran menos de 400 milisegundos son naturales y no deben tomarse en cuenta a la hora de medir la fluidez (Freed 1995). Ahora bien, la distribución de las pausas puede revelar diferencias entre los hablantes nativos y los no nativos. En el discurso de los hablantes nativos las pausas sirven para marcar límites entre unidades sintácticas, es decir, ocurren al final de la cláusula. En contraste, los hablantes no nativos suelen hacer pausas dentro de las cláusulas, lo cual se percibe como una interrupción poco natural. Obviamente estas pausas reflejan las dificultades de procesamiento que sufre el aprendiz de una L2 al tener que hablar sin preparar el discurso. El tercer criterio, longitud media de unidad entre pausas, se calcula como el promedio de sílabas o palabras producidas entre pausas; es un diagnóstico fiable de la fluidez que destacan muchos estudios empíricos (véanse Towell, Hawkins y Bazergui 1996; Kormos y Dénes 2004).

La discusión anterior resalta que la fluidez no solo es una impresión general del oyente sino también una característica medible o cuantificable, lo que Segalowitz (2010) denomina la fluidez del enunciado ('utterance fluency'). Cabe mencionar que los indicadores temporales mencionados anteriormente se correlacionan entre sí. Por ejemplo, los hablantes que hablan más rápido también suelen hacer menos pausas y/o pausas más cortas, y a la vez producen un número mayor de palabras entre pausas. Por consiguiente, es posible calcular un índice compuesto de la fluidez, como lo han hecho algunos estudios recientes (véase Mora y Valls-Ferrer 2012).

Como se mencionó en la sección 8.1, uno de los beneficios notables de los programas de inmersión es en el ámbito de la fluidez oral. Hasta la fecha son muchos los estudios que apuntan a la misma tendencia: los aprendices de una L2 que pasan una temporada en el extranjero mejoran más en cuanto a la fluidez que los aprendices que se quedan en casa (Freed 1995; Llanes y Muñoz 2009; Mora y Valls-Ferrer 2012; Segalowitz y Freed 2004; entre otros).

Segalowitz y Freed (2004) estudiaron el progreso de 40 estudiantes de ELE, comparando el grupo que se quedó en casa con el grupo que pasó un semestre en Alicante, España. Los investigadores utilizaron la entrevista de proficiencia oral (OPI) como medida de proficiencia global (véase el Capítulo 1) y luego extrajeron unos fragmentos de esas entrevistas para cuantificar la fluidez oral. Los resultados indican que solamente el grupo de inmersión experimentó un progreso significativo en la fluidez, la cual se midió utilizando indicadores comunes como la velocidad del habla y la longitud media de unidad sin pausas rellenas.

Asimismo, el grupo de inmersión obtuvo resultados superiores en la entrevista OPI, pero los resultados sugieren que hay bastante variación individual. En concreto, de los 22 alumnos que estudiaron en España, 12 alumnos registraron una mejora en la OPI pero 10 no lo hicieron. Además, los autores resaltan que el progreso en la entrevista OPI entre los estudiantes consiste en un avance dentro de su propio nivel y no un salto a un nivel superior (por ejemplo, un estudiante puede dar el salto del nivel intermedio-bajo al nivel intermedio-medio, pero no al nivel avanzado).

Mora y Valls-Ferrer (2012) investigaron la producción oral de un grupo de hablantes bilingües (catalán/español) que tuvieron una estancia de tres meses en un país de habla inglesa. En vez de comparar a dos grupos de aprendices, el diseño experimental de Mora y Valls-Ferrer consiste en estudiar el mismo grupo de hablantes de forma longitudinal a lo largo de dos años. Los aprendices fueron entrevistados después de terminar seis meses de clases de inglés en el aula y, más adelante, después de estudiar en el extranjero. Los resultados indican que la fluidez de los alumnos no mejoró al cabo de los seis meses de estudio en el aula; en cambio este mismo grupo registró avances considerables en fluidez después de la estancia en el extranjero. Asimismo, los autores señalan que la fluidez mejora de manera independiente de otros componentes de la expresión oral, como la corrección y la complejidad.

Para resumir, estas investigaciones muestran evidencia a favor del efecto beneficioso del estudio en el extranjero para el desarrollo de la fluidez. A la vez, estos estudios señalan que el aprendizaje formal en el entorno del aula es deficiente en lo que se refiere a promover la fluidez. Probablemente esto se deba a que el entorno del aula prioriza la corrección sobre la fluidez, y además el tiempo con el instructor es limitado. Se puede suponer que las actividades típicas que se realizan en el aula, aunque requieran que los alumnos hablen, se centran en la producción de formas específicas (por ejemplo, en una actividad que pida al alumno usar el subjuntivo o el pretérito para completarla). Aunque existen actividades pedagógicas diseñadas para mejorar la fluidez (véase Wood 2001), en muchos salones de clase todavía se enfatiza la práctica de formas en aislamiento (véase el Capítulo 2).

Continuando esta línea de reflexión, podemos plantear la cuestión a la inversa: ¿por qué brinda mayor posibilidad de desarrollar la fluidez una estancia en el extranjero? Muchos expertos han hecho hincapié en la importancia de las frases hechas para la fluidez (véanse Pawley y Syder 1983; Stengers et al. 2011). Los hablantes nativos tienen a su disposición un repertorio amplio de frases hechas (p. ej., *se me ocurre que..., lo que pasa es que..., si no te importa..., como tú quieras...*) a las que recurren en el momento de producir enunciados. Desde este punto de vista, el uso de estas frases aumenta la fluidez precisamente porque ya están hechas; el hablante recupera toda la frase como una sola unidad o amalgama. A nuestro parecer, el contexto de inmersión en el extranjero es particularmente beneficioso para la adquisición de las frases hechas, y esto incide en la fluidez de los alumnos. Towell, Hawkins y Bazergui (1996) corroboran esta idea en su investigación de la fluidez entre doce alumnos estadounidenses que estudiaron en Francia durante un año. Como se esperaba, se constató una mejora significativa en la fluidez de los alumnos al cabo de un año. Lo interesante es que Towell, Hawkins y Bazergui relacionan estos logros en fluidez con el empleo de las frases hechas, sobre todo en lo que se refiere a la longitud media de unidad entre pausas, indicador que se mencionó anteriormente en esta sección.

8.3 La comprensión auditiva y el estudio en el extranjero

Un hablante nativo tiene ventaja frente al aprendiz de ELE cuando escucha las conversaciones en español porque sabe por experiencia cuáles son las estructuras o frases más comunes y más esperadas; es un conocimiento implícito. Cuando algún locutor comienza la frase, muchas veces el hablante nativo puede anticiparla y hasta terminarla, aunque se considera descortés ponerlo en práctica. O sea, el hablante proficiente de una lengua puede emplear estrategias de procesamiento fuertemente guiadas por el contexto, por el significado y por un conocimiento implícito de las combinaciones léxico-sintácticas más probables, lo que los psicólogos llaman un modelo de procesamiento que es 'top-down' o descendente. Por consiguiente, el hablante nativo aprovecha el contexto total para reconstruir espontáneamente las partes no comprendidas u oídas de una conversación, a base de su conocimiento implícito de fórmulas, colocaciones léxicas y frecuencias de uso, lo cual le permite concentrarse en otros aspectos de la conversación (N. Ellis 2003). Este tipo de conocimiento de la lengua está fuera de todo alcance para el aprendiz de ELE de nivel intermedio e incluso avanzado (Field 2004). No le queda más remedio que procesar la conversación por medio de un método de descodificación, procesando la cadena hablada pedazo por pedazo de forma 'bottom-up' o ascendente.

¿Puede el estudio en el extranjero cambiar el modelo de procesamiento de los aprendices? Al respecto, Cubillos, Chieffo y Chunbo (2008) compararon los logros de comprensión auditiva de unos estudiantes intermedios de ELE (del tercer semestre) que habían estudiado en el extranjero por solo cinco meses, con otros que se quedaron en las clases universitarias estadounidenses. A pesar de que los dos grupos mostraron avances muy similares en cuanto a la comprensión, los que se fueron al extranjero empleaban un modelo 'top-down' o descendente porque preferían estrategias más metacognitivas y menos centradas en la mera descodificación de las palabras individuales. El grupo que estudió en el extranjero tenía más confianza a la hora de entablar conversaciones con hablantes nativos y por lo tanto, se sentían más capaces lingüísticamente que sus compañeros del mismo nivel.

Ahora bien, para la mayoría de los estudiantes de ELE que procesan el habla según el modelo ascendente, se presume que ya pueden separar e identificar cuáles son los pedazos significativos de la lengua española: es decir, el modelo ascendente depende de que el aprendiz pueda reconocer los fonemas, los morfemas y, sobre todo, las palabras por separado para que el proceso de descodificación siga adelante. Si el locutor no enuncia con claridad o si hay mucho ruido en el ambiente (p. ej., gritos en un bar, el ronroneo de un autobús, ruido del tráfico, la televisión encendida, las malas conexiones telefónicas, etc.), habrá muchas partes de lo dicho no comprendidas, ya que el aprendiz no puede recurrir al conocimiento implícito probabilístico de la lengua como lo haría un hablante nativo para remediar esas lagunas de comprensión. Le faltan precisamente al aprendiz las experiencias con la L2 y el conocimiento que se deriva de los encuentros múltiples con las estructuras más comunes de la lengua española en su contexto social. Como ya se ha comentado, las estancias en el extranjero le ofrecen al aprendiz una riqueza de *input* que puede iniciar un conocimiento más profundo del uso de las palabras, las fórmulas y las colocaciones más frecuentes en su contexto apropiado, lo cual aumentaría su capacidad de predecir qué otras palabras se asocian con unas palabras determinadas. Con los programas en el extranjero y las situaciones de inmersión, poco a poco las rutinas lingüísticas se hacen automáticas. Es cuestión de muchas horas de experiencia y práctica, lo mismo que ha vivido el hablante nativo. Como nos informan Cubillos, Chieffo y Chunbo (2008), aun una estancia tan breve como cinco meses va apuntando en la dirección deseada.

En cuanto a la descodificación, el aprendiz de ELE tiene que desarrollar nuevas categorías de percepción para la L2 (Vasiliev y Escudero 2014; Escudero y Boersma 2004; Strange 1995). Al nivel fonológico (Bowen y Stockwell 1965), el aprendiz tiene que distinguir entre la vibrante sencilla [-r-] y la múltiple [-rr-]; entre las vocales [i] y [e] y [u] y [o] porque los contrastes de la lengua inglesa entre vocales tensas frente a vocales relajadas no operan en español; o entre las oclusivas sordas españolas en posición inicial /p-, t-, k-/que le suenan muy semejantes a las oclusivas sonoras inglesas /b-, d-, g-/porque las sordas siempre se aspiran en inglés: [p^h-, t^h-, k^h-]. Si se quiere, es un cambio de chip para el procesamiento de nuevos algoritmos en el cerebro, por usar una metáfora de la informática. Por supuesto hay otros factores suprasegmentales, como la acentuación, que presentan dificultades adicionales, especialmente en cuanto a las señales para el pretérito indefinido(p. ej., *me callo* 'I am not saying anything' frente a *me calló* ['he/she/it shut me up']).

Sin embargo, el desafío más formidable para el aprendiz de ELE consiste en separar las palabras unas de otras en la cadena hablada, ya que el español suele enlazar los sonidos más allá de los límites de las palabras: por ejemplo, la frase *las otras aves* se pronuncia normalmente como [la—so—tra—sa—ßes], creando sílabas abiertas que terminan en vocal (CV-CV-CV-CV) siempre que se pueda. Este fenómeno de enlace le hace difícil al aprendiz de ELE distinguir dónde termina una palabra de dónde empieza otra.[2]

Estes (2014) descubrió que los estudiantes intermedios y avanzados de ELE reconocen mejor las palabras referenciales—p. ej., sustantivos, verbos, adjetivos, adverbios, o sea, las palabras de contenido—que las palabras funcionales o gramaticales, a pesar de que estas se utilizan con mucha más frecuencia en la lengua hablada. Las palabras de contenido llevan un ACENTO PROSÓDICO ('oral stress') muy destacado, mientras que las palabras funcionales tienden a ser átonas. Como el acento prosódico es tan importante para el inglés, los aprendices de ELE se fijan más en las palabras de contenido e ignoran las numerosas palabras funcionales que son esenciales para captar el significado de la oración. Por ejemplo, los clíticos (i.e., pronombres de objeto como *se, le, la, los*; véase el Capítulo 4), como son partículas *átonas*, dan la impresión de formar una parte inseparable del verbo; así que tres palabras como *se le acusa* ('he is charged with') pueden sonarle al aprendiz como una sola palabra: [seleacúsa] o [selacúsa]. Por siguiente, el aprendiz no dará nunca con las representaciones léxicas correctas.

Estes (2014) también averiguó que los aprendices intermedios (segundo año de universidad) solo reconocen un 60% de las palabras que oyen. Los estudiantes avanzados (cuarto año de universidad, con una especialización en español) no muestran gran diferencia comparados con los anteriores; comprenden un 70% de la conversación, lo cual indica que los estudiantes de ELE de todos los niveles se enfrentan con serios desafíos en cuanto a la comprensión, a menos que reciban ayuda explícita y un apoyo pedagógico adicional para enfrentarse con esta situación. Tanto la comprensión por parte de los aprendices como la instrucción explícita de este tema siguen siendo un terreno en gran medida sin explorar. Otro tema importante que ya ha recibido más atención es la pragmática, lo que se examina en la próxima sección.

8.4 La pragmática y el estudio en el extranjero

Los lingüistas usan el término *pragmática* para referirse a la capacidad del hablante de interactuar con la gente de una cultura dada, de manera apropiada según diferentes contextos sociales y siempre contando con las normas de aquella cultura. Escandell (2003) describe la pragmática como el lenguaje inmerso en una situación comunicativa concreta: por ejemplo, pedir un café, dar consejos, dar una directiva, prometer algo, invitar a alguien a hacer algo, rechazar una invitación o disculparse. La pragmática implica no solo saber las palabras y las expresiones lingüísticas adecuadas para un contexto determinado sino también manejar un amplio conocimiento de la ironía, el sarcasmo, los matices indirectos y el humor desde la perspectiva de la cultura en cuestión.

Por consiguiente, el aprendiz de L2 tendrá que pasar muchas horas viviendo en un país de habla española e interactuando con la gente antes de que pueda entender y responder a una variedad de contextos sociales de una forma aceptable. Es poco probable que el aprendiz de L2 llegue a controlar la pragmática de la lengua española solo con pasar una breve estancia en el extranjero (Bataller Fuster 2010) o por recibir instrucción sobre el tema. Sin embargo, todo contacto con la L2 ayuda: o sea, el aprendiz saca aprovecho tanto de una buena presentación explícita sobre la pragmática en el aula de ELE como también de participar en programas cortos en el extranjero. De hecho, los libros de texto de ELE para el primer y segundo año raras veces explican la pragmática como una parte del curso. Los instructores tampoco suelen ofrecer instrucciones explícitas sobre ella, y muchas veces la pragmática no constituye parte de su propia preparación profesional.

Lógicamente, el aprendiz de ELE tiende a transferir las normas pragmáticas de su L1 al español sin pensar que pudiera haber notables diferencias culturales entre la L1 y la L2. Un ejemplo emblemático de esa transferencia es el incesante uso por parte del aprendiz de ELE de la expresión *lo siento* ('I'm sorry') para cualquier percance pequeño o leve golpe físico que surge en la vida cotidiana, cuando sería más apropiado para esta última situación decir *perdón, perdone, perdona, disculpe, disculpa* o simplemente nada. Para hablar bien el español, el aprendiz tiene que aprender no solo las posibles expresiones lingüísticamente correctas sino también el momento oportuno para su uso.

Por consiguiente, la pragmática es un tema inacabable que depende de las experiencias con la vida, lo cual resulta difícil de resumir aquí en una sola sección. Optamos por concentrarnos en los actos de habla y las estrategias de mitigación o atenuación, que son expresiones de cortesía u otras formas de suavizar el mensaje para mantener el equilibrio social durante las interacciones. Pinto y De Pablos Ortega (2014, 100) definen los actos de habla como "toda la diversidad de objetivos que se puede llevar a cabo mediante las palabras [...] afirmaciones, promesas, peticiones, disculpas, invitaciones, ofertas, consejos, quejas, saludos, despedidas y amenazas".

Un acto de habla tendría tres partes (Austin 1962): lo LOCUTIVO (lo que se dice, el enunciado), lo ILOCUTIVO (la intención del hablante) y lo PERLOCUTIVO (el efecto que produce el enunciado en el receptor). La intención del hablante (i.e., lo ilocutivo) puede manifestarse directamente a través de un lenguaje transparente, o indirectamente a través de expresiones no explícitas pero sugestivas. Por ejemplo, si alguien comenta, "¡Qué frío tengo!", esto puede constituir una petición indirecta para que otra persona suba la calefacción (Pinto y De Pablos Ortega 2014). El enunciado es una exclamación, "¡Qué frío tengo!"; la intención del hablante es pedir que su interlocutor aumente la temperatura; y el efecto deseado sería que el destinatario subiera la calefacción en el cuarto o que cerrara las ventanas. Igual se podría usar una interrogación negativa en primera persona del plural: "Cariño, ¿por qué no cerramos la ventana?". Obviamente, este enunciado sugiere una directiva: "Cierra la ventana".

Con frecuencia, los hablantes introducen los actos de habla mediante un verbo *performativo* (o realizativo) que lleva a cabo precisamente la acción a que se refiere (Austin 1962), como se indica en **negrita** en los siguientes ejemplos.

❶ ***Afirmo** que comes muchos dulces.* (afirmación)
❷ ***Digo** que comes muchos dulces.* (afirmación)
❸ ***Declaro** que comes muchos dulces.* (afirmación)
❹ ***Insisto** en que no comas muchos dulces.* (directiva)
❺ ***Te ordeno** que no comas muchos dulces.* (directiva)
❻ ***Te prohíbo** que comas muchos dulces.* (directiva)
❼ ***Te prometo** que iré al cine contigo.* (promesa)
❽ ***Te felicito** por ir al cine con tu hermano.* (acto expresivo/actitud)

Un acto performativo se vuelve implícito si se elimina el verbo performativo, generando varias interpretaciones dependiendo del contexto o la entonación. El ejemplo 9 a continuación puede ser una afirmación, pero también un acto expresivo de felicidad. Asimismo, en el ejemplo 10 el hablante o promete llevar al amigo al cine en el futuro o estará ordenando al destinatario que acompañe al hablante al cine.

❾ *¡Vas al cine conmigo!* (afirmación/acto expresivo)
❿ *¡Irás al cine conmigo!* (orden/promesa)

Los actos de habla indirectos son muy importantes porque atenúan o suavizan la situación social, especialmente si se trata de una directiva, o sea, una orden o una petición. Por ejemplo, se podría efectuar una petición para un café con leche directamente con un mandato, *póngame/ponme un café con* leche, lo cual no tiene nada de descortés en español, como nos han explicado Pinto y De Pablos Ortega (2014, 202–204), mientras que en inglés las expresiones directas chocan con las normas de cortesía. Sin embargo, Bataller Fuster (2010) y Pinto (2005) han mostrado que los hablantes nativos emplean sobre todo un acto de habla indirecto, una interrogativa: *¿Me trae(s)/pone(s)/sirve(s) un café con leche?* o *¿Me puedes/quieres traer/poner/servir un café con leche?* Si no usan una interrogativa, los hablantes nativos simplemente recurren a una declaración elíptica, como *[Quiero] un café con leche*, a secas sin ofender a nadie. Hay que notar que la forma interrogativa de pedir las cosas se hace desde el punto de vista del receptor; o sea, depende de la voluntad del destinatario y no de la del hablante como es la costumbre en inglés. En español, se piden las cosas preguntando si el receptor quiere hacer tal cosa. En inglés, la norma para las peticiones se hace a través de una pregunta acerca de la capacidad o el permiso del hablante para conseguir que le pongan un café, y por lo tanto suena de lo más raro en español: *¿Puedo tener un café con leche?* ('Can I have a café latte?').

Bataller Fuster (2010) descubrió que sus estudiantes intermedios de ELE que van a España durante cuatro meses (o sea, una estancia corta en el extranjero) no usaban esta forma interrogativa tan común entre los hablantes nativos (p. ej., *¿Me pones un café?*) para realizar sus peticiones, sino que seguían aferrados en la práctica de su L1, es decir, usar una declaración de primera persona, *¿Puedo tener un café con leche?* Después de los cuatro meses en el extranjero, los estudiantes habían reducido el uso de esta estrategia, transferida del inglés, de pedir permiso (*¿Puedo tener un café?*), pero seguían con las peticiones desde la perspectiva de primera persona, (p. ej., *Quiero un café con leche*), que es una fórmula poco usada por los hablantes nativos. No aprendieron a usar la interrogativa sencilla, *¿Me pones un café con leche?*

Otro concepto muy relacionado con los actos de habla son las fórmulas de cortesía que se realizan mediante varias estructuras lingüísticas que mitigan o atenúan lo directo de una petición, consejo o mandato (Pinto y De Pablos Ortega 2014, 152), como las que aparecen en la siguiente lista:

- PALABRAS MITIGADORAS: *por favor; un poco; solamente; tal vez; quizás; ¿vale?; ¿no?; ¿verdad?; bueno, no sé... eh;* etc.
- Sufijos diminutivos: *ahorita, momentito, cafecito*, etc.
- Cláusulas mitigadoras: *cuando puedas; si no te importa; ¿te importaría si...?* ('Would you mind...?'); *siento decirte que;* etc.
- Tiempo condicional o subjuntivo del pasado: *quisieras, me gustaría que, quería que*, etc.
- Interrogativas negativas: *¿No me haces un favor?; ¿Si no te importa ayudarme?; ¿No tomas nada?; ¿Por qué no me traes...?*
- ASEVERACIONES: *Me hace falta...; Se me ha olvido comprar...*
- Alusiones: *¿Lo que daría yo por...?; Hay que comprar...*

No debemos olvidar que cada acto de habla depende de la colaboración mutua por parte de los interlocutores. Grice (1975) postuló que las personas siguen un protocolo con cuatro reglas cada vez que entran en una conversación:

1. Tratan de decir cosas pertinentes a la conversación.
2. No mienten.
3. No dicen cosas ambiguas o no claras.
4. Presentan las cosas de una forma organizada.

Las interacciones fracasarán si los participantes no respetan estas metas de Grice. Sin embargo, la ironía, el sarcasmo y el humor se basan precisamente en romper estos protocolos, un tema que da para mucho y forma todo un campo aparte. Hay que tener una competencia cultural muy fina de la cultura L2 para saber cuándo se suspenden los protocolos *griceanos*. Puede ser algo muy sutil, como son los famosos *albures* o chistes mexicanos, prácticamente impenetrables para el que no sea oriundo de aquel país.

Tratándose de los diferentes países del mundo hispano, hay que recordar que las normas pragmáticas varían de unos países de lengua hispana a otros (véase también la sección 6.6). Por ejemplo, se considera muy cortés en México contestar la pregunta: "¿Quieres más enchiladas?", diciendo: "¡Gracias!" con una sonrisa y una entonación sostenida, lo cual quiere decir en verdad "No, gracias", según la cortesía mexicana, especialmente en los estratos altos de la sociedad. En otros países hispanos, se diría sencillamente: "No, gracias". Una contestación indirecta funcionaría bien en todos los países hispanos: por ejemplo: "¡Gracias, estaba todo muy rico pero no puedo más!". Hay que notar que se alaba primero la calidad de la comida antes de rechazar la oferta, como exigen las normas de cortesía.

Otro ejemplo: los mexicanos suelen usar las formas diminutivas con mucha frecuencia como parte de las normas para mantener la cortesía: por ejemplo: "Ah, Carmencita, ahorita sí se me antoja un cafecito". Sin embargo, a los españoles este uso puede sonar un poco excesivo e incluso cursi, a pesar de que los sufijos como *-ito*, *-illo* e *-ico* (en Aragón) se emplean mucho en el habla informal para comunicar un tono gracioso o imitar el habla graciosa de los del pueblo. Las diferencias pragmáticas según regiones son tantas que no se pueden abarcar en una sola sección, pero merecen más atención por parte de los investigadores (Placencia y García 2007).

Hemos visto ya que una estancia breve en el extranjero no es suficiente para adquirir una competencia pragmática en una L2 (Bataller Fuster 2010). Surge entonces la pregunta si la enseñanza explícita en el aula de ELE resulta eficaz para ayudar a los aprendices de ELE con la pragmática. Tanto Langer (2011) como Pinto y De Pablos Ortega (2014) opinan que sí es posible enseñar la pragmática, al igual que se ha comprobado que la instrucción explícita es útil para aprender la gramática y el léxico (véase el Capítulo 2). Sin embargo, de lo poco que hemos presentado en esta sección, se ve que la pragmática resulta ser un asunto sumamente complejo. No es fácil saber qué enseñar, ya que no tiene componentes discretos como la morfología o la sintaxis española. La pragmática no tiene un significado unívoco, sino que depende de la interpretación y la dinámica entre los mismos locutores y el contexto social, lo cual puede incluir la ironía y el humor también. Mediante un sitio web (http://www.carla.umn.edu/speechacts/sp_pragmatics/home.html), Sykes y Cohen (2014) ofrecen una explicación sumamente útil de los actos de habla en español, ilustrados con vídeos cortos con una sección para estudiantes y otra para instructores.

Langer (2011) propuso descubrir si la instrucción explícita sobre peticiones, invitaciones, rechazos y disculpas podía mejorar el conocimiento pragmático de los aprendices de tres niveles (principiantes avanzados, intermedios y avanzados). Su experimento reveló que los estudiantes de todos los niveles progresaron en cuanto a la pragmática, pero los intermedios, en particular, lograron unos avances notables.

De nuevo, la adquisición del léxico o de la gramática de una L2 implica muchas horas de *input* con la lengua, tanto en el aula como en el extranjero. Lo mismo se puede decir de la pragmática, ya que se refiere tanto a estructuras lingüísticas como a contextos sociales, sugerencias indirectas y otras consideraciones de ironía o humor. En muchos aspectos, la competencia pragmática avanza en conjunto con la nueva y creciente *identidad bilingüe* del aprendiz de ELE (que será el tema de la siguiente sección) a medida que va desarrollando su comprensión de la cultura de la L2.

Por ejemplo, un acto de habla donde se ven claramente las diferencias culturales entre el mundo hispano y el anglosajón es en las despedidas. En inglés, cuando se termina un encuentro en la calle con un antiguo amigo, los interlocutores podrían decir: *"All right, then; nice to see you; see you later; take care; bye!"*, y se van. Semejantes fórmulas en español señalan el mero comienzo del acto de la despedida, porque la gente suele seguir hablando e intercambiando ideas, observaciones y afectos después de una primera señal de despedida. Claro, depende de los individuos, la profundidad de la amistad y las circunstancias, pero en general, las despedidas hispánicas llevan mucho más tiempo para concluirse que las anglosajonas. De hecho, cada acto de habla se conforma a su propio rito, con normas culturales específicas, como señala Miguel (2004) para el español. De esta manera, a la par que el aprendiz de ELE va aprendiendo la lengua, irá aumentando su identidad bilingüe y sabrá qué decir y cómo comportarse en diferentes situaciones sociales en la L2. Lo diferente se vuelve familiar y así el individuo puede gozar de las dos culturas.[3]

8.5 Identidad multicultural y el contacto con una comunidad de habla española

Hemos examinado a lo largo de este libro el proceso de la adquisición de una L2, el cual consiste en aprender su léxico, su fraseología (i.e., las colocaciones), su morfología, su sintaxis, su pragmática, y todo esto con una fluidez que se aproxime a la manera de hablar de un hablante nativo. No obstante, aprender una L2 abarca también la comprensión de esa cultura, se quiera o no. Cuando el aprendiz alcanza un nivel avanzado y habla español con fluidez, ya no formula las ideas primero en la L1 traspasándolas luego a la L2; piensa ya directamente en la L2. Ser bilingüe, entonces, conlleva no solo la idea de fluidez, como veníamos examinando ya en la sección 8.2, sino que también apunta a una nueva identidad que compagina los valores y conceptos formados y experimentados en la cultura L2 y los de la cultura propia. Es decir, el aprendiz se siente cómodo en esa cultura. Ahora bien, el aprendiz no nació en esa cultura L2, un hecho irremediable, pero al hacerse bilingüe ha salido más allá de los límites de su cultura L1. Byram y Kramsch (2008), Kramsch (2009a; 2009b) y Allais (2012), entre otros, se refieren a este fenómeno describiendo al bilingüe como residente de un *tercer lugar* que no ocupa ni exclusivamente el espacio sociocultural de la L1 ni enteramente el de la L2. Con más experiencias y contacto con la L2, el bilingüe va definiendo, de forma gradual, su propia manera de ser, su tercer lugar sociocultural, negociando o *mediando* su identidad entre las normas y los valores de las dos culturas. Curiosamente, este proceso de mediación hace que el aprendiz examine de manera crítica tanto las premisas, los valores y las prácticas de su L1 como los de la L2; el bilingüe adquiere una conciencia crítica de ambas culturas. Felizmente, el bilingüe puede disponer de lo mejor de los dos mundos como compensación por sentirse un tanto distanciado de los dos. Claro que aquí se habla de algo mucho más profundo que una mirada turística a la cultura L2, los estereotipos que se suelen ofrecer en los libros de textos con tanta frecuencia. El conocimiento bilingüe va más allá de la capacidad de comprar billetes de tren, sacar dinero del banco, regatear en el mercado al aire libre o desenvolverse en convenciones sociales. Se trata de tener una verdadera personalidad multicultural.

Hay gente que cree que este conocimiento intercultural o transcultural se puede lograr sin hablar la lengua L2 con fluidez. Sin embargo, sería difícil evaluar una cultura L2 desde una perspectiva realmente auténtica (o ÉMICA, como dicen los antropólogos; o sea, como lo haría un hablante nativo de esa cultura), si no se reflexiona sobre la armadura principal de los pensamientos, la L2. El antropólogo Clifford Geertz (1983) dijo que el camino a la imaginación de una cultura pasa a través de su lengua.

No hay nada mejor para empaparse en una cultura y eventualmente entenderla que pasar tiempo viviendo en un país que habla la lengua de esa cultura. En cuanto a la lengua española, sin embargo, hay por lo menos 21 países donde se habla, cada cual con sus pequeños retoques y particularidades culturales; por ejemplo, no es lo mismo la cultura mexicana que la cultura argentina que la cultura española. Por supuesto, tienen mucho en común porque todos hablan español, pero las diferencias culturales se manifiestan enseguida. Además, siempre hay que interpretar las experiencias sociales desde un punto de vista individual y único, incluso cuando los hablantes nativos tienen mucho en común. La cultura, entonces, resulta de lo común entre todos, pero lo individual se consigue creando una identidad dentro de ese marco cultural. Para el bilingüe, el proceso se vuelve un tantito más complicado.

8.6 Conclusiones

¿Qué hará el pobre instructor en el aula de ELE para fomentar la comprensión intercultural? La profesión se jacta no solo de enseñar la gramática sino también la cultura; el conocimiento intercultural constituye el pilar fundamental de los estándares nacionales de la enseñanza de lenguas extranjeras (*the 5 C´s: communication, culture, comparisons, connections, communities*) y del novedoso informe ad hoc de la Asociación de Lenguas Modernas (MLA 2007). Sin embargo, el instructor no puede ser nativo de los 21 países (o 22 si se considera ser latino en Estados Unidos como otro país). ¡A menudo el instructor de ELE ni es hablante nativo! Se podría preguntar hasta qué punto se identifica el instructor no nativo con la cultura L2 (Fichtner y Chapman 2011). Lógicamente, entonces, conviene que el instructor no sea siempre la fuente principal de las lecciones culturales en el aula de ELE. Bryam y Kramsch (2008) sugieren que el instructor de una L2 debe hacer partícipes a los estudiantes de forma activa presentándoles experiencias directas: películas y testimonios en la L2; encuentros con hablantes nativos, en directo o a través de la tecnología (por ejemplo, el aprendizaje en tándem; véase el Capítulo 7); y juegos de roles lo más realistas posible. Estos autores abogan en favor de incluir un análisis crítico de textos auténticos de aquella cultura que estimulen reflexiones sobre la historia sociopolítica en su sentido más amplio e internacional. En pocas palabras, Bryam y Kramsch apoyan la idea de hacer que los estudiantes reflexionen, que tomen conciencia del contexto sociocultural, tanto de su L1 como de la L2: Todo acto de habla, entonces, se vuelve un ejercicio para situarse en ese tercer espacio cultural, para encontrar su propia identidad bilingüe, afirmando y rechazando premisas de las dos culturas cuando le parezca bien. De esa forma, aprender una L2 no se trata de adquirir solo unas destrezas nuevas, sino de ensanchar la forma de pensar al integrar ambas culturas.

¡Vaya, qué aventura más interesante! Todos tenemos que esforzarnos por usar bien la lengua. Como decía Juan de Valdés ya en el siglo XVI en su *Diálogo de la lengua* con referencia al uso de la lengua castellana: "Dame el caballo. Camine quien más pudiere, que yo ni estorbaré al que me fuere adelante, ni esperaré al que se quedare atrás".

¡Cada cual con su caballo y adelante!

Para reflexionar y discutir

1. Explica cómo es diferente el concepto de *fluidez* al de la *proficiencia*. ¿Es posible desarrollar mucha fluidez dentro del aula de ELE?
2. Explica la diferencia entre el procesamiento ascendente y el descendente en lo que se refiere a la comprensión auditiva.

3. En este capítulo se mencionan ejemplos de transferencia pragmática (por ejemplo, el uso inoportuno de *lo siento* por parte de aprendices angloparlantes de ELE). Da otros ejemplos de errores pragmáticos que hayas escuchado o que hayas cometido.
4. ¿Cuáles son las estrategias que usarías para mitigar o suavizar tus respuestas durante los actos de habla como las invitaciones, los rechazos, las peticiones o los consejos?
5. ¿Cómo se relaciona el aprendizaje de la cultura con la pragmática?
6. Da una caracterización de tu identidad bilingüe. ¿Cómo te sientes hablando en una lengua frente a la otra? ¿En qué sentido te identificas con el español o con el inglés?

Más a fondo

A. ¿Mejoran su competencia lingüística los estudiantes que participan en programas de corta duración en el extranjero? Por ejemplo, ¿son comparables cinco semanas en el extranjero a quince semanas en el aula, es decir, sin irse al extranjero? Compara tu hipótesis con los resultados de Rodrigo (2011), quien comparó los dos contextos de aprendizaje centrándose en la comprensión auditiva y la gramática (a través de un juicio de gramaticalidad).

B. Entrevista a un hablante nativo y averigua cómo él/ella respondería en las siguientes situaciones según las normas de su país de origen. ¿Se notan diferencias pragmáticas entre el inglés y el español en estos actos de habla?
   1. rechazar una invitación para salir a tomar un café
   2. dar las gracias por un regalo inesperado
   3. quejarse con un vecino que tiende a estacionar su coche donde no se debe
   4. halagar a alguien por su aspecto (por ejemplo, un nuevo vestido, corte de pelo, etc.)

Notas

1. Las muletillas en inglés son distintas (p. ej., *um, ah, like*).
2. En inglés se emplea un GOLPE DE GLOTIS o ataque fuerte para señalar una palabra que comienza con vocal: *an apple* [an ʔæple]. De no ser así, se oiría [*a—naple*].
3. Los instructores mismos tienen que enfrentarse con la cuestión de una identidad bicultural (véase Fichtner y Chapman 2011).

GLOSARIO

acento prosódico El énfasis que se da a la sílaba que recibe una pronunciación más intensa que las demás (con o sin acento escrito).

ACTFL (***American Council of Teachers of Foreign Languages***) Organización de instructores de lenguas en Estados Unidos.

actos de habla Funciones comunicativas de la vida diaria: afirmaciones, promesas, peticiones, disculpas, invitaciones, ofertas, consejos, quejas, saludos, despedidas, amenazas, etc.

actuación La manera en que se usa la lengua en la práctica, frente a la *competencia*, que se refiere a las estructuras lingüísticas cognitivas en abstracto que se tienen en el cerebro.

aktionsart Clasificación semántica de cada verbo teniendo en cuenta el desarrollo de la acción, que puede hacer hincapié en el comienzo, la duración o el final del evento. Se suele hablar de verbos *imperfectivos* frente a otros *perfectivos*.

analogía En la lingüística, el fenómeno de crear una estructura copiando el patrón de otra. También se conoce como *regularización*, ya que muchas veces se trata de regularizar un patrón (p. ej., el participio **rompido* se da por regularización o analogía).

aprendizaje Un sinónimo de *adquisición* para muchos lingüistas, pero para los mentalistas este término solo implica la activación del conocimiento explícito (y no el conocimiento implícito, lo cual sería la *adquisición*).

aprendizaje de lenguas en tándem Proceso en que dos personas de lenguas maternas diferentes aprenden mediante intercambio de sus respectivas lenguas.

aprendizaje indirecto Aprendizaje de vocablos mediante la comunicación (por ejemplo, la lectura) sin instrucción explícita.

aproximativo Dícese de un evento desconocido pero probable en este momento u otro momento recordado (p. ej.: *Serán las ocho; Jorge estará en casa; Llegaría anoche a las 3 de la mañana*).

arcaísmo Rasgo lingüístico que pertenece a un período más antiguo pero sigue vigente en la lengua moderna.

aserción, aseveración Ocurre cuando el hablante presenta un evento como si fuera la verdad (p. ej., *Yo digo que el mundo es redondo como una naranja*).

ASL (adquisición de segunda lengua) El proceso de aprender una L2.

aspecto durativo/perfectivo Muchas lenguas, como el español, disponen de una morfología verbal especial para describir un evento como un punto (aspecto perfectivo) o una duración (aspecto imperfectivo). Ejemplos: *Apagué la luz* (aspecto perfectivo); *Leía el libro mientras escuchaba la música* (aspecto durativo).

aspecto léxico Clasificación semántica de los verbos según sus cualidades inherentes y las situaciones que denotan. Ejemplos: *cantar, caminar y estudiar* se refieren a procesos que tienen duración. Equivale al término *aktionsart*. Véanse ***aktionsart; aspecto durativo/perfectivo***.

aspecto verbal Mecanismo gramatical que se refiere a la organización interna de un evento, o sea, con un enfoque en el comienzo, el desarrollo o el final. Los verbos tienen aspecto léxico en sí (véase ***aspecto léxico***), pero la gramática puede indicar un aspecto verbal también a través de las flexiones verbales (véase ***flexión verbal***).

atención hacia la forma Enfoque pedagógico que aspira a fijar la atención del aprendiz en los rasgos formales de la lengua (gramaticales, léxicos, fonéticos, etc.) sin dejar de prestar atención al contenido o mensaje que se quiera expresar. Muchas veces implica negociar el significando y realizar tareas o actividades parecidas a la vida real.

CALL (*computer-assisted language learning*) Véase ***ELAO***.

caso, caso acusativo, caso dativo Función gramatical que desempeña un sustantivo en una oración, por ejemplo como sujeto (caso nominativo), objeto directo (caso acusativo), objeto indirecto (caso dativo), etc.

clítico Pronombre átono de objeto directo e indirecto o reflexivo.

CMC (comunicación mediante la computadora) Cualquier tipo de comunicación entre hablantes facilitada a través de la computadora, sincrónica o asincrónica; por ejemplo, e-mail, Twitter, Facebook, Hangout, Skype, etc.

cognados Dos palabras en idiomas diferentes que se escriben o se pronuncian casi igual y se corresponden semánticamente.

colocación Agrupación de palabras muy probable en su uso porque en el habla común van juntas con una alta frecuencia. También se conoce como *frase léxica*.

colocaciones gramaticales Combinaciones de ciertos verbos de régimen preposicional y las preposiciones específicas a las que siempre van unidos (p. ej., *ayudar a, chocar con, depender de*, etc.).

competencia comunicativa Término inventado por Dell Hymes (1972) que hace hincapié en la capacidad del hablante de usar la lengua según las normas de la comunidad lingüística correspondiente.

competencia lingüística Término inventado por Noam Chomsky (2006) para referirse a la capacidad del hablante para saber qué oraciones son gramaticales o no gramaticales, cuya capacidad hace posible la creación de oraciones nuevas, nunca escuchadas previamente.

conductista Perteneciente al conductismo, una orientación metodológica promulgada por el psicólogo norteamericano B. F. Skinner en los años 50 y 60 que estudia el comportamiento lingüístico basándose en la reacción estímulo-respuesta e imitación-memorización.

corpus Cualquier colección de textos escritos o transcripciones de enunciados orales.

CREA (Corpus de Referencia del Español Actual) Este corpus es un conjunto de textos y palabras de procedencia escrita y oral almacenados en soporte informático con su significado y su contexto.

cuatro destrezas Las destrezas esenciales de una lengua: producción oral, comprensión auditiva, lectura y escritura.

desinencias verbales Terminaciones (o morfemas al final de verbo) que indican el tiempo verbal, el aspecto, el modo y la voz (activa o pasiva).

dialecto Cada una de las posibles variedades de una lengua. A veces se usa este vocablo de manera general para referirse a una variedad que se habla en una zona geográfica específica (véase ***geolecto***).

disponibilidad léxica Vocabulario del que dispone un hablante para hablar de un tema específico (por ejemplo, los deportes). El vocabulario disponible es el conjunto de palabras que le vienen a la mente al hablante en torno a un tema o campo semántico.

distancia ortográfica Número de letras en que se diferencia la escritura de dos cognados (e.g., una letra, dos letras, tres letras).

ELAO (enseñanza de lenguas a través del ordenador) Cualquier uso de la computadora para aprender una L2, tanto la CMC (véase ***CMC***) como el uso de programas, aplicaciones o páginas web.

ELAO social El acto de dos personas o más que usan la computadora y el Internet para comunicarse.

ELE (español como una lengua extranjera) La labor de enseñar y aprender el español como una L2.

émico Generado desde la perspectiva de los mismos participantes en una actividad o coherente según el mismo sistema que se analiza, frente a lo *ético*, que viene de las observaciones externas al grupo o fuera del sistema de análisis.

enfoque por tareas Método que propone un programa de aprendizaje de L2 basado en actividades de uso de la lengua, y no en estructuras sintácticas o en nociones o funciones (e.g., en el mercado, en la estación de tren, en el banco, etc.). Se conoce también como *enseñanza basada en tareas.*

enseñanza explícita/implícita La enseñanza *explícita* informa abiertamente al aprendiz sobre algún rasgo o alguna construcción de la L2. La enseñanza *implícita* le da al aprendiz más *input* en la L2 pero sin darle una explicación directa o una retroalimentación explícita sobre los posibles errores.

errores fosilizados Véase ***fosilización***.

escala de ILR (*Interagency Linguistic Roundtable*) Escala de 0 a 5 utilizada por agencias del gobierno estadounidense para medir la proficiencia de los aprendices de L2 a través de una entrevista que sigue un riguroso protocolo específico.

estratificación social Diferencias lingüísticas observadas en una sociedad, condicionadas por factores como el nivel socioeconómico, la educación, el género, etc.

falacia comparativa Comparación no válida que se hace entre un aprendiz de L2 y el hablante nativo. Este tipo de comparación no reconoce los avances que hace el aprendiz, ya que este por lo general no llega (o quizás no llegue nunca) a la competencia del hablante nativo.

fijar la atención Para el aprendiz de L2, el comienzo del acto de aprender, ya que el *input* no puede llegar a ser input comprendido hasta que el aprendiz fije su atención en él.

flexión verbal Afijo verbal que señala el tiempo, el aspecto o el modo del verbo.

fluidez Capacidad de hablar una lengua sin pausas excesivas, repeticiones o autocorrecciones frecuentes, interrupciones o abandonos que impiden la comunicación normal.

fosilización Error que repite el aprendiz de una L2 una y otra vez sin progresar.

FSI (*Foreign Service Institute*) Agencia del gobierno estadounidense que inventó una escala de proficiencia del 0 al 5, llamada *Interagency Linguistic Roundtable Scale,* a base de una entrevista oral.

geolecto Variedad de lengua que se habla en una región geográfica específica.

golpe de glotis Sonido que se produce cuando las cuerdas vocálicas se unen rápidamente sin vibrar.

gramática cognitiva Marco teórico que se aleja de los principios nativistas (véase ***nativista***) al concebir el lenguaje como parte de nuestro sistema cognitivo general. Hace hincapié en la relación inseparable entre forma y significado y se vale de la metáfora del espacio para explicar la gramática de una lengua. Es muy ilustrativa para formar una gramática pedagógica.

gramática descriptiva Gramática que intenta captar cómo se habla la lengua en realidad, descartando los juicios de valor. La lingüística se considera una ciencia descriptiva, esto es, pretende describir y explicar los fenómenos lingüísticos.

gramática prescriptiva Gramática basada en un estándar rígido de corrección para una lengua, donde hay unos que se considera que hablan bien y otros que se considera que hablan con faltas. Los lingüistas tratan de evitar esta postura prescriptiva en sus descripciones y análisis.

gramática universal ('universal grammar' o UG) Principios o patrones universales que, postulan Noam Chomsky y los generativistas, se encuentran en la estructura cognitiva del cerebro humano y de los cuales parten las diferentes gramáticas de todas las lenguas.

hipótesis de deficiencia sintáctica Hipótesis del lingüista Joseph Collentine (2010), quien postula que los aprendices de ELE pasan por una etapa presintáctica durante la cual no pueden producir el subjuntivo con fluidez, hasta que superan esta deficiencia y logran formular con regularidad cláusulas subordinadas con verbos conjugados, separadas por un complemento (*que*).

hipótesis del parámetro del sujeto nulo Hipótesis que sostiene que las lenguas que no requieren un sujeto explícito (conocidas como lenguas de sujeto nulo) tienen otras propiedades en común, como un elaborado sistema de flexiones verbales, sujetos expletivos, y/o la posición optativa del sujeto posverbal.

hipótesis del reconocimiento Hipótesis formulada por Schmidt (1994), se refiere a la fase en la que el alumno reconoce o puede identificar el contenido lingüístico en las muestras (*input*), pero no necesariamente lo utiliza en su producción (*output*).

hipótesis interaccionista Hipótesis que sostiene que la interacción promueve la adquisición de una L2, sobre todo cuando se da la negociación de significado entre los hablantes.

ilocutivo Lo que se refiere a las intenciones del hablante.

input Muestras de la lengua que el aprendiz escucha o lee, es decir, el entorno lingüístico de la L2.

***input* comprendido o percibido** Equivale a *intake*, o sea, el *input* en el que se fija el aprendiz de L2 dándose cuenta de una nueva palabra o una estructura en su desarrollo.

input* estructurado** Véase ***instrucción basada en el procesamiento.

instrucción basada en el procesamiento Este modelo de instrucción pretende resaltar la percepción y el procesamiento del *input* para que el aprendiz convierta el *input* en *intake* a través de unas estrategias pedagógicas.

intake Véase ***input comprendido o percibido.***

interaccionista Perteneciente al interaccionismo, hipótesis que postula que el aprendiz de L2 mejora su conocimiento de la lengua basándose en la negociaciones de significado, o sea, la retroalimentación ('feedback') que recibe del instructor o de otros a través de las interacciones comunicativas.

interfaz la relación o vinculo entre el sistema de conocimiento explícito y el de conocimiento implícito.

interlenguaje Gramática intermedia que, durante el largo período de adquisición, el aprendiz va desarrollando, formulando ideas sobre la gramática de la L2 que no proceden exactamente de la L1.

inundación de *input* comprensible Proporcionar al aprendiz de L2 gran cantidad de input. Algunos lingüistas creen que esta es la única forma de efectuar la adquisición de una segunda lengua.

koiné Lengua común formada cuando los hablantes de una comunidad combinan ciertos rasgos de dos o más variedades, dialectos o lenguas.

lengua académica La lengua que se usa para escribir formalmente.

lengua de sujeto nulo/obligatorio Véase ***hipótesis del parámetro del sujeto nulo.***

léxico Todas las palabras de una lengua en su conjunto.

locutivo Perteneciente a lo que dice el hablante, al enunciado del hablante.

marcado/no marcado Las formas o estructuras más básicas de la lengua se suelen llamar las formas *no marcadas*. Por el contrario, las formas más elaboradas se llaman formas *marcadas*. Por ejemplo, la forma masculina en español es la forma *no marcada* mientras que la forma femenina es la *marcada.*

MCER (Marco común europeo de referencia) Guía usada principalmente en los países europeos para medir la proficiencia y el desarrollo de los aprendices de L2.

mentalista Véase ***nativista.***

metalingüístico Perteneciente a los términos que se usan para hablar de conceptos gramaticales.

mitigador Adjetivo que se refiere a palabras o construcciones que suavizan el impacto de un acto de habla, como una petición, un rechazo, una invitación, un consejo, etc.

modalidad Vía mediante la cual se transmite un enunciado: oralmente, o por escrito.

modismo Expresión idiomática cuyo significado es figurado o metafórico (p. ej., *echar leña al fuego* significa "agravar una situación").

modo verbal Forma verbal que refleja la actitud del hablante hacia la información administrada en la cláusula subordinada: o se asevera la proposición como la verdad (modo *indicativo*) o no se asevera (modo *subjuntivo*).

nativista Perteneciente a una teoría que postula una capacidad lingüística innata en el niño y que no tiene en cuenta las experiencias objetivas a lo largo de la vida. Equivale al término *mentalista.*

negociación del significado Cuando el aprendiz de L2 pide más información sobre una forma nueva o algún *input* desconocido, está negociando el significado; no se trata de la comunicación en sí, sino de hablar sobre las formas no entendidas que se encuentran como parte de la conversación.

norma culta La variedad de prestigio o académica de una lengua.

OPI (*Oral Proficiency Interview*) Entrevista de proficiencia oral, administrada por la ACTFL, que sigue un riguroso protocolo específico y ofrece una escala para medir la proficiencia de los aprendices de L2.

output La producción lingüística, ya sea oral o escrita. Se trata de un proceso creativo, esto es, cuando el hablante formula un mensaje y lo expresa en sus propias palabras.

***output* forzado** Estructuras lingüísticas que el aprendiz de una L2 se ve forzado a escoger cuando habla, lo cual le ayuda a confirmar y consolidar su conocimiento incipiente de esa L2.

palabras mitigadoras Véase ***mitigador.***

papel semántico Cada uno de los conceptos—como *agente, paciente, recipiente, beneficiario* y *experimentador*—que hacen referencia a los roles que pueden tener los participantes en una oración. Por ejemplo, en la oración transitiva *Pedro trajo el postre,* hay un agente (*Pedro*) y un paciente (*el postre*). Los papeles semánticos no deben confundirse con los términos *sujeto* y *objeto*, que apuntan a funciones gramaticales.

período crítico Edad después de la cual, según algunos lingüistas, se pierde la *plasticidad mental* y, por consiguiente, ya no se puede adquirir una lengua de la misma manera que la L1. Según ellos, este *período crítico* restringe el proceso de aprender una segunda lengua.

perlocutivo Perteneciente al efecto o a la reacción que produce el enunciado de un hablante en el que lo escucha.

plasticidad mental La capacidad del niño para adquirir cualquier lengua a una edad temprana, o sea, durante el *período crítico*. Luego, se va perdiendo esta plasticidad mental. No todos los psicólogos ni lingüistas están de acuerdo con la precisión de los límites de edad del período de plasticidad mental.

PLB (proficiencia lingüística básica) Término propuesto por Hulstijn (2011) que engloba una pronunciación y entonación reconocida como auténtica por otros hablantes nativos, un conocimiento de las estructuras gramaticales fundamentales, un dominio de los vocablos más frecuentes y un sentido amplio de cuándo se usan estos elementos lingüísticos.

PLE (proficiencia lingüística extendida) Término que corresponde a un alto nivel de cognición y conocimiento lingüístico, que resultan de la educación o de las experiencias profesionales. Coincide en parte con lo que se llama la *lengua académica.*

polisémico Dícese de las palabras que tienen más de un significado. Normalmente se trata de significados relacionados. Por ejemplo, el sustantivo *trampa* se refiere tanto a un dispositivo para cazar animales como a un plan para engañar a alguien.

PPP (presentación, práctica, producción) Secuencia que representa una pedagogía muy común en el campo de L2, que asume que el conocimiento explícito se vuelve implícito a través de la práctica.

pragmática El uso de la lengua según las normas sociales aceptadas en situaciones reales.

principio del primer sustantivo Tendencia de los estudiantes de L2 cuya primera lengua es el inglés a interpretar todo sustantivo antes del verbo como el sujeto, una estrategia que rinde resultados poco acertados para el español.

procesamiento a trozos ('chunking') Teoría de algunos lingüistas que proponen que los aprendices de L2 primero aprenden el léxico y la sintaxis por frases léxicas enteras, como si cada una fuera una sola unidad, y solo más tarde analizan los elementos por separado.

proficiencia Grado de dominio que un hablante posee de una lengua, ya sea la lengua materna o una L2. En español se traduce comúnmente como *dominio,* aunque el término *proficiencia* (del inglés 'proficiency') es conocido en el ámbito de ELE.

reformulación Práctica de algunos instructores que no corrigen directamente los errores de los aprendices de L2, sino que expresan la estructura errónea de una manera correcta al contestar, dándoles así a los aprendices una retroalimentación implícita.

registro Variedad lingüística que se usa en un determinado contexto social, que puede variar de lo más formal a lo más informal.

retroalimentación Corrección ofrecida a un aprendiz de L2 por sus interlocutores cuando comete un error.

retroflejo Dícese de un sonido que se produce con la punta de la lengua apuntando hacia arriba, como en el caso de la *s* apical castellana o la vibrante múltiple norteamericana.

sintagma nominal (SN) Frase cuyo núcleo es un sustantivo (p. ej., *todos los estudiantes mexicanos*).

sociolecto Variedad lingüística que corresponde a ciertos factores sociales (clase, sexo, edad, educación, etc.).
sociolingüística Rama de la lingüística que estudia la lengua en su entorno social. Por ejemplo, se estudian las variables sociales (clase, educación, edad, sexo, etnicidad, etc.) y cómo estas influyen en el uso de la lengua.
sujeto expletivo Sujeto carente de significado referencial, como en inglés *It's raining; There are too many people.* En español, los sujetos expletivos son obligatoriamente nulos.
sujeto nulo Véase ***hipótesis del parámetro del sujeto nulo.***
sujeto referencial Sujeto que designa a un referente concreto, ya sea una persona, una cosa, una idea, o un concepto. En español el sujeto referencial puede estar expreso (p. ej., *Yo me voy*) o ser nulo (p. ej., *Ø Me voy*).
suprasegmental Lo referente al acento, a la entonación y al ritmo de un enunciado.
télico, atélico Un evento *télico* tiene que llegar a su fin para conseguir su realización, como el acto de *encender, pegar, abrir, golpear.* Los actos *atélicos* pueden tener una larga duración sin necesidad de llegar nunca a su fin: *saber, leer, pensar, escribir. Véase también* ***aspecto léxico.***
tercer espacio/lugar Lugar intermedio entre los dos polos de la L1 y la L2, donde los aprendices de la L2 definen su identidad lingüística.
TIC (tecnología, información y comunicación) El conjunto de las nuevas y emergentes tecnologías, sobre todo las de informática.
uptake Dato lingüístico que se incorpora como parte de la gramática del aprendiz de L2, siguiendo el proceso mediante el cual el *input* pasa a ser *intake* y luego este se convierte en *uptake.*
variación fonética Las diferentes realizaciones de un sonido que no producen un cambio de significado (p. ej., *yo* → [jo], [ʤ] o [ʃo]).
variedad estándar La variedad reconocida como la norma de una comunidad lingüística. Coincide en gran parte con las normas de la lengua escrita y la lengua académica.
verbo copulativo Verbo carente de su propio significado referencial (p. ej., *ser* y *estar*). Verbos de este tipo sirven para relacionar un sustantivo con otro sustantivo, con un adjetivo, o con una frase adverbial.
verbo estático/dinámico Un verbo estático refleja un estado (p. ej., *Tengo un dolor de cabeza*). Si un verbo no es estático tendrá que ser dinámico y refleja una acción.
verbo factivo Verbo que presupone la veracidad de la oración complemento (p. ej., *Me gusta que hayas venido a la fiesta*).

verbo inacusativo Verbo intransitivo que normalmente tiene sujeto gramatical, cuando representa el tema (y no el agente) del evento (p. ej., *Salen y llegan trenes a toda hora en esta estación*; en este caso es obvio que los trenes no pueden ser agentes por sí solos).

verbo intransitivo Verbo que se construye con solamente un sujeto y que no tiene la posibilidad de afectar o modificar a alguien o algo, es decir, no tiene objeto directo (p. ej., *correr, salir, vivir, dormir* y *llorar*).

verbo pronominal Verbo que se conjuga con un clítico reflexivo: *me, te, se, nos, os* (p. ej., *alegrarse, acostarse, levantarse, sentarse*, etc.). Algunos verbos de esta categoría son obligatoriamente pronominales (p. ej., *arrepentirse*).

verbo psicológico Verbo que expresa una acción mental y sigue el patrón sintáctico del verbo *gustar* (p. ej., *me gusta, te encanta, le espanta, nos interesan, les molestan*, etc.).

verbo transitivo Verbo que se construye obligatoriamente con un objeto directo (p. ej., *entregar, lavar, oír, hacer, pintar*). En términos semánticos, el objeto directo es un paciente que es afectado o modificado por la acción verbal (p. ej., *Jorge pintó la casa*).

voseo Tratamiento personal que consiste en el pronombre *vos* con sus propias flexiones verbales, común en América Central, Argentina y Chile para referirse a la segunda persona singular. Las flexiones verbales suelen ser muy parecidas a las de la segunda persona plural—*vosotros* (*-áis, -éis, -ís*)—pero varían según el país.

yeísmo La neutralización o confluencia ('merger') del sonido lateral palatal /ʎ/y la fricativa palatal /j/, a favor de la realización /j/.

ZDP (zona de desarrollo próximo) Término que usó el psicólogo ruso Lev Vygotsky para indicar la distancia entre el nivel que el alumno es capaz de lograr por sí solo y el nivel que sería capaz de obtener con la ayuda de un compañero.

REFERENCIAS

Abrahamsson, N. y K. Hyltenstam. 2008. The robustness of aptitude effects in near-native second language acquisition. *Studies in Second Language Acquisition* 30 (4): 481–509.

———. 2009. Age of onset and nativelikeness in a second language: Listener perception versus linguistic scrutiny. *Language Learning*, 59 (2): 249–306.

Aissen, J. 2003. Differential object marking: Iconicity vs. economy. *Natural Language & Linguistic Theory*, 21 (3): 435–483.

Alarcón, I. V. 2011. Spanish gender agreement under complete and incomplete acquisition: Early and late bilinguals' linguistic behavior within the noun phrase. *Bilingualism: Language and Cognition*, 14 (3): 332–350.

Alfaraz, G. G. 2011. Accusative object marking: A change in progress in Cuban Spanish?. *Spanish in Context* 8 (2): 213–234.

Allais, L. 2012. Third place in the French classroom: A separate space for a new beginning? *Berkeley Language Center Wiki*. http://blc.berkeley.edu/index.php/blc/post/third_place_in_the_french_classroom_a_separate_space_for_a_new_beginning/.

Allen, E. y J. Seaman. 2013. *Changing Course: Ten Years of Tracking Online Education in the United States*. BABSON, Pearson, Sloan Foundation. http://sloanconsortium.org/publications/survey/changing_course_2012.

Alonso Aparicio, I. 2007. La instrucción basada en el procesamiento frente al enfoque ecléctico para el aprendizaje del subjuntivo en la enseñanza de E/LE. *Porta Linguarum* 8: 41–62.

Amaral, L. y D. Meurers. 2011. On using intelligent computer-assisted language learning in real-life foreign language teaching and learning. *ReCALL* 23: 4–24.

Andersen, R. W. 1991. Developmental sequences: The emergence of aspect marking in second language acquisition. En *Crosscurrents in second language acquisition and linguistic theories*, edited by T. Huebner and C. A. Ferguson, 305–324. Amsterdam: John Benjamins.

Andión Herrero, M. A. 2007. Las variedades y su complejidad conceptual en el diseño de un modelo lingüístico para el español L2/LE. *Estudios de lingüística* 21: 21–33.

Arispe, K. 2012. L2 vocabulary development as mediated through an iCALL tool, *LangBot*. Ph.D. diss., University of California, Davis.

Arispe, K. y R. Blake. 2012. Individual factors and successful learning in a hybrid course. *System* 40 (3): 449–465.

Austin, J. L. 1962. *How to Do Things With Words*. Cambridge, MA: Harvard University Press.

Ávila, R. 1994. El lenguaje de la radio y la televisión: Primeras noticias. En *II Encuentro de lingüistas y filólogos de España y México*, 101–118. Salamanca: Universidad de Salamanca.

Bachman, L. F. y A. S. Palmer. 1982. The construct validation of some components of communicative proficiency. *TESOL Quarterly* 16 (4): 449–465.

Bachman, L. F. y S. J. Savignon. 1986. The evaluation of communicative language proficiency: A critique of the ACTFL oral interview. *The Modern Language Journal* 70 (4): 380–390.

Baker, M. 2001. *The Atoms of Language: The Mind's Hidden Rules of Grammar*. New York: Basic Books.

Baker, J. L. y M. L. Quesada. 2011. The effect of temporal adverbials in the selection of preterit and imperfect by learners of Spanish L2. En *Selected Proceedings of the 2009 Second Language Research Forum*, edited by L. Plonsky and M. Schierloh, 1–15. Somerville, MA: Cascadilla Proceedings Project.

Baker-Smemoe, W., D. Dewey, J. Brown y R. Martinsen. 2014. Variables affecting L2 gains during study abroad. *Foreign Language Annals* 47 (3): 464–486.

Bardovi-Harlig, K. 2005. Tracking the elusive imperfect in adult L2 acquisition. En *Aspectual Inquiries*, edited by P. Kempchisnky and R. Slabakova, 397–419. Netherlands: Springer.

Bataller Fuster, R. 2010. Making a request for a service in Spanish: Pragmatic development in the study-abroad setting. *Foreign Language Annals* 43 (1): 160–175.

Bayley, R. y L. Pease-Alvarez. 1997. Null pronoun variation in Mexican-descent children's narrative discourse. *Language Variation and Change*, 9 (3): 349–371.

Beard, D. 2014. Effects of orthography and phonology in bilingual visual word recognition: English-Spanish cognates in a masked priming paradigm with second language learners. Paper delivered at the Kentucky Foreign Language Conference, University of Kentucky, Lexington, April 10–12, 2014.

Bello, A. 1970 [1853]. *Gramática de la lengua castellana*. Octava edición. Buenos Aires: Sopena.

Benavides, C. 2003. La distribución del voseo en Hispanoamérica. *Hispania* 86 (3): 612–623.

———. 2015. Using a corpus in a 300-level Spanish grammar course. *Foreign Language Annals* 48 (2): 218–235.

Benavides-Segura, B., G. Herrera-Morera e I. Saborío-Pérez. 2011. El desarrollo del léxico disponible en el fortalecimiento de los campos semánticos del aprendiente de español como lengua extranjera. *Hispania* 94 (2): 320–328.

Bentivoglio, P. y M. Sedano. 2011. Morphosyntactic variation in Spanish-speaking Latin America. En *The Handbook of Hispanic Sociolinguistics*, edited by M. Díaz-Campos, 168–186. Oxford, UK: Wiley-Blackwell.

Bernstein, J., A. Van Moere y J. Cheng. 2010. Validating automated speaking tests. *Language Testing* 27 (3): 355–377.

Bever, T. G. 1970. The cognitive basis for linguistic structures. En *Cognition and Language Development*, edited by R. Hayes, 279–362. New York: John Wiley.

Blake, R. 1985. From research to the classroom: Notes on the subjunctive. *Hispania* 68: 166–73.

———. 1987. El uso del subjuntivo con cláusulas nominales: ¿Regla obligatoria o variable? En *Actas del I Congreso Internacional sobre el español de América*, editado por M. Vaquero de Ramírez y H. López Morales, 351–360. Río Piedras, Puerto Rico: Universidad de Puerto Rico.

———. 2008. *Durmió, puedo, era, sepa...*: ¡¿Por qué hay tantos verbos irregulares?! En *El español a través de la lingüística: Preguntas y respuestas*, editado por J. Ewald y A. Edstrom, 168–175. Somerville, MA: Cascadilla.

———. 2013. *Brave New Digital Classroom*. Washington, DC: Georgetown University Press.

Blake, R., N. Wilson, M. Cetto y C. Pardo-Ballester. 2008. Measuring oral proficiency in distance, face-to-face, and blended classrooms. *Language Learning & Technology* 12: 114–127.

Bley-Vroman, R. 1989. What is the logical problem of foreign language learning? En *Linguistic Perspectives on Second Language Acquisition*, edited by S. M. Gass and J. Schachter, 41–68. New York: Cambridge University Press.

———. 2009. The evolving context of the fundamental difference hypothesis. *Studies in Second Language Acquisition* 31 (2): 175–198.

Boers, F. y S. Lindstromberg. 2012. Experimental and intervention studies on formulaic sequences in a second language. *Annual Review of Applied Linguistics* 32: 83–110.

Bosque, I. 2001. Sobre el concepto de colocación y sus límites. *Lingüística Española Actual* 23 (1): 9–40.

———, dir. 2004. *Redes: Diccionario combinatorio del español contemporáneo*, Madrid: Ediciones SM.

———, dir. 2006. *Diccionario combinatorio práctico del español contemporáneo*. Madrid: Ediciones SM.

Bowen, R. P. y J. D. Stockwell. 1965. *The Sounds of English and Spanish*. Chicago: University of Chicago Press.

Brown, E. L. y J. Rivas. 2012. Grammatical relation probability: How usage patterns shape analogy. *Language Variation and Change* 24 (3): 317–341.

Bull, W. 1971. *Time, Tense, and the Verb: A Study in Theoretical and Applied Linguistics, with Particular Attention to Spanish*. Berkeley: University of California Press.

Bygate, M., P. Skehan y M. Swain, eds. 2001. *Researching Pedagogic Tasks: Second Language Learning, Teaching, and Testing*. London: Longman.

Byram, K. y C. Kramsch. 2008. Why is it so difficult to teach language as culture? *The German Quarterly* 81(1): 20–34.

Cadierno, T. 2000. The acquisition of Spanish grammatical aspect by Danish advanced language learners. *Spanish Applied Linguistics* 4: 1–53.

Camacho, J. 2013. *Null Subjects.* Cambridge, UK: Cambridge University Press.

Camacho Guardado, L. 2013a. Aplicaciones cognitivas a la enseñanza de la expresión de la probabilidad en el aula de E/LE. En *Actas del III Congreso Internacional del Español en Castilla y León: El español global*, 285–294. Salamanca: Universidad de Salamanca. http://congresoele2013.redhispanistas.es/images/stories/documentacion/actascongreso_elespanolglobal.pdf

———. 2013b. La enseñanza del modo desde una perspectiva cognitiva. En *Actas del XLVIII Congreso Internacional AEPE: El Español en la era digital*, 133–149. Jaca: AEPE. Valladolid: Campus Encuadernaciones S.L.

Camps, J. 2005. The emergence of the imperfect in Spanish as a foreign language: The association between imperfective morphology and state verbs. *International Review of Applied Linguistics* 43: 163–192.

Canale, M. 1983. From communicative competence to communicative language pedagogy. En *Language and Communication*, edited by J. C. Richards and R. W. Schmidt, 2–28. New York: Taylor & Francis.

Canale, M. y M. Swain. 1980. Theoretical bases of communicative approaches to second language teaching and testing. *Applied linguistics* 1(1): 1–47.

Castillo-Trelles, C. 2007. La pluralización del verbo *haber* impersonal en el español yucateco. En *Selected Proceedings of the Third Workshop on Spanish Sociolinguistics*, edited by J. Holmquist, A. Lorenzino, and L. Sayahi, 74–84. Somerville, MA: Cascadilla Proceedings Project.

Chomsky, N. 2006. *Language and Mind*, 3rd ed. Cambridge, UK: Cambridge University Press.

Clegg, J. H. 2011. A frequency-based analysis of the norms for Spanish noun gender. *Hispania* 94 (2): 303–319.

Cobb, T. 1999. Breadth and depth of lexical acquisition with hands-on concordancing. *Computer Assisted Language Learning* 12 (4): 345–360.

———. 2000. The compleat lexical tutor. Web site. Available at: http://www.lextutor.ca

Collentine, J. 1995. The development of complex syntax and mood-selection abilities by intermediate-level learners of Spanish. *Hispania* 78: 122–35.

———. 1997. The effects of irregular stems on the detection of verbs in Spanish. *Spanish Applied Linguistics* 1: 3–23.

———. 2010. The acquisition and teaching of the Spanish subjunctive: An update on current findings. *Hispania* 93 (1): 39–51.

Comajoan, L. 2005. The early L2 acquisition of past morphology: Perfective morphology as an aspectual or default tense marker?" En *Selected Proceedings of the 6th Conference on the Acquisition of Spanish and Portuguese as First and Second Languages,* edited by David Eddington, 31–43. Somerville, MA: Cascadilla Proceedings Project.

Cook, V. 1999. Going beyond the native speaker in language teaching. *TESOL Quarterly* 33 (2): 185–209.

Cubillos, J., L. Chieffo y F. Chunbo. 2008. The impact of short-term study abroad programs on L2 listening comprehension skills. *Foreign Language Annals* 41(1): 156–186.

Cummins, J. 1979. Cognitive/academic language proficiency, linguistic interdependence, the optimum-age question and some other matters. *Working Papers on Bilingualism*19: 121–129.

———. 2003. BICS and CALP: Origins and rationale for the distinction. En *Sociolinguistics: The Essential Readings*, edited by C. B. Paulston and G. R. Tucker, 322–328. London: Blackwell.

Curcó, C. y A. de Fina. 2002. Modo imperativo, negación y diminutivos en la expresión de la cortesía en español: El contraste entre México y España. En *Actos de habla y cortesía en español*, editado por E. Placencia y D. Bravo, 107–140. Munich: Lincom Europa.

Dąbrowska, E. 2012. Different speakers, different grammars: Individual differences in native language attainment. *Linguistic Approaches to Bilingualism* 2 (3): 219–253.

Dąbrowska, E. y J. Street. 2006. Individual differences in language attainment: Comprehension of passive sentences by native and non-native English speakers. *Language Sciences* 28 (6): 604–615.

Dalbor, J. B. 1997. *Spanish Pronunciation: Theory and Practice*. Fort Worth, TX: Holt, Rinehart and Winston.

Davidson, D. 2007. Study abroad and outcomes measurements: The case of Russian. *Modern Language Journal* 91: 276–280.

Davies, A. 2013. *Native Speakers and Native Users: Loss and Gain*. Cambridge, UK: Cambridge University Press.

Davies, G. 2011. Introduction to multimedia CALL. Module 2.2. *Information and Communications Technology for Language Teachers (ICT4LT)*, edited by Graham Davies. Slough, Thames Valley University, http://www.ict4lt.org/en/en_mod2-2.htm.

Davies, M. 2005. Vocabulary range and text coverage: Insights from the forthcoming *Routledge Frequency Dictionary of Spanish*. En *Selected Proceedings from the 7th Hispanic Linguistics Symposium*, edited by D. Eddington, 106–115. Somerville, MA: Cascadilla Proceedings Project.

———. 2006a. *A Frequency Dictionary of Spanish*. New York: Routledge.

———. 2006b. *Corpus del Español*. http://www.corpusdelespanol.org/x.asp.

Davies, M. y T. L. Face. 2006. Vocabulary coverage in Spanish textbooks: How representative is it? En *9th Hispanic Linguistics Symposium*, edited by N. Sagarra and A. J. Toribio, Somerville, MA: Cascadilla Proceedings Project.

DeKeyser, R. 2000. The robustness of critical period effects in second language acquisition. *Studies in Second Language Acquisition* 22: 499–533.

———. 2003. Implicit and explicit learning. En *Handbook of Second Language Acquisition*, edited by C. J. Doughty and M. H. Long, 313–348. London: Blackwell.

———. 2005. What makes second-language grammar difficult? A review of issues. *Language Learning* 55 Supplement 1: 1–25.

DeKeyser, R., R. Salaberry, P. Robinson y M. Harrington. 2002. What gets processed in processing instruction? A commentary on Bill VanPatten's "Processing instruction: An update". *Language Learning* 52 (4): 805–823.

Demonte, V. 2001. El español estándar (ab)suelto: Algunos ejemplos del léxico y la gramática. En *II Congreso Internacional de la Lengua Española.* http://congresosdelalengua.es/valladolid/ponencias/unidad_diversidad_del_espanol/1_la_norma_hispanica/demonte_v.htm

De Prada Pérez, A. y D. Pascual y Cabo. 2011. Invariable *gusta* in the Spanish of Heritage Speakers in the US. En *Proceedings of the Generative Approaches to Second Language Acquisition*, edited by J. Herschensohn and D. Tanner, 110–120. Somerville, MA: *Cascadilla Proceedings Project.*

Díaz-Campos, M. 2014. *Introducción a la sociolingüística hispánica*. Malden, MA: Wiley-Blackwell.

Dijkstra, T., K. Miwa, B. Brummelhuis, M. Sappelli y H. Baayen. 2010. How cross-language similarity and task demands affect cognate recognition. *Journal of Memory and Language* 62: 284–301.

Doughty, C. y J. Williams. 1998. Pedagogical choices in focus on form. En *Focus on Form in Classroom Second Language Acquisition*, edited by C. Doughty and J. Williams, 197–261. Cambridge, UK: Cambridge University Press.

Dressler, C., M. S. Carlo, C. E. Snow, D. August y C. E. White. 2011. Spanish-speaking students' use of cognate knowledge to infer the meaning of English words. *Bilingualism: Language and Cognition* 14 (2): 243–255.

Eckerson, R.T. 2014. L2 Spanish and the subjunctive: An analysis on current intermediate-level Spanish curricula in light of past and current research on the subjunctive. University of Tennessee Honors Thesis Projects. http://trace.tennessee.edu/utk_chanhonoproj/1698.

Ellis, N. C. 2003. Constructions, chunking, and connectionism: The emergence of second-language structure. En *Handbook of Second-Language Acquisition,* edited by C. Doughty and M. H. Long., 33–68. Oxford: Blackwell.

———. 2005. At the interface: Dynamic interactions of explicit and implicit language knowledge. *Studies in Second Language Acquisition* 27: 305–352.

———. 2008. Implicit and explicit knowledge about language. En *Encyclopedia of Language and Education,* 2nd ed., Vol. 6: *Knowledge about Language*, edited by J. Cenoz and N. H. Hornberger, 1–13. New York: Springer.

Ellis, R. 2003. *Task-Based Language Learning and Teaching*. Oxford, UK: Oxford University Press.

———. 2006. Current issues in the teaching of grammar: An SLA perspective. *TESOL Quarterly* 40: 83–107.

Ellis, R. y Y. Sheen. 2006. Reexamining the role of recasts in second language acquisition. *Studies in Second Language Acquisition* 28 (4): 575–600.

Escandell Vidal, M. V. 2003. *Introducción a la pragmática*. Barcelona: Ariel.

Escudero, P. y P. Boersma. 2004. Bridging the gap between L2 speech perception research and phonological theory. *Studies in Second Language Acquisition* 26: 551–585.

Estes, R. 2014. Lexical segmentation in L2 Spanish listening. Ph.D. diss. University of California, Davis.

Farley, A. P. 2001. Authentic processing instruction and the Spanish subjunctive. *Hispania* 84: 289–299.

Félix-Brasdefer, J. C. 2010. Intra-lingual pragmatic variation in Mexico City and San José, Costa Rica: A focus on regional differences in female requests. *Journal of Pragmatics* 42 (11): 2992–3011.

Fernández, C. 2008. Reexamining the role of explicit information in processing instruction. *Studies in Second Language Acquisition* 30 (3): 277–305.

Fernández-Ordóñez, I. 2001. Hacia una dialectología histórica: Reflexiones sobre la historia del leísmo, el laísmo y el loísmo. *Boletín de la Real Academia Española* 81 (284): 389–464.

Fichtner, F. y K. Chapman. 2011. The cultural identity of foreign language teachers. *L2 Journal* vol. 3: 116–140. http://repositories.cdlib.org/uccllt/l2/vol3/iss1/art6/

Field, J. 2004. An insight into listeners' problems: Too much bottom-up or too much top-down? *System* 32 (3): 363–377.

Folse, K. S. 2004. *Vocabulary Myths: Applying Second Language Research to Classroom Teaching.* Ann Arbor: University of Michigan Press.

———. 2006. *The Art of Teaching Speaking: Research and Pedagogy for the ESL/EFL Classroom.* Ann Arbor: University of Michigan Press.

Franceschina, F. 2001. Morphological or syntactic deficits in near-native speakers? An assessment of some current proposals. *Second Language Research* 17 (3): 213–247.

Freed, B. 1995. *Second Language Acquisition in a Study-Abroad Context.* Amsterdam/Philadelphia: John Benjamins.

Freites Barros, F. 2004. Pluralización de *haber* impersonal en el Táchira: Actitudes lingüísticas. *Boletín de Lingüística* 22: 32–51.

García-Alcaraz, E. y A. Bel. 2011. Selección y distribución de los pronombres en el español L2 de los hablantes de árabe. *Revista de Lingüística y Lenguas Aplicadas* 6: 165–179.

Gass, S. 2003. Input and interaction. En *The Handbook of Second Language Acquisition*, edited by C. Doughty and M. Long, 224–255. Oxford, UK: Blackwell Publishing.

Gee, J. 2007. *What Video Games Have to Teach Us about Learning and Literacy.* New York: Palgrave Macmillan.

Geertz, C. 1983. *Local Knowledge.* New York: Basic Books.

Geeslin, K. L., L. García-Amaya, M. Hasler-Barker, N. Henriksen y J. Killam. 2010. The SLA of direct object pronouns in a study-abroad immersion environment where use is variable. En *Selected Proceedings of the 12th Hispanic Linguistics Symposium*, 246–259. Somerville, MA: Cascadilla Proceedings Project.

Geeslin, K. y A. Gudmestad. 2008. Comparing interview and written elicitation tasks in native and non-native data: Do speakers do what we think they do? En *Selected Proceedings of the 10th Hispanic Linguistics Symposium*, edited by J. Bruhn de Garavito and E. Valenzuela, 64–77. Somerville, MA: Cascadilla.

Gili Gaya, S. 1961. *Curso superior de sintaxis española.* Barcelona: Bibliograf.
Gladwell, M. 2008. *Outliers*. New York: Little, Brown.
Glisan, E. W., E. Swender y E. A. Surface. 2013. Oral proficiency standards and foreign language teacher candidates: Current findings and future research directions. *Foreign Language Annals* 46 (2): 264–289.
Gobierno de Paraguay. 2012. *Estadísticas vitales.* http://www.dgeec.gov.py.
González, C. E. 2002. La variación 'eríh/soi' en el voseo verbal de Santiago de Chile: Un estudio exploratorio. *Onomázein* 7: 213–230.
González-Barrera, A. y M. H. López. 2013. Spanish is the most spoken non-English language in U.S. homes, even among non-Hispanics. Pew Research Center. http://www.pewresearch.org/fact-tank/2013/08/13/spanish-is-the-most-spoken-non-english-language-in-u-s-homes-even-among-non-hispanics/
González-Lloret, M. 2003. Designing task-based CALL to promote interaction: En busca de esmeraldas. *Language Learning & Technology* 7 (1): 86–104.
González-Lloret, M. y L. Ortega, eds. 2014. *Technology-mediated TBLT: Researching Technology and Tasks*. Amsterdam/Philadelphia: John Benjamins.
Goulden, R., P. Nation y J. Read. 1990. How large can a receptive vocabulary be? *Applied Linguistics* 11: 341–363.
Grgurovic, M., C. Chapelle y S. Mack. 2013. A meta-analysis of effectiveness studies on computer technology-supported language learning. *ReCALL Journal* 25: 165–198.
Grice, H. P. 1975. Logic and conversation. En *Syntax and Semantics,* vol. 3, Speech Acts, edited by P. Cole and J. Morgan, 41–58. New York: Academic Press.
Grüter, T., C. Lew-Williams y A. Fernald. 2012. Grammatical gender in L2: A production or a real-time processing problem? *Second Language Research* 28 (2): 191–215.
Gudmestad, A. 2006. L2 variation and the Spanish subjunctive: Linguistic features predicting mood selection. En *Selected Proceedings from the 7th CLASP*, edited by Carol Klee and Timothy Face, 170–184. Somerville, MA: Cascadilla.
———. 2008. Acquiring a variable structure: An interlanguage analysis of second-language mood use in Spanish. Ph.D. diss. University of Indiana. Print.
———. 2012. Toward an understanding of the relationship between mood use and form regularity: Evidence of variation across tasks, lexical items, and participant groups. En *Selected Proceedings of the 14th Hispanic Linguistics Symposium,* edited by Kimberly Geeslin and Manuel Díaz-Campos, 214–227. Somerville, MA: Cascadilla Proceedings Project.
Guillén, G. 2014. Expanding the language classroom: Linguistic gains and learning opportunities through e-tandems and social networks. Ph.D. diss. University of California, Davis.
Haegeman, L. 2013. The syntax of registers: Diary subject omission and the privilege of the root. *Lingua* 130: 88–110.

Hambrick, D. Z., F. L. Oswald, E. M. Altmann, E. J. Meinz, F. Gobet y G. Campitelli. 2014. Deliberate practice: Is that all it takes to become an expert? *Intelligence* 45: 34–45.

Heift, T. 2007. Learner personas in CALL. *Calico Journal* 25: 1–10.

———. 2010. Developing an intelligent language tutor. *Calico Journal* 27: 442–459.

Hertel, T. J. 2003. Lexical and discourse factors in the second language acquisition of Spanish word order. *Second Language Research* 19 (4): 273–304.

Higueras García, M. 2006a: *Las colocaciones y su enseñanza en la clase de ELE.* Madrid: Arco.

———. 2006b: *Estudio de las colocaciones léxicas y su enseñanza en español como lengua extranjera.* Málaga: ASELE.

Hill, J. 2000. Revising priorities: From grammatical failure to collocational success. En *Teaching Collocation: Further Developments in the Lexical Approach*, edited by Michael Lewis, 47–69. London: Language Teaching Publications.

Horst, M., T. Cobb e I. Nicolae. 2005. Expanding academic vocabulary with an interactive on-line database. *Language Learning & Technology* 9 (2): 90–110.

Housen, A. y F. Kuiken. 2009. Complexity, accuracy, and fluency in second language acquisition. *Applied Linguistics* 30 (4): 461–473.

Hu, M. e I. S. P. Nation. 2000. Unknown vocabulary density and reading comprehension. *Reading in a Foreign Language* 13 (1): 403–30.

Hualde, J. I. 2014. *Los sonidos del español.* Cambridge, UK: Cambridge University Press.

Hubbard, P. y M. Levy, eds. 2006. *Teacher Education in CALL.* Amsterdam: John Benjamins.

Hulstijn, J. 2005. Theoretical and empirical issues in the study of implicit and explicit second-language learning. *SSLA* 27: 129–140.

———. 2011. Language proficiency in native and nonnative speakers: An agenda for research and suggestions for second-language assessment. *Language Assessment Quarterly* 8 (3): 229–249.

———. 2012. The construct of language proficiency in the study of bilingualism from a cognitive perspective. *Bilingualism: Language and Cognition* 15 (2): 422–433.

———. 2015. *Language Proficiency in Native and Non-native Speakers: Theory and Research.* Amsterdam/Philadelphia: John Benjamins.

Hyltenstam, K. y N. Abrahamsson. 2003. Maturational constraints in SLA. En *The Handbook of Second Language Acquisition*, edited by C. Doughty and M. Long, 539–588. Malden, MA: Blackwell.

Hymes, D. H. 1966. Two types of linguistic relativity. En *Sociolinguistics*, edited by W. Bright, 114–158. The Hague: Mouton.

———. 1972. Models of the interaction of language and social life. En *Directions in Sociolinguistics: The Ethnography of Communication*, edited by J. Gumperz and D. Hymes, 35–71. New York: Holt, Rhinehart & Winston.

Instituto Cervantes. 2002. Marco común europeo de referencia para las lenguas: Aprendizaje, enseñanza, evaluación. Madrid: Ministerio de Educación, Cultura y Deporte . http://cvc.cervantes.es/ensenanza/biblioteca_ele/marco/cvc_mer.pdf

———. 2014. El español: Una lengua viva. Informe 2014. En línea: http://eldiae.es/wp-content/uploads/2014/07/El-espa%C3%B1ol-lengua-viva-2014.pdf

Isabelli, C. A. 2008. First-noun principle or L1 transfer principle in SLA? *Hispania* 91 (2): 465–478.

Isabelli, C. y C. Nishida. 2005. Development of the Spanish subjunctive in a nine-month study-abroad setting. En *Selected Proceedings of the 6th Conference on the Acquisition of Spanish and Portuguese as First and Second Languages*, edited by David Eddington, 78–91. Somerville, MA: Cascadilla.

Jensen, F. y T. Lathrop. 1973. *The Syntax of the Old Spanish Subjunctive*. Janua Linguarum Series. The Hague: Mouton.

John, O. P., Naumann, L. P. y Soto, C. J. 2008. Paradigm shift to the integrative big-five trait taxonomy: History, measurement, and conceptual issues. En *Handbook of Personality: Theory and Research,* edited by O. P. John, R. W. Robins, and L. A. Pervin, 114–158. New York: Guilford.

Kail, M. y A. Charvillat. 1988. Local and topological processing in sentence comprehension by French and Spanish children. *Journal of Child Language* 15 (3): 637–662.

Kazumi, K. 2001. *Colocaciones léxicas en el español actual: Estudio formal y léxico-semántico.* Alcalá de Henares, Spain: Servicio de publicaciones de la Universidad de Alcalá.

Kennedy, C. y T. Miceli. 2001. An evaluation of intermediate students' approaches to corpus investigation. *Language Learning & Technology* 5 (3): 77–90. http://llt.msu.edu/vol5num3/kennedy/default.html.

Klee, C. y R. Caravedo. 2005. Contact-induced language change in Lima, Peru: The case of clitic pronouns. En *Selected Proceedings of the 7th Hispanic Linguistics Symposium,* edited by D. Eddington, 12–21. Somerville, MA: Cascadilla Proceedings Project.

Klee, C. y A. Lynch. 2009. *El español en contacto con otras lenguas.* Washington, DC: Georgetown University Press.

Klein-Andreu, F. 2000. *Variación actual y evolución histórica: Los clíticos* le/s, la/s, lo/s. Munich: Lincom Europa.

Knouse, S. M. 2012. The acquisition of dialectal phonemes in a study-abroad context: The case of the Castilian theta. *Foreign Language Annals* 45 (4): 512–542.

Kormos, J. y Dénes, M. 2004. Exploring measures and perceptions of fluency in the speech of second-language learners. *System* 32 (2): 145–164.

Kramsch, C. 1998. *Language and Culture.* Oxford: Oxford University Press.

———. 2009a. *The Multilingual Subject: What Foreign Language Learners Say about Their Experience and Why It Matters*. Oxford, UK: Oxford University Press.

———. 2009b. Third culture and language education. En *Contemporary Applied Linguistics*, vol. 1, *Language Teaching and Learning*, edited by L. Wei and V. Cook, 233–254. London: Continuum.

Krashen, S. 1981. Second language acquisition and second language learning. Oxford, UK: Pergamon.

———. 1994. The input hypothesis and its rivals. En *Implicit and Explicit Learning of Languages*, edited by N. Ellis. London: Academic Press.

Krashen, S. y T. Terrell. 1983. *The Natural Approach: Language Acquisition in the Classroom*. Hayward, CA: Alemany.

Lacorte. M. 2006. *Teaching with Tasks/La enseñanza por tareas*. Upper Saddle River, NJ: Pearson Education.

Lafford, B. 2006. The effects of study abroad vs. classroom contexts on Spanish SLA: Old assumptions, new insights and future research directions. *Selected Proceedings of the 7th Conference on the Acquisition of Spanish and Portuguese as First and Second Languages*, edited by C. Klee and T. Face, 125. Somerville, MA: Cascadilla Proceedings Project.

Lafford, B. y J. Collentine. 2006. The effects of study abroad and classroom contexts on the acquisition of Spanish as a second language. En *The Art of Teaching Spanish: Second Language Acquisition from Research to Praxis*, edited by R. Salaberry and B. Lafford, 103–126. Washington, DC: Georgetown University Press.

Lafford, B. e I. Uscinski. 2014. Study abroad and second language Spanish. En *Handbook of Second-Language Spanish*, edited by K. Geeslin, 386–403. Boston: Wiley-Blackwell.

Langer, B. 2011. Teaching pragmatic forms in Spanish. *Segundas lenguas e inmigración en red* 5: 5–34.

Larsen, J. W. 1998. An argument for computer adaptive language testing. *Multimedia-Assisted Language Learning* 1 (1): 9–24.

Lavandera, Beatriz. 1975. Linguistic structure and sociolinguistic conditioning in the use of verbal ending in *si*-clauses (Buenos Aires Spanish). Ph. D. thesis, University of Pennsylvania.

Lee, J. F. y P. A. Malovrh. 2009. Linguistic and non-linguistic factors affecting OVS processing of accusative and dative case pronouns by advanced L2 learners of Spanish. En *Selected Proceedings of the 11th Hispanic Linguistics Symposium*, edited by Joseph Collentine, 105–116. Somerville, MA: Cascadilla.

Lenneberg, E. H. 1967. *Biological Foundations of Language*. New York: Wiley.

Leow, R., T. Egi, A. M. Nuevo y Y-C Tsai. 2003. The roles of textual enhancement and type of linguistic item in adult L2 learners comprehension and intake. *Applied Language Learning* 13 (2): 1–16.

Levy, Michael and Phillip Hubbard. 2005. Why call CALL CALL? *Computer Assisted Language Learning* 18: 143–149.

Liceras, J. 1989. On some properties of the "pro-drop" parameter: Looking for missing subjects in non-native Spanish. En *Linguistic Perspectives on Second Language Acquisition*, edited by S. Gass and J. Schachter, 109–133. Cambridge, UK: Cambridge University Press.

Lipski, J. 1997. En busca de las normas fonéticas del español. En *La enseñanza del español a hispanohablantes: Praxis y teoría*, editado por M. C. Colombi and F. X. Alarcón, 121–132. Lexington, MA: DC Heath.

———. 2007. El español de América en contacto con otras lenguas. En *Lingüística aplicada del español*, editado por M. Lacorte, 309–345. Madrid: Arco.

———. 2014. Geographical and social varieties of Spanish: An overview. En *The Handbook of Hispanic Linguistics*, edited by J. I. Hualde, A. Olarrea and E. O'Rourke, 1–26. Malden, MA: Wiley-Blackwell.

Liskin-Gasparro, J. 2000. The use of tense-aspect morphology in Spanish oral narratives: Exploring the perceptions of advanced learners. *Hispania* 84 (3): 830–844.

———. 2003. The ACTFL proficiency guidelines and the oral proficiency interview: A brief history and analysis of their survival. *Foreign Language Annals* 36: 483–90.

Little, D. 2005. The Common European Framework and the European Language Portfolio: Involving learners and their judgments in the assessment process. *Language Testing* 22: 321–336.

Llanes, À. y C. Muñoz. 2009. A short stay abroad: Does it make a difference?. *System* 37 (3): 353–365.

LoCoco, V. 1987. Learner comprehension of oral and written sentences in German and Spanish: The importance of word order. En *Foreign Language Learning: A Research Perspective*, edited by B. VanPatten, T. R. Dvorak, and J. F. Lee, 119–129. Cambridge, MA: Newbury House.

Long, M. 1991. Focus on form: A design feature in language teaching methodology. En *Foreign Language Research in Cross-Cultural Perspective*, edited by K. De Bot, R. Ginsberg, and C. Kramsch, 39–52. Amsterdam: John Benjamins.

Long, M. H. y P. Robinson. 1998. Focus on form: Theory, research and practice. En *Focus on Form in Second Language Acquisition*, edited by C. J. Doughty and J. Williams, 15–41. Cambridge, UK: Cambridge University Press.

Lope Blanch, J. M. 2000. Diversidad léxica y uniformidad gramatical: En torno al porvenir de la lengua española. *Revista de filología española* 80: 201–214.

———. 2001. La norma lingüística hispánica. *Anuario de Letras* 40: 23–41.

López Morales, H. 2006. El futuro del español. En *Enciclopedia del español en el mundo*, anuario del Instituto Cervantes, 476–491. Barcelona: EGEDSA.

Lord, G. 2005. (How) Can we teach foreign language pronunciation? On the effects of a Spanish phonetics course. *Hispania* 88 (3): 557–567.

Lozano, C. 2009. Selective deficits at the syntax-discourse interface. En *Representational Deficits in SLA: Studies in Honor of Roger Hawkins*, edited by N. Snape, Y. Leung, and M. Sharwood Smith, 127–166. Amsterdam: John Benjamins.

Lubbers Quesada, M. 2005. Perspectivas aspectuales del presente y del imperfecto en español. En *Dimensiones del aspecto en español*, editado por M. Lubbers Quesada and R. Maldonado, 149–172. México: Universidad Nacional Autónoma de México.

———. 2013. Subject pronouns in second language Spanish. En *The Handbook of Spanish Second Language Acquisition*, edited by K. Geeslin, 253–269. Malden, MA: Wiley-Blackwell.

MacWhinney, B. 1997. Implicit and explicit processes. *Studies in Second Language Acquisition* 19: 277–281.

Malabonga, V., D. M. Kenyon, M. Carlo, D. August y M. Louguit. 2008. Development of a cognate awareness measure for Spanish-speaking English language learners. *Language Testing* 25 (4): 495–519.

Malone, M. y M. Montee. 2010. Oral proficiency assessment: Current approaches and applications for post-secondary foreign language programs. *Language and Linguistics Compass* 4: 972–986.

Marqués Pascual, L. 2011. Study abroad, previous language experience, and Spanish L2 development. *Foreign Language Annals* 44 (3): 565–582.

Márquez Reiter, R. 2002. A contrastive study of conventional indirectness in Spanish: Evidence from Peninsular and Uruguayan Spanish. *Pragmatics* 12 (2): 135–151.

Martínez Baztán, A. 2008. La evaluación oral: Una equivalencia entre las guidelines de ACTFL y algunas escalas del MCER. Ph.D. diss., Universidad de Granada.

Meara, P. 1980. Vocabulary acquisition: A neglected aspect of language learning. *Language Teaching and Linguistics: Abstracts* 13 (4): 221–246.

Miguel, L. 2004. Lengua y cultura desde una perspectiva pragmática: Algunos ejemplos aplicados al español. *RedELE*, número 2. http://www.mec.es/redele/revista2/miquel.shtml.

MLA. 2007. *MLA Ad Hoc Committee on Foreign Languages. Foreign Languages and Higher Education: New Structures for a Changed World.*

Moeller, A. J. 2013. Advanced low language proficiency—An Achievable Goal?. *The Modern Language Journal* 97 (2): 549–553.

Montes Giraldo, J. J. 2000. Sobre el sintagma *haber* + sustantivo. En *Otros estudios sobre el español de Colombia*. Bogotá: Instituto Caro y Cuervo.

Montrul, S..1998. The L2 acquisition of dative experiencer subjects. *Second Language Research* 14 (1): 27–61.

———. 2004a. *The Acquisition of Spanish*. Amsterdam: John Benjamins.

———. 2004b. Subject and object expression in Spanish heritage speakers: A case of morphosyntactic convergence. *Bilingualism: Language and Cognition* 7 (2): 125–142.

———. 2009. Knowledge of tense-aspect and mood in Spanish heritage speakers. *International Journal of Bilingualism* 13: 239–69.

———. 2012. Is the heritage language like a second language?. *EUROSLA Yearbook* 12: 1–29.

———. 2013. How native are heritage speakers? A look at gender agreement in Spanish. *Heritage Language Journal* 10 (2): 15–39.

Montrul, S. y M. Bowles. 2009. Back to basics: Incomplete knowledge of differential object marking in Spanish heritage speakers. *Bilingualism: Language and Cognition* 12 (3): 363–383.

Montrul, S., R. Foote y S. Perpiñán. 2008. Gender agreement in adult second language learners and Spanish heritage speakers: The effects of age and context of acquisition. *Language Learning* 58 (3): 503–553.

Montrul, S. y T. Ionin. 2010. Transfer effects in the interpretation of definite articles by Spanish heritage speakers. *Bilingualism: Language and Cognition*, 13 (4): 449–473.

Montrul, S. y R. Slabakova. 2003. Competence similarities between native and near-native speakers. *Studies in Second Language Acquisition* 25 (3): 351–398.

Mora, J. C. y Valls-Ferrer, M. 2012. Oral fluency, accuracy and complexity in formal instruction and study abroad learning contexts. *TESOL Quarterly* 46 (4): 610–641.

Moreno de Alba, J. 1978. *Valores de las formas verbales en el español de México*. México: UNAM.

———. 1995. *El español de América*. Madrid: Arco.

Moreno Fernández, Francisco, dir. 2010. *Catálogo de voces hispánicas*. Con la colaboración de Jairo Javier García Sánchez. Madrid: Instituto Cervantes. http://cvc.cervantes.es/lengua/voces_hispanicas/

———. 2014. *La lengua española en su geografía: Manual de dialectología hispánica*. Madrid: Arco.

Muñoz, C., ed. 2006. *Age and the Rate of Foreign Language Learning*. Clevedon: Multilingual Matters.

———. 2008. Symmetries and asymmetries of age effects in naturalistic and instructed L2 learning. *Applied Linguistics* 29 (4): 578–596.

Myles, F. 2010. The development of theories of second language acquisition. *Language Teaching* 43 (3): 320–332.

Nash, R. 1997. *NTC's Dictionary of Spanish Cognates Thematically Organized*. Lincolnwood, IL: NTC Publishing Group.

Nassaji, H. y S. Fotos. 2010. *Teaching Grammar in Second Language Classrooms: Integrating Form-Focused Instruction in Communicative Context*. New York: Routledge, Taylor & Francis.

Nation, P. 2001. *Learning Vocabulary in Another Language*. Cambridge, UK: Cambridge University Press.

———. 2006. How large a vocabulary is needed for reading and listening? *The Canadian Modern Language Review/La Revue canadienne des langues vivantes* 63 (1): 59–82.

Nattinger, J. R. y J. S. DeCarrico. 1992. *Lexical Phrases and Language Teaching*. Oxford, UK: Oxford University Press.

Norris, J. y L. Ortega, L. 2000. Effectiveness of L2 instruction: A research synthesis and quantitative meta-analysis. *Language Learning* 50: 417–528.

Nunan, D. 2004. *Task-Based Language Teaching*. Cambridge, UK: Cambridge University Press.

Olarrea, A. 2014. Word order and information structure. En *The Handbook of Hispanic Linguistics*, edited by J. I. Hualde, A. Olarrea, and E. O'Rourke, 603–628. Oxford, UK: Wiley-Blackwell.

Open Doors. 2012, 2014. *Report on International Educational Exchange.* Institute of International Education. http://www.iie.org/Research-and-Publications/Publications-and-Reports/IIE-Bookstore/Open-Doors-2012.

Ortega, L. 2001. Atención implícita hacia la forma: Teoría e investigación. En *Estudios de Lingüística,* anexo 1, editado por S. Pastor Cesteros y V. Salazar García. Alicante, Spain: Universidad de Alicante.

Ortega Olivares, J. 2002. La enseñanza de la gramática y el aprendizaje de español/LE. *Didáctica del español como lengua extranjera,* 159–166. http://marcoele.com/descargas/expolingua_2002.ortega.pdf.

Otheguy, R. 2008. El llamado espanglish. *Enciclopedia del español en los Estados Unidos,* anuario del Instituto Cervantes, 222–243.

Otheguy, R., A. C. Zentella y D. Livert. 2007. Language and dialect contact in Spanish in New York: Toward the formation of a speech community. *Language* 83 (4): 770–802.

Parodi, C., K. V. Luna y Á. Helmer. 2012. El leísmo en América y en España: Bifurcación de una norma. *Bulletin of Hispanic Studies* 89 (3): 217–236.

Pascual y Cabo, D. y J. Rothman. 2012. The (Il) logical problem of heritage speaker bilingualism and incomplete acquisition. *Applied Linguistics,* 33 (4): 450–455.

Pawley, A. y Syder, F. H. 1983. Two puzzles for linguistic theory: Nativelike selection and nativelike fluency. En *Language and Communication,* edited by J. C Richards and R.W. Schmidt, 191–225. London: Longman.

Peterson, Mark. 2013. *Computer Games and Language Learning.* New York: Palgrave Macmillan.

Pinto, D. 2005. The acquisition of requests by second language learners of Spanish. *Spanish In Context* 2:1–27.

Pinto, D. y C. De Pablos Ortega. 2014. *Seamos pragmáticos: Introducción a la pragmática española.* New Haven, CT/London: Yale University Press.

Piñar, P. 2005. *Español en vivo.* New Haven, CT/London: Yale University Press.

Pitkowski, E. y J. Vásquez Gamarra. 2009. El uso de los corpus lingüísticos como herramienta pedagógica para la enseñanza y aprendizaje de ELE. *Revista TINKUY* (Université de Montréal) 11: 31–51.

Placencia, M. E. 2005. Pragmatic variation in corner store interactions in Quito and Madrid. *Hispania* 88 (3): 583–598.

———. 2011. Regional pragmatic variation. En *Pragmatics of Society,* edited by G. Andersen and K. Aijmer, 79–113. Berlin: De Gruyter.

Placencia, M. E. y C. García. 2007. *Research on Politeness in the Spanish-Speaking World.* Mahwah, NJ/London: Lawrence Erlbaum.

Quesada, M. L. 2006. L2 acquisition of temporal reference in Spanish and the interaction of adverbials, morphology and clause structure. En *Selected Proceedings of the 9th Hispanic Linguistics Symposium,* edited by N. Sagarra and A.J. Toribio, 157–68. Somerville, MA: Cascadilla Proceedings Project.

———. 2013. The primacy of morphology in the acquisition of tense and aspect in L2 Spanish narratives. En *Selected Proceedings of the*

15th Hispanic Linguistics Symposium, edited by C. Howe, S. Blackwell, and M. Lubbers Quesada, 62–77. Somerville, MA: Cascadilla Proceedings Project.

Real Academia Española [RAE]. 2005. *El diccionario panhispánico de dudas.* http://www.rae.es/recursos/diccionarios/dpd

———. 2010. *Nueva gramática de la lengua española: Manual.* Madrid: Espasa-Calpe.

Richards, J. C. 1976. The role of vocabulary teaching. *TESOL Quarterly* 10 (1): 77–89.

Ringer-Hilfinger, K. 2012. Learner acquisition of dialect variation in a study abroad context: The case of the Spanish [θ]. *Foreign Language Annals* 45 (3): 430–446.

Rivadeneira, M. J. y E. B. Clua. 2011. El voseo chileno: Una visión desde el análisis de la variación dialectal y funcional en medios de comunicación. *Hispania* 94 (4): 680–703.

Rivas, J. 2008. La posición del sujeto en las construcciones monoactanciales del español: Una aproximación funcional. *Hispania* 91 (4): 897–912.

Rizzi, L. 1982. *Issues in Italian Syntax.* Dordrecht: Foris.

Robinson, P. 2001. Task complexity, task difficulty, and task production: Exploring interactions in a componential framework. *Applied Linguistics* 22: 27–57.

———. 2011. Task-based language learning: A review of issues. *Language Learning* 61:1–36.

Robles-Sáez, A. 2010. *3,000 locuciones verbales y combinaciones frecuentes.* Washington, DC: Georgetown University Press.

Rodrigo, V. 2011. Contextos de instrucción y su efecto en la comprensión auditiva y los juicios gramaticales: ¿Son comparables cinco semanas en el extranjero a un semestre en casa? *Hispania* 94 (3): 502–513.

Rodríguez-Mondoñedo, M. 2008. The acquisition of differential object marking in Spanish. *Probus* 20 (1): 111–145.

Rothman, J. 2010. Theoretical linguistics meets pedagogical practice: Pronominal subject use in Spanish as a second language. *Hispania* 93 (1): 52–65.

Rothman, J. y M. Iverson. 2007. On L2 clustering and resetting the null subject parameter in L2 Spanish: Implications and observations. *Hispania* 90: 329–42.

Salaberry, R. 2000. *The Development of Past Tense Morphology in L2 Spanish.* Amsterdam: John Benjamins.

———. 2005. El desarrollo de la morfología del tiempo pasado en español como L2: Un estudio piloto. En *Dimensiones del aspecto en español,* editado por M. Lubbers Quesada and R. Maldonado, 125–148. México: UNAM.

———. 2013. Contrasting preterite and imperfect use among advanced L2 learners: Judgments of iterated eventualities in Spanish. *International Review of Applied Linguistics in Language Teaching* 51 (3): 243–270.

Sánchez-Casas, R. y J. E. García-Albea. 2005. The representation of cognate and noncognate words on bilingual memory: Can cognate status be characterized as a special kind of morphological relation? En *Handbook*

of Bilingualism: Psycholinguistic Approaches, edited by J. F. Kroll and A. M. B. De Groot, 226–250. New York: Oxford University Press.
Schmidt, R. 1994. Deconstructing consciousness in search of useful definitions for applied linguistics. *AILA Review* 11: 11– 26.
Schmitt, N., X. Jiang y W. Grebe. 2011. The percentage of words known in a text and reading comprehension. *The Modern Language Journal* 95 (1): 26–43.
Schmitt, N. y D. Schmitt. 2012. A reassessment of frequency and vocabulary size in L2 vocabulary teaching. *Language Teaching* 4: 484–503.
Sedano, M. 1994. El futuro morfológico y la expresión *ir a + infinitivo* en el español hablado de Venezuela. *Verba* 21: 225–240.
———. 2006. Futuro simple y futuro perifrástico en la prensa escrita. En *El español en América: Diacronía, diatopía e historiografía. Homenaje a José G. Moreno de Alba en su 65 aniversario*, editado por Concepción Company, 163–184. México: UNAM.
Segalowitz, N. 2010. *The Cognitive Bases of Second Language Fluency.* New York: Routledge.
Segalowitz, N. y B. F. Freed. 2004. Context, contact, and cognition in oral fluency acquisition: Learning Spanish in at-home and study-abroad contexts. *Studies in Second Language Acquisition* 26: 173–199.
Seibert Hanson, A. E. y M. T. Carlson. 2014. The roles of first language and proficiency in L2 processing of Spanish clitics: Global effects. *Language Learning* 64 (2): 310–342.
Selinker, L. 1972. Interlanguage. *International Review of Applied Linguistics* 10: 209–31.
Silva-Corvalán, C. 1994. The gradual loss of mood distinctions in Los Angeles Spanish. *Language Variation and Change* 6: 255–72.
———. 2001. *Sociolingüística y pragmática del español.* Washington, DC: Georgetown University Press.
Silva-Corvalán, C. y T. Terrell. 1989. Notas sobre la expresión de futuridad en el español del Caribe. *Hispanic Linguistics* 2: 190–208.
Sorace, A. 2004. Native language attrition and developmental instability at the syntax-discourse interface: Data, interpretations and methods. *Bilingualism: Language and Cognition* 7 (2): 143–145.
Spada, N. 1997. Form-focussed instruction and second language acquisition: A review of classroom and laboratory research. *Language Teaching* 30 (2): 73–87.
Stengers, H., F. Boers, A. Housen y J. Eyckmans. 2011. Formulaic sequences and L2 oral proficiency: Does the type of target language influence the association? *International Review of Applied Linguistics in Language Teaching (IRAL)* 49: 321–343.
Strange, W. 1995. Cross-language studies of speech perception: A historical review. En *Speech Perception and Linguistic Experience: Issues in Cross-Language Research*, edited by W. Strange, 3–45. Baltimore: York.
Swain, M. 1995. Three functions of ouput in second language learning. En *For H. G. Widdowson: Principles and Practice in the Study of Language*, edited by G. Cook and B. Seidhofer. Oxford, UK: Oxford University Press.

———. 2000. French immersion research in Canada: Recent contributions to SLA and applied linguistics. *Annual Review of Applied Linguistics* 20: 199–212.

Swain, M. y S. Lapkin. 2001. Focus on form through collaborative dialogue. En *Researching Pedagogic Tasks: Second Language Learning, Teaching, and Testing*, edited by M. Bygate, P. Skehan, and M. Swain, 99–118. London: Longman.

Swender, E. 2003. Oral proficiency testing in the real world: Answers to frequently asked questions. *Foreign Language Annals* 36 (4): 520–526.

Swender, E., C. Martin, M. Rivera-Martínez y O. Kagan. 2014. Exploring oral proficiency profiles of heritage speakers of Russian and Spanish. *Foreign Language Annals* 47 (3): 423–446.

Sykes, J. y A. Cohen. 2014. *Dancing with Words: Strategies for Learning Pragmatics in Spanish.* University of Michigan: Center for Advanced Research on Language Acquisition (CARLA). http://www.carla.umn.edu/speechacts/sp_pragmatics/home.html.

Terrell, T. y J. Hooper. 1974. A semantically based analysis of mood in Spanish. *Hispania* 57: 484–94.

Teschner, R. V. y W. M. Russell. 1984. The gender patterns of Spanish nouns: An inverse dictionary-based analysis. *Hispanic Linguistics* 1 (1): 115–132.

Thorne, S., R. Black y J. Sykes. 2009. Second language use, socialization, and learning in Internet interest communities and online games. *Modern Language Journal* 93: 802–821.

Torrego, E. 1998. *The Dependencies of Objects*. Linguistic Inquiry Monograph 34. Cambridge, MA: MIT Press.

Towell, R., Hawkins, R. y Bazergui, N. 1996. The development of fluency in advanced learners of french. *Applied Linguistics* 17 (1): 84–119.

Travis, C. 2010. El estudio del significado: Semántica y pragmática. En *Introducción a la lingüística hispánica,* segunda edición, editado por J. I. Hualde, A. Olarrea, A. M. Escobar y C. Travis, 340–389. Cambridge, UK: Cambridge University Press.

VanPatten, B. 1984. Learners' comprehension of clitic pronouns: More evidence for a word order strategy. *Hispanic Linguistics* 1 (1): 57–68.

———.1996. *Input Processing and Grammar Instruction: Theory and Research.* Norwood, NJ: Ablex.

———. 2002. Processing instruction: An update. *Language Learning* 52: 755–804.

———, ed. 2004. *Processing Instruction: Theory, Research, and Commentary.* Mahwah, NJ: Lawrence Erlbaum Associates.

VanPatten, B. y T. Cadierno. 1993. Explicit instruction and input processing. *Studies in Second Language Acquisition* 15 (2): 225–243.

Vasiliev, P. y P. Escudero. 2014. Speech perception in second language Spanish. En *The Handbook of Spanish Second Language Acquisition,* edited by Kimberly L. Geeslin, 130–145. New York: John Wiley and Sons.

Vázquez Rosas, V. y E. Rivas. 2007. Un análisis construccionista de la diacronía de *gustar*. En *Language, Mind, and the Lexicon*, edited by I. Ibarretxe-Antuñano, C. Inchaurralde, and J. Sánchez-García, 143–164. Frankfurt: Peter Lang.

Vendler, Z. 1967. *Linguistics in Philosophy*. Ithaca, NY: Cornell University Press.

Vygotsky, L. 1986 [1962]. *Thought and Language*. Cambridge, MA: MIT Press.

Willis, J. 1996. *A Framework for Task-Based Language Teaching*. New York: Longman.

Willis, D. y J. Willis. 2007. *Doing Task-Based Teaching*. Oxford, UK: Oxford University Press.

Wood, D. 2001. In search of fluency: What is it and how can we teach it? *Canadian Modern Language Review* 57 (4): 573–589.

Zyzik, E. 2006. Learners' overgeneralization of dative clitics to accusative contexts: Evidence for prototype effects in SLA. En *Selected Proceedings of the 7th Conference on the Acquisition of Spanish and Portuguese as First and Second Languages*, edited by C. Klee and T. Face, 122–134. Somerville, MA: Cascadilla.

———. 2010. Sin pelos en la lengua: El aprendizaje de los modismos del español. *Hispania* 93 (3): 454–471.

Zyzik, E. y L. Marqués Pascual. 2012. Spanish differential object marking: An empirical study of implicit and explicit instruction. *Studies in Hispanic and Lusophone Linguistics* 5 (2): 387–421.

ÍNDICE GENERAL

Las letras 't' y 'c' se refieren a los materiales en tablas y cuadros, respectivamente. La letra 'n' después de un número de página se refieren a los materiales en notas.

www.ingramcontent.com/pod-product-compliance
Lightning Source LLC
LaVergne TN
LVHW010347080826
844660LV00003B/216

* 9 7 8 1 6 2 6 1 6 2 8 9 1 *